Juli 2000
France

Margrit Schiller
»Es war ein harter Kampf um meine Erinnerung«
Ein Lebensbericht aus der RAF

Margrit Schiller

»Es war ein harter Kampf um meine Erinnerung«

Ein Lebensbericht aus der RAF

Mit einem Nachwort von Osvaldo Bayer

Herausgegeben von Jens Mecklenburg

Konkret Literatur Verlag

Für Benita und Nicolas

Ich danke Barbara Hilleke, Helga und Jutta Windeck für ihre geduldige Unterstützung und Kritik.

Ich danke Kuba, meinen kubanischen Freunden, besonders Teresa Prado, die mir halfen, den Weg zum Schreiben zu finden.

Mein Dank gilt auch Thomas Grünewald und Karen Francia, unserer Wahlfamilie in Uruguay, die zu besuchen für meine Kinder immer wieder ein Fest ist, und Hilary Sandison, die mir Mut zum Weiterschreiben machte, wenn mir alles aussichtslos erschien.

Ohne die Hilfe von Ernesto Kroch und Eva Weil läge das Manuskript jetzt noch in meiner Schublade.

Und ich bitte alle die um Entschuldigung, die ich bei den Sprüngen in meinem Leben ohne Erklärung ließ, zuerst Helma Beierlein und Gabi.

Ich denke, daß wir mit unserem Kampf eine persönliche Verantwortung übernommen haben, für die wir auch mit unseren Namen stehen.

Ich nenne im wesentlichen die richtigen Namen, von all denen, die bekannt sind oder tot.

Die unbekannt oder unerkannt Gebliebenen sollen es bleiben: Bernd, Christiane, Christina, Ingrid und Stefan sind erfundene Namen für nicht erfundene Personen.

Umschlaggestaltung: Peter Albers, Hamburg
Umschlagfoto: dpa
Satz: H & G Herstellung, Hamburg
Druck: Wiener Verlag, Himberg
ISBN 3-89458-181-6

Inhalt

Vorwort des Herausgebers

Selten geben ehemalige Mitglieder der Roten Armee Fraktion Auskunft über ihr Leben, zumal wenn sie nicht mit ihrer Vergangenheit in der Stadtguerilla oder als »Terrorist« gebrochen haben.

Der Lebensbericht von Margrit Schiller, von 1971 bis 1979 Mitglied der RAF, ist eines dieser seltenen Zeugnisse. Durch ihre Autobiographie gewährt uns die Autorin Einblicke in das Innenleben der Stadtguerilla, deren Diskussionen und Aktionen.

Margrit Schillers Leben ist durchaus typisch für die Generation der 68er: Eine sensible junge Frau bricht aus dem autoritären Elternhaus aus, rebelliert gegen Konventionen und die spießige Selbstzufriedenheit des »Establishments«. Ihr Weg führt sie von der Anti-Psychiatrie- und der Studentenbewegung zu ersten Kontakten mit Ulrike Meinhof und Andreas Baader und schließlich in die Illegalität und ins Gefängnis. Margrit Schiller reflektiert mit einer fast schmerzhaften Aufrichtigkeit über ihre Jahre in der RAF. Sie schildert eindrucksvoll die Isolationshaft im »Toten Trakt«, die Hunger- und Durststreiks der Gefangenen und die gnadenlose Härte des Staates gegen die Mitglieder der zum Staatsfeind Nummer eins hochstilisierten RAF.

Ihre Sicht der Geschehnisse bedeutet keine Abrechnung mit der RAF, ist aber auch für eine Mythenbildung nicht geeignet. Margrit Schiller geht es nicht darum, »die Wahrheit« über die RAF und die bundesdeutsche Gesellschaft zu präsentieren. Es ist ihre persönliche Geschichte, aber geeignet, uns einen Spiegel vorzuhalten. Lassen wir uns darauf ein, in den Spiegel zu sehen!

Margrit Schillers Autobiographie ist mutig: Sie läßt uns vorbehaltlos an ihren Sprüngen, Brüchen, Unsicherheiten, Ängsten und Fehlern teilhaben. Es ist ihr Beitrag für die notwendige Auseinandersetzung mit diesem Kapitel bundesdeutscher Geschichte, weitere Beiträge sind wünschenswert.

Vergessen wir nicht: Die »bleierne Zeit«, der »Deutsche Herbst« 1977, wirken bis zum heutigen Tage nach. Noch immer sitzen Gefangene aus RAF- und anderen militanten Zusammenhängen unter extremen und menschenunwürdigen Bedingungen im Gefängnis, sie müssen freikommen; die hochgerüsteten Sicherheitsapparate sind nie abgerüstet worden; die extra geschaffenen Sondergesetze wie das einer Militärdiktatur würdige Kontaktsperregesetz oder der Paragraph 129a sind weiterhin in Kraft.

Und nie fand eine Aufarbeitung der faktischen Abschaffung der Demokratie im Herbst 1977 durch die großen und kleinen Krisenstäbe unter Bundeskanzler Helmut Schmidt statt.

Der argentinische Schriftsteller, Journalist und Historiker Osvaldo Bayer konnte für ein Nachwort gewonnen werden. Bayer, ein profunder Kenner der südamerikanischen wie der bundesdeutschen jüngeren Zeitgeschichte, urteilt, aber verurteilt nicht. Er, der sich schon in den sechziger Jahren in Gesprächen mit Che Guevara oder jungen linken argentinischen Militanten gegen Gewalt und Guerilla ausgesprochen hatte, könnte sich selbstzufrieden zurücklehnen und konstatieren, daß er recht gehabt habe: Die RAF ist gescheitert, andere Stadtguerilla-Gruppen sind ebenfalls gescheitert. Doch Selbstgerechtigkeit ist nicht seine Sache. Bayer fragt zu Recht, ob nicht alle, die noch an eine gerechtere, sozialere Welt glauben, verloren haben. Denn die Gründe, die in den sechziger und siebziger Jahren dazu geführt haben, daß überall in der Welt junge Menschen aufgestanden sind, um auch mit der Waffe in der Hand für eine bessere, sozialere Gesellschaft zu kämpfen, sind nicht aus der Welt. Wir brauchen uns nur die Statistiken über Hunger, Elend und die Reichtumverteilung anzusehen.

Margrit Schiller hat sich geirrt, die RAF hat sich geirrt, doch verloren haben wir alle.

Im Anhang befindet sich ein vom Herausgeber bearbeitetes Glossar: Personen, Organisationen und Ereignisse werden vorgestellt und erläutert. Literaturhinweise werden gegeben. Damit ist das Buch auch als Nachschlagewerk der jüngeren, noch immer nachwirkenden, deutschen Zeitgeschichte geeignet.

Kiel im Juli 1999
Jens Mecklenburg

Verhaftung in Hamburg

21. Oktober 1971. Vier Wochen hatte ich jetzt schon Tag und Nacht in einer Hamburger Wohnung verbracht, um mich vor der Fahndung zu verstecken. Am 25. September war es auf einem Autobahnparkplatz bei Freiburg zu einer Schießerei mit der Polizei gekommen. Ich war dabei gewesen, hatte aber selbst nicht geschossen. Trotz der sofort eingeleiteten Fahndung war es mir mit größter Anstrengung gelungen, danach wieder nach Hamburg zu kommen. Dort lebte ich seit kurzer Zeit in der Illegalität.

An diesem 21. Oktober sollte ein Treffen einiger Mitglieder der RAF in einer anderen Hamburger Wohnung stattfinden. Wir wollten politische Fragen und die nächsten Aktionen diskutieren. Auch über mich sollte geredet werden. Ich selbst wußte nicht mehr, ob ich bei der RAF bleiben wollte. Gab es noch eine Alternative?

Hamburg war für die RAF eine gefährliche Stadt geworden. Im Mai war Astrid Proll verhaftet, im Juli Petra Schelm bei einem Schußwechsel von der Polizei getötet und Werner Hoppe dabei festgenommen worden. Jeden Tag konnte jedem von uns das gleiche passieren. Seit der Schießerei in Freiburg lief die Fahndung gegen mich auf Hochtouren.

Für das Treffen mußte ich zum ersten Mal mein Versteck verlassen. Um sicher vor Entdeckung zu sein, hatte ich meine rotbraunen Haare abgeschnitten und schwarz gefärbt. Ich zog ein rotes Minikleid an und darüber einen knielangen schwarzen Mantel. Damit fühlte ich mich wie verkleidet, aber in den Fahndungsbeschreibungen hieß es, ich trüge nur lange Hosen. Ich schminkte mich, um meine hohen Wangenknochen zu kaschieren und meine Augen anders aussehen zu lassen.

Die Pistole, die ich seit kurzem hatte, steckte ich in meine Handtasche. Noch nie in meinem Leben hatte ich einen Schuß abgegeben. Die Fahndung bedrohte mich. Mit der Waffe fühlte ich mich sicherer, aber ich hoffte, sie nicht benutzen zu müssen.

Wir hatten beschlossen, uns im Feierabendverkehr auf den Weg zu machen, um nicht aufzufallen. Es war schon dunkel, als wir zu dritt zur Treffpunkt-Wohnung am Einkaufszentrum Alstertal aufbrachen. Wir machten Umwege, wechselten mehrmals U- und S-Bahn und beobachteten aufmerksam unsere Umgebung, um sicherzugehen, daß uns niemand folgte. Das letzte Stück von der S-Bahn-Station Alstertal gingen wir getrennt.

In der Wohnung versammelten sich nach und nach Ulrike Meinhof, Jan-Carl Raspe, Irmgard Möller, Manfred Grashof, Holger Meins, Klaus Jünschke und noch drei oder vier andere. Ob Gudrun Ensslin und Andreas Baader später kamen oder in dieser Nacht in Berlin blieben, weiß ich nicht mehr.

Die Wohnung sah wie alle Wohnungen der RAF aus: ein paar Schaumstoff-Matratzen und Decken, ein Telefon, zwei Radiogeräte, ein paar Koffer und Taschen, Werkzeuge, Waffen, Munition, Sprengstoff. Die Fenster waren mit Stoffbahnen verhängt und hatten Sehschlitze, durch die man die Straße vor dem Wohnblock überblicken konnte.

Jeder, der kam, legte seine Waffe beiseite. Ich stellte meine Handtasche an irgendeine Wand. Alle begutachteten meine neue Aufmachung. In einem der Radios lief der Polizeifunk, dem immer einer aufmerksam zuhörte. Tat sich was im Funk, rückten andere heran, um alles genau mitzukriegen. Geplant war, daß wir alle die ganze Nacht bleiben und erst am nächsten Tag nacheinander die Wohnung verlassen wollten.

Es war schon nach Mitternacht, als Holger, den ich seit Wochen nicht gesehen hatte, von mir wissen wollte, wie das mit der Schießerei in Freiburg gewesen sei. Ich fing an zu erzählen, als er mich unterbrach und ziemlich aggressiv fragte: »Und warum hast du nicht geschossen?« Ich stockte, war total überrascht, wurde rot, brachte kein Wort heraus. Niemand hatte mich das bisher gefragt, auch ich nicht. Vielmehr hatte ich das

Gefühl, daß der Genosse, mit dem ich unterwegs gewesen war, zu schnell und zu viel geschossen hatte. Ich antwortete nicht. Die Frage, warum ich nicht geschossen hatte, bohrte nun in mir, auch nachdem Holger begonnen hatte, über einen geplanten Banküberfall zu sprechen.

Dann kam Ulrike herein: »Ich muß noch mal telefonieren. Du kommst mit«, sagte sie zu Gerhard Müller, sah sich im Zimmer um, wer noch mitgehen sollte, und zeigte auf mich: »Los, du auch.« Ulrike fühlte sich in Hamburg immer besonders gefährdet, weil sie in dieser Stadt die meiste Zeit ihres Lebens gewohnt hatte und sehr bekannt war. Zwar gab es in der Wohnung ein Telefon, aber wir telefonierten nie von einer unserer Wohnungen zur anderen. Wir waren sicher, daß Telefone großflächig überwacht wurden. Ulrike wollte zu einer Telefonzelle.

Zu dritt verließen wir die Wohnung, an der Haustür trennten wir uns: Ulrike ging alleine vor, Gerhard und ich folgten ihr mit Abstand, aber in Sichtweite. Der Wohnblock, den wir verließen, stand in einer L-Form zu einem Einkaufszentrum mit zwei großen Parkplätzen, von denen man auf die Straße Heegbarg kam.

Ulrike überquerte den Heegbarg, und wir gingen auf der Parkplatzseite in dieselbe Richtung wie sie. Als wir auf der Höhe des zweiten Parkplatzes waren, sagte Gerhard leise zu mir: »Achtung, da vorn der Ford mit abgeblendetem Licht! Da sitzen zwei Typen drin, das sind bestimmt Bullen.« Ulrike schien das helle Auto auch bemerkt zu haben, denn sie verschwand hinter ein paar Büschen, die vor einem Flachbau standen. Wir gingen weiter.

Nach ein, zwei langen Minuten kam Ulrike am anderen Ende der Baracke wieder auf den Bürgersteig. Sofort überquerten wir die Straße, um ihr näher zu sein. Der helle Ford rollte, die Lichter jetzt aufgeblendet, langsam vom Parkplatz. An der ersten Kreuzung bog Ulrike nach rechts in den Saseler Damm und ging quer über die Fahrbahn, während wir stehenblieben, bis die Ampel auf Grün schaltete. Dann gingen auch wir, aber nicht hinter Ulrike her, sondern geradeaus den Heegbarg weiter. Der Ford, das einzige Auto weit und breit, folgte aber nicht uns, sondern bog in den Saseler Damm ein, wo Ulrike war.

Plötzlich gab es Lärm. Schritte hallten, Reifen quietschten. Wir blieben stehen und drehten uns um: Ulrike rannte auf uns zu und rief: »Scheiße, das sind Bullen.« Da kam der Ford auch schon um die Ecke gerast, überholte Ulrike, versuchte, ihr den Weg zu versperren und stellte sich quer auf den Bürgersteig. Die Beifahrertür wurde aufgestoßen, ein Mann in Zivil sprang heraus und schrie: »Halt, stehenbleiben, Polizei.« Ulrike war schneller, schlug einen Haken um das Auto, rief: »Los, weg hier!« und stürmte über den Heegbarg. Gerhard rannte sofort hinter ihr her, erreichte sie schnell, und beide flüchteten in einen Weg entlang einer Häuserreihe. Ein Polizist verfolgte sie. Ich stand wie erstarrt da und schaute zu.

Der Polizist kam Ulrike immer näher und packte schon ihre Tasche. Sie strauchelte einen Moment, riß sich aber los. Gerhard, der schon vor Ulrike lief, stoppte, drehte sich mit der Waffe in der Hand um und schoß. Einmal, zweimal, immer wieder. Der Polizist stürzte, und sein Kollege, der den dreien nachgehetzt war, warf sich zu Boden. Ich hörte weitere Schüsse, dann waren Ulrike und Gerhard im Dunkel verschwunden.

Ich sah, was geschah und konnte es nicht fassen: schon wieder die gleiche Situation wie vier Wochen vorher bei der Schießerei in Freiburg.

Als alles still war, kam ich zu mir. Ich sah den leeren Zivilstreifenwagen: Die Türen standen sperrangelweit offen, und ich hörte leise das bekannte Gequäke des Polizeifunks. Mit wenigen Schritten stand ich beim Wagen, sah, daß der Zündschlüssel steckte, setzte mich ans Steuer und fuhr los. Ohne Auto, dachte ich, konnten sie Ulrike und Gerhard nicht verfolgen.

Das Auto für meine eigene Flucht zu benutzen kam mir

nicht in den Sinn. In der nächsten dunklen Seitenstraße stellte ich es ab. Dann ging ich zu Fuß weiter.

Ich überlegte, was ich tun könnte. Es fiel mir nichts ein. Mein Kopf steckte in einem Schraubstock. Meine Gedanken bewegten sich wie meine Füße: langsam, stockend, unsicher. Sollte ich die anderen in der nahegelegenen Wohnung anrufen und warnen? Würde ich die Nummer im Telefonbuch finden, wenn ich mich an den Namen des Vermieters erinnerte? Konnte ich in die andere Wohnung zurück, in der ich mich wochenlang versteckt hatte? Würde ich sie finden?

Mein Kopf war leer. Da hämmerte nur die fixe Idee mit dem Telefonanruf. Daß die Freunde in der Wohnung den Polizeifunk abhörten und selbst gewarnt sein würden, kam mir gar nicht in den Sinn. Ganz langsam ging ich die Straße weiter, auf der mir jetzt Polizeiwagen mit Blaulicht und Sirenen entgegenkamen. Ich wußte, es war zu Ende, ich würde jetzt verhaftet werden.

Unschlüssig betrat ich eine Telefonzelle. Ich blätterte im Telefonbuch hin und her, nahm den Hörer ab, hängte ihn wieder ein. Mir fiel kein Name ein, keine Straße, gar nichts.

Ein Wagen hielt neben der Zelle. Ein Mann mit einer Pistole in der Hand stieg aus und sagte: »Polizei, Ihre Papiere.« Ich griff in meine Tasche, um meinen Ausweis zu suchen, da riß mir der Polizist die Tasche weg und entdeckte die Pistole.

Dann wurde es hektisch.

Die Zivilfahnder grapschten mich am ganzen Körper nach weiteren Waffen ab. Nachdem sie mich mit Handschellen gefesselt hatten, drückten sie mich auf den Hintersitz des Autos und brachten mich zur nächsten Polizeiwache. Ich wurde in ein Zimmer geführt und von zwei Polizisten mit vorgehaltener Pistole bewacht. Einer durchsuchte mich nochmals und meinte, als ich dagegen protestierte: »Hier hast du jetzt überhaupt nichts mehr zu sagen.« Ständig ging die Tür. Es kamen Männer in Zivil und in Uniform herein, um mich zu betrachten. Sie sagten: »Das ist die, die unseren Kollegen umgebracht hat.« Ich erfuhr so, daß der Polizist, der um ein Haar Ulrike geschnappt hätte, tot war, der andere leicht verletzt. Da war also ein Mensch tot. Ich hatte gewußt, daß das passieren konnte.

Nach ein oder zwei Stunden transportierten sie mich ins Polizeipräsidium. Die ganze Nacht ging das hektische Kommen und Gehen dort weiter – zum erstenmal in der noch kurzen Geschichte der RAF war ein Polizist erschossen worden. Auch wenn schnell klar war, daß aus meiner Waffe nicht geschossen worden war, wurde ich doch für diesen Tod verantwortlich gemacht. Der Stunden später gegen mich ausgestellte Haftbefehl lautete auf Mord und Mordversuch.

Schon kurz nach der Festnahme spekulierten sie aufgrund meiner Körpergröße, daß ich die gesuchte Margrit Schiller sein müsse. Ich hörte sie darüber reden, daß meine Eltern ihnen bei meiner Identifizierung helfen sollten. Das taten sie auch, ich hatte nichts anderes von ihnen erwartet.

Stundenlang bearbeiteten mich die Polizisten, um mich mit dem Mordvorwurf zu verunsichern und mich zum Reden zu bringen. Wer die beiden anderen gewesen seien? Wer geschossen habe? Wo ich hergekommen sei, wo meine Komplizen seien? Sie sagten: »Du bist doch ein nettes, hübsches Mädchen, du bist doch da bestimmt über einen Freund reingerutscht. Sag uns, wer die anderen sind, wo wir sie finden können, und dir passiert nichts, dann bist du gleich wieder draußen.« Je länger sie auf mich einredeten und fragten, desto ruhiger und sicherer fühlte ich mich. Ich war hellwach, fühlte mich handlungsfähig. Ich würde, was immer sie auch mit mir anstellen wollten, nicht reden. Um keinen Preis. Ich dachte daran, daß ich jetzt für zehn Jahre oder lebenslänglich ins Gefängnis müßte. Es schreckte mich nicht.

Meine Freunde aus der RAF hatten öfter über Verhaftung und Gefängnis gesprochen. Sie hatten erzählt, was sie damals über die Erfahrungen der Tupamaros in Uruguay mit Folter und Gefängnis wußten. Über psychische Folter und den Einsatz von Drogen wie Pentatol, um Gefangene zum Sprechen zu bringen. All das im Kopf, hatte ich mir dennoch keine Vorstellung machen können, wie ich selbst eine Verhaftung erleben, wie ich auf Folter reagieren würde. Ich hatte keine Ahnung, was es heißt, jahrelang im Gefängnis zu sein.

Jetzt war ich verhaftet worden, aber ich fühlte keine Angst. Während die Polizisten hektisch herumrannten und mich mit Fragen bombardierten, blieb ich kalt und stumm. Innerlich fühlte ich eine besondere Ruhe und Ernsthaftigkeit.

Was hatte ich zu verlieren? Ich hatte keine Pläne, die mit der Verhaftung zunichte gemacht worden wären, mich drückte auch noch nicht das Gefühl, alles falsch gemacht zu haben. Aber ich mußte über vieles nachdenken: Die Ereignisse der letzten Wochen hatten mich überrollt, waren mir über den Kopf gewachsen. Irgendwann hatte ich einen Schritt gemacht, der für mich nicht stimmte und der mich aus dem Gleichgewicht geworfen hatte.

In meiner Handtasche hatten sie einen Ausweis gefunden. Nur das Foto darauf war echt. Als sie schon wußten, wer ich war, wollten sie mich erkennungsdienstlich behandeln: Fotos, Fingerabdrücke. Mir war klar, daß ihnen das bei der Suche nach meinem letzten Aufenthaltsort und der Fahndung nach meinen Freunden helfen würde. Ich beschloß, mich mit allen Mitteln dagegen zu wehren. Auch, weil ich nach der langen Nacht in größter Anspannung müde zu werden drohte. Ich brauchte diese Konfrontation jetzt, um wach zu bleiben, um die Fronten zu klären und mich auf alles Kommende vorzubereiten.

Mehrere Polizisten zerrten mich zu einem Waschbecken. Ich setzte mich heftig zur Wehr, dabei gingen einige Kacheln zu Bruch. Die Polizisten versuchten, meinen Widerstand zu brechen, nahmen mich in den Würgegriff, rissen an meinen Haaren, wollten meine zur Faust geschlossenen Finger aufhebeln. Als sie es nicht schafften, bekamen sie eine solche Wut, daß sie mich fast erwürgten. Darüber erschraken sie selbst und ließen von mir ab.

Ich hatte auch genug und leistete keinen aktiven Widerstand mehr. Beim Fotografieren schnitt ich Grimassen, um mein Gesicht unkenntlich zu machen. Obwohl sie dabei auch einige Fotos schossen, die sie später für die Fahndung benutzten, entwarf die Hamburger Polizeiführung einen Plan, um an bessere Fotos zu kommen.

Am frühen Morgen zogen sich meine Bewacher plötzlich zurück. Die Tür ging auf, und hereingewalzt kam ein fetter, ekliger Mann, auf dessen Glatze die letzten blonden Haare wehten. »Guten Morgen, mein Name ist Rollmann, ich bin Bundestagsabgeordneter und ein Freund Ihrer Eltern«, stellte er sich vor. Er sei Rechtsanwalt, und meine Eltern hätten ihn gebeten, mir zu helfen. Er verteidige zwar keine Terroristen, aber aus Freundschaft zu meinen Eltern, schwafelte er weiter ... Also hatten meine Eltern nichts Besseres zu tun, als mir einen ihrer CDU-Typen auf den Hals zu hetzen. Ich unterbrach seinen Redeschwall. »Ich lasse mir meinen Anwalt nicht von meinen Eltern aussuchen. Ziehen Sie ab!« Mein barscher Ton hatte ihm klargemacht, daß jedes weitere Wort zwecklos wäre. Er schnappte sein Aktenköfferchen und verschwand wieder.

Im Laufe des Vormittags begannen plötzlich merkwürdige Vorbereitungen. Ich beobachtete sie mißtrauisch. Man fuhr mich mit dem Aufzug ins oberste Stockwerk des Polizeihochhauses am Berliner Tor. Die Polizisten um mich herum waren nervös. Sie warteten auf etwas. Nach etwa zehn Minuten brachten sie mich ein Stockwerk tiefer.

Die Tür zu einem Saal wurde geöffnet, Männer mit Fotoapparaten und Kameras stürzten auf mich zu. Ich ließ mich fallen. Damit hatten die Polizisten rechts und links, die mich bewachten, nicht gerechnet. Sie rissen mich an allem hoch, was sie zu fassen kriegten. Im Würgegriff wurde ich an Haaren, Armen und Beinen weitergezerrt. Ich strampelte wild, aber sie schleppten mich als Beutestück in einen Saal, in dem noch mehr Fotografen und TV-Kameras warteten. Die Bilder von dieser »öffentlichen Vorführung« wurden am Abend in den

Fernsehnachrichten gezeigt und am nächsten Tag in allen Zeitungen veröffentlicht.

Der Plan des Hamburger Polizeichefs Günter Redding war gewesen, mich live und überraschend der Presse darzubieten, um mit deren Hilfe gute Aufnahmen für die öffentliche Fahndung zu bekommen. Es stärkte mein Selbstbewußtsein, der Polizei diesen Coup gründlich vermasselt zu haben.

Wegen meines Widerstandes brachen sie die Vorführung rasch ab. Ein Polizeiarzt kam, um zu sehen, ob ich bei der erkennungsdienstlichen Behandlung verletzt worden war. Danach ließen sie mich in Ruhe, bis sie mich im Laufe des Tages ins Untersuchungsgefängnis am Holstenglacis brachten.

Die Hände mit Handschellen auf dem Rücken gefesselt, mit viel zu kurzen Hosen und zu kurzem Hemd – meine eigene Kleidung hatte ich abgeben müssen – betrat ich das Gefängnis. Ein altes, hohes Gebäude, ein Spalier von uniformierten Wärterinnen und Wärtern, ein langer, dunkler, grüner Flur, viele schwere Türen, dann ein Treppenaufgang und nochmal ein langer, dunkler, grüner Flur mit vielen schweren Türen. Vor einer, fast am Ende des Ganges, blieb die Kolonne stehen. Die Leiterin der Frauenabteilung, mit hohen Stöckelschuhen, einem bunten, eleganten Kleid wie für einen Empfang und stark geschminktem Gesicht, schloß mit einem ihrer vielen Schlüssel die Tür auf, und ich ging in die Zelle. Hinter mir fiel die Tür zu, der Schlüssel drehte sich, und mit lautem Krach rastete der Riegel ein. Ich sah mich um. Der Tür gegenüber war ein hochgelegenes Fenster mit Gittern. Die Fensternische zeigte, wie ungeheuer dick die alten Mauern waren, ein Bunker. Die Zelle war kahl. Da standen ein Bett, ein Tisch, ein Stuhl. Es gab ein Waschbecken und eine Kloschüssel. Das war alles. Ich fühlte tiefe Beklemmung, Müdigkeit, aber auch Ruhe. Hier würde ich also die nächsten Tage, Monate, Jahre zubringen.

Ich holte tief Luft. Es roch nach Herbst. Seit fünfundzwanzig Jahren packt mich jedes Jahr neu eine tiefe Beklemmung, wenn ich diese Herbstluft rieche.

Aufbruch

1966 war ich achtzehn Jahre alt und lebte in Bonn. Nachdem ich mein Abitur gemacht hatte, zog ich von zu Hause aus, weil ich es dort nicht mehr aushielt. Mein Vater war Major beim MAD, dem Militärischen Abschirmdienst der Bundeswehr. Er hatte immer versucht, mich mit Drohungen einzuschüchtern und in allem zu kontrollieren. Er nahm mir die Luft zum Atmen. Meine Mutter war Volksschullehrerin und CDU-Stadtverordnete in Bonn. Sie merkte, daß ich ihr immer mehr entglitt. Doris, meine um ein Jahr jüngere Schwester, und Dieter, mein zwei Jahre jüngerer Bruder, gingen noch auf das Gymnasium. Als wir noch Kinder waren, hatte ich mich oft allein um meine Geschwister kümmern müssen.

Meine Eltern wollten auf keinen Fall, daß ich auszog, und verweigerten mir jede Unterstützung. Wenn ich Hunger habe, sagten sie, könne ich ja zum Essen nach Hause kommen.

Nach dem Abitur wußte ich zuerst nicht, ob und was ich studieren wollte. Alle rieten mir zu Mathematik, weil ich darin besonders gut gewesen war. Aber Mathematik hatte mir zu wenig mit Menschen zu tun. Das kam mir wie ein Leben im Elfenbeinturm vor. Ich wollte mit Menschen zu tun haben. Vielleicht sollte ich Ärztin oder Krankenschwester werden? Um herauszufinden, ob das der richtige Weg für mich wäre, arbeitete ich drei Monate im Johanniter-Krankenhaus in Bonn und machte einen Kurs für Schwesternhelferinnen. Es war unmöglich, allen Kranken zu geben, was sie brauchten. Sie suchten Wärme und Zuwendung, waren dankbar für jede kleine Geste, aber die Krankenschwestern hatten keine Zeit für ein Gespräch, und sonst war niemand da. Die Patienten blieben mit ihren Sorgen allein, die Sterbenden kamen in Einzelzimmer. Ich setzte mich an ihre Betten, um zuzuhören und ihnen wenigstens für ein paar Augenblicke das Gefühl zu geben, nicht allein zu sein mit ihrem Schmerz. Da ich keine Distanz wahrte, ließen mich die Kranken auch in meinen Träumen nicht mehr los. Die hierarchischen Verhältnisse im Krankenhaus stießen mich ab: die Ärzte, die alle wichtigen Entscheidungen trafen, aber die Patienten nur als Organe und Karteikarten kannten, und die Krankenschwestern, die nie Zeit hatten und ständig den Anordnungen der Herren Doktoren hinterherrennen mußten. Nach diesen Erfahrungen entschied ich mich für ein Studium der Psychologie.

Mit einer Freundin mietete ich ein Studentenzimmer und schrieb mich an der Universität ein. Bei den Psychologen an der Bonner Uni war damals am meisten in Bewegung, es gab heftige Diskussionen über den Zustand und das Wohin der verknöcherten bundesdeutschen Gesellschaft. Studenten demonstrierten gegen den Vietnamkrieg, machten Straßenblockaden. Junge Männer ließen sich die Haare wachsen, was im Neubauviertel meiner Eltern heftige Wutreaktionen auslöste.

Ich erlebte das alles mehr als Beobachterin, ging zwar zu Versammlungen und Demonstrationen, führte aber ansonsten ein typisches Studentenleben: arbeiten, lesen, diskutieren, Prüfungen vorbereiten, Rockmusik hören, tanzen, sexuelle Erfahrungen machen. Der *Kinsey-Report*, die erste große sozialwissenschaftliche Studie über Sexualverhalten in den USA, war für mich eine Offenbarung. Ich fand darin vieles, was ich bis dahin nicht gewußt hatte, entdeckte meine eigene Sexualität, erlebte erstmals ein Gefühl von Befreiung.

Meinen Lebensunterhalt verdiente ich, indem ich Pflegefälle betreute. Mehrmals die Woche besuchte ich eine Frau, die nach einem Schlaganfall nicht mehr reden und schreiben konnte. Der Anfall hatte eine Amnesie im Sprachzentrum und eine leichte halbseitige Lähmung verursacht. Meine Aufgabe war es, ihr wieder sprechen, lesen und schreiben beizubringen. Diese Frau hatte ihr Leben lang in einem großen Betrieb gearbeitet. Sie zeigte mir stolz die Urkunden und Auszeichnungen für ihre Arbeit. Jetzt war sie knapp 50 Jahre alt, ohne Familie, und außer mir besuchte sie niemand. Ihr Leben war unendlich einsam.

Immer wieder begegnete ich dieser Einsamkeit, wenn ich durch die Straßen ging: ältere Menschen, die mit sich selbst oder ihrem Hund sprachen, in Hausschuhen und ungekämmt herumliefen. Es machte mich jedes Mal traurig und wütend: Warum wurden die Menschen so einsam, wenn sie in Rente gingen? Weil sie nicht mehr nützlich waren, kümmerte sich niemand mehr um sie.

So wollte ich nicht leben.

Und ich wollte auch anders lernen. Die Schule war für mich immer eine Qual gewesen. Jeder Schritt war vorgeschrieben, das Verhältnis zwischen Lehrern und Schülern von oben nach unten, distanziert und hierarchisch. An der Universität machte mir das Lernen Spaß. Das Leben und Lernen war nicht mehr so reglementiert, ich konnte wählen, was, wann und wie ich lernen, mit wem ich diskutieren wollte. Ich verschlang die dicksten Fachbücher, hatte keine Lern- und Konzentrationsstörungen wie während meiner Schulzeit. Und nach zwei Semestern verdiente ich auch Geld mit Statistik-Tutorien.

Mit meiner Mutter hatte ich heftige Diskussionen, weil ich ihr Lebenskonzept nicht übernehmen wollte. Sie merkte, daß ich ihre Werte ablehnte, lange bevor mir das selbst bewußt wurde. Als ich fünfzehn war, sagte ich ihr, daß ich keine Kinder haben wollte. Erst müßte die Welt verändert werden. Meine Mutter war entsetzt und bat mich, keine Abtreibung zu machen, falls ich schwanger würde. Lieber sollte ich ihr das Kind geben. Das fand ich das Allerletzte.

Mit fünfzehn machte ich auch meinen ersten kleinen Schritt in die Unabhängigkeit: Ich trat aus der Kirche aus.

Meine Kindheit war bedrückend und beengend gewesen. Ich verließ mein Elternhaus mit dem dumpfen Gefühl, verstümmelt worden zu sein. Ich wollte auf keinen Fall so leben, so werden wie meine Eltern. Nicht dieses »Die Lehrer haben immer recht«. Nicht dieses ständige Schielen darauf, was die Nachbarn denken könnten. Nicht diese traditionelle Zweierbeziehung und Zwangsgemeinschaft Kleinfamilie, in der andere Meinungen und Gefühle nur als Bedrohung galten.

Ich wollte auch nicht die Politik meiner Eltern. Meine Mutter redete zu Hause viel über ihre Parteiarbeit und nahm uns zu CDU-Versammlungen mit. Die Menschen dort waren mir unsympathisch, ihre Diskussionen interessierten mich nicht.

Seit ich nicht mehr zu Hause wohnte und mein Leben selbst in die Hand nehmen konnte, versuchte ich, die Trauer abzuschütteln, die mich über Jahre begleitet hatte. Mit meiner Freundin und einigen Freunden diskutierte ich nächtelang über Sartre, Camus, Existentialismus, den Sinn des Lebens. Ich lernte viele unterschiedliche Menschen kennen. Ich genoß es wegzugehen, wann ich wollte, und zu treffen, wen ich wollte. Ich studierte fleißig, und jeden Abend ging ich mit meiner Freundin oder allein in eine nahe Disco, um wild zu tanzen: Die Musik der Rolling Stones, Animals, von Cream und Janis Joplin war meine Musik. Wenn ich mich müde getanzt hatte, ging ich allein zurück in mein Studentenzimmer.

Ich sah im Fernsehen, wie in Berlin Geheimpolizisten des Schahs von Persien mit Knüppeln auf demonstrierende Studenten und Schüler einprügelten. Ein Polizist erschoß bei dieser Demonstration gegen den Schah-Besuch am 2. Juni 1967 den Studenten Benno Ohnesorg.

Auf der ganzen Welt gab es Aufbruch, kam die bisherige Ordnung durcheinander. Che Guevara versuchte in Bolivien, eine Landguerilla aufzubauen und wurde dabei getötet. In Vietnam organisierte der Vietcong »in Sandalen« Widerstand gegen den Völkermord durch die USA. Die Fotos im *Stern* vom Massaker in My Lai erschütterten mich: US-Soldaten hatten ein ganzes Dorf, Frauen, Kinder, Alte, ausgelöscht und danach versucht, die Tat dem Vietcong in die Schuhe zu schieben.

Rudi Dutschke kam nach Bonn und redete in der Universität vor Tausenden über Hochschulreform, Notstandsgesetze, Vietnamkrieg, Rebellion weltweit. Ich ging hin. Der Aufbruch zog mich an. Ich selbst war dabei aufzubrechen. Mich interessierten noch nicht die historischen Fakten, noch nicht die weltweiten Zusammenhänge dieser Rebellion, ich suchte zuallererst einen Weg für mich, um nicht in den Zwängen der alten Ordnung unterzugehen. Und genau damit war ich Teil dieser Bewegung, ohne es selbst zu wissen. Rudi Dutschke war der bekannteste Sprecher des SDS, und der Springer-Konzern hetzte aus allen Rohren gegen ihn. Mein Vater und die Leute im Neubauviertel teilten die Wut der *BILD*-Zeitung: »Demagogen!«, »5. Kolonne«, »Geht doch nach drüben!« »Die wollen ja nur alles zerstören, was wir aufgebaut haben«. Als Dutschke im April 1968 von einem Rechtsextremisten durch einen Kopfschuß schwer verletzt wurde, überraschte mich das nicht: Der Haß auf ihn, auf die langen Haare, auf die neuen Ideen hatte sich zwangsläufig in physischer Gewalt entladen.

Auch wenn ich mich von der Studentenbewegung angezogen fühlte, interessierte mich Politik wenig. Als im März 1969 mit Gustav Heinemann der erste SPD-Politiker zum Bundespräsidenten gewählt wurde, konnte ich dem nichts abgewinnen. Die Bundestagswahl im Herbst '69, die mit Willy Brandt den ersten SPD-Kanzler hervorbrachte, ließ mich kalt. Auch die Verabschiedung der Notstandsgesetze durch die Große Koalition 1968 berührte mich nicht. Ich erinnere mich an heftige Diskussionen zwischen meiner Schwester und meinem damaligen Freund, einem Uniassistenten, über die Notstandsgesetze: Sie dafür, er dagegen. Für mich war es nicht wichtig. Diese Ebene von Politik war noch abstrakt, weit weg.

Meine Familie war nach Bonn gezogen, als ich zehn Jahre alt war. Bonn hat mir nie gefallen. Ich empfand diese Stadt als eng, voller Kontrolle und heimlicher Blicke. Als mein Freund, der sich im Herbst 1968 der gerade gegründeten Deutschen Kommunistischen Partei (DKP) angeschlossen hatte, Professor an der Uni Mainz wurde und dorthin zog, entschloß ich mich, auch aus Bonn wegzugehen. Ich hatte das Vordiplom bestanden und meldete mich im April 1970 an der Uni in Heidelberg an. Dort wollte ich Examen machen und konnte auch mit meinem Freund, den meine Eltern ablehnten, zusammenbleiben.

In Heidelberg kannte ich niemanden. Ich mietete bei einer freundlichen Familie eine kleine Souterrain-Wohnung und machte mit meinem großen, schwarzen Hund, einer wilden Mischung aus Riesenschnauzer und Jagdhund, lange Spaziergänge am Neckar und durch die Wälder der Umgebung.

Andere Menschen kennenzulernen und Freunde zu finden war schwierig. Die Jahre des Aufbruchs in der Studenten-, Schüler- und Lehrlingsbewegung waren vorbei. Es brodelte nicht mehr, es gab nicht mehr überall spontane Diskussionen, bei denen man sofort mittendrin war und Leute kennenlernte. Der SDS, der Sozialistische Deutsche Studentenbund, wurde in Heidelberg verboten, nachdem er sich in anderen Städten vorher selbst aufgelöst hatte. Im Sommer 1970 gab es in Heidelberg die letzte große Demonstration gegen die staatliche Unterdrückung. Die Bewegung zerfiel immer mehr in Gruppen und Grüppchen, die sich, meist auf dem Papier, in dogmatischer Rechthaberei heftigste Fraktionskämpfe lieferten. Viele, die gestern noch mit roten Fahnen und Spruchbändern durch die Straßen gezogen waren, um gegen Notstandsgesetze, den Vietnamkrieg, das mörderische Schah-Regime oder gegen die tägliche Hetze der Springer-Presse zu protestieren, studierten wieder ruhig vor sich hin.

Ich fühlte mich sehr einsam. Das war mein grundlegendes Lebensgefühl, seit ich denken konnte. Ich kannte es nur so, daß sich jeder allein durchs Leben kämpfen mußte.

Aus den Zeitungen wußte ich, daß es kleine Gruppen gab, die seit 1968 auch mit Kaufhausbrandstiftungen und Bombenanschlägen gegen den Vietnamkrieg protestierten. Aber noch war das für mich weit weg.

Einmal fuhr ich mit meinem Freund nach Frankfurt, um seinen Freund Armin Golzem, einen Anwalt, zu besuchen. Die beiden diskutierten, wie viele Linke damals, auch über Gefangenenbefreiung und ob sie ein legitimes Mittel im Kampf für eine sozialistische Gesellschaft sei. Im Mai 1970 war Andreas Baader, der eine Strafe wegen Kaufhausbrandstiftung abzusitzen hatte, in Berlin bei einer Ausführung aus dem Gefängnis gewaltsam befreit worden. An dieser Aktion waren Gudrun Ensslin und Ulrike Meinhof beteiligt gewesen. Armin Golzem hatte Andreas und Gudrun im Jahr davor in Frankfurt kennengelernt, als sie politisch mit Lehrlingen arbeiteten. Mein Freund und Armin Golzem lehnten die Befreiung von Andreas ab, weil dabei ein Unbeteiligter durch Schüsse verletzt worden war. Beide meinten, für einen bewaffneten Kampf in der Bundesrepublik seien die Bedingungen nicht gegeben. Ich hörte ihnen zu, sagte nichts. Mit ihrer Art, darüber zu reden, ironisch, spöttisch, distanziert, konnte ich nichts anfangen. Armin Golzem sollte ich zwei Jahre später wiederbegegnen – als einem meiner Anwälte.

Mir reichte das Leben als Studentin nicht: lesen, studieren, mein Hund, mein Freund. Aber ich wußte noch nicht, wonach ich suchte. Jedenfalls nach irgendeinem Sinn für mein Leben. Immer stärker wurde mir bewußt, was ich nicht wollte: Nichts, das auch nur entfernt meinem Elternhaus, der Schule, der Bonner Neubausiedlung oder der Arbeit im Krankenhaus ähnlich war. Nicht diese Kontrolle, nicht diese Angst vor dem anderen, nicht diese schlecht versteckte Gewalt, nicht diese Ordnung. Ich ging auf die Suche.

In der Universität schrieb ich mir von den Anschlagtafeln Ortsangaben und Uhrzeiten verschiedener Gruppentreffen ab. Dann ging ich, ohne jemanden zu kennen, zu etwa zehn Versammlungen und Veranstaltungen von verschiedenen Parteien und Gruppen – von den Jungdemokraten bis zu den Resten des SDS. Überall ging ich nur einmal hin. Nirgends fühlte ich mich von den Menschen, die ich sah, angezogen.

Eines Tages im Herbst 1970 fand ich auf der Straße ein Flugblatt. Darin wurde von der Gründung eines Release in Heidelberg berichtet, dem damals dritten Projekt seiner Art in der BRD: Die Gründer suchten Helfer. Die Idee des Release war,

Drogenabhängige durch das Zusammenleben mit Nicht-Drogenabhängigen von der Heroinspritze abzubringen. Die Heidelberger Stadtverwaltung hatte ein leerstehendes Gebäude zur Verfügung gestellt. Das Geld für die Arbeit mußte sich der Verein selbst beschaffen. Es sollte ein autonomes, also unabhängiges, selbstverwaltetes Zentrum entstehen. Ich ging zu dem im Flugblatt genannten Treffen, und die Leute gefielen mir. Es waren Studenten, Psychologen, ein Arzt, eine Krankenschwester. Sie redeten offen und direkt miteinander, so daß es mir leichtfiel, mich ihnen anzuschließen.

Das vom Release benutzte Gebäude war eine stillgelegte Druckerei. Dort lebten und arbeiteten alle, die es wollten und für die Platz war. Es wurde gemeinsam gekocht, und die Bewohner schliefen in Gruppen in den großen Räumen. Auf Sitzungen und Vollversammlungen aller Bewohner und Mitarbeiter wurden die grundsätzlichen und täglichen Probleme diskutiert: der Umgang mit denjenigen, die heimlich weiterfixten, oder ob eine Schmuck- und Lederwerkstatt eingerichtet werden könnte, um Geld zu verdienen.

Die Begegnung mit den Fixern zeigte mir eine bis dahin unbekannte Welt. Die meisten waren ganz anders aufgewachsen als ich. Viele waren schon im Gefängnis gewesen. Ich war neugierig auf jede Lebensgeschichte und jede Erfahrung. Sie waren aus dem »normalen« Leben ausgebrochen, oft auf ihrer Suche nach Neuem am Heroin hängengeblieben und suchten jetzt verzweifelt nach einem Ausweg aus der Sucht.

Zum ersten Mal in meinem Leben rauchte ich Shit und Marihuana, mit deren Wirkung ich Musik auf einmal ganz anders, viel intensiver als je zuvor erlebte. Es war die große Zeit von Rockgruppen wie Deep Purple, Led Zeppelin und Pink Floyd. Aber das Rauchen bewirkte bei mir, daß ich mich noch einsamer fühlte als zuvor. Wir gingen auf Rockkonzerte oder fuhren in den Wald, hörten in voller Lautstärke Deep Purple und rauchten. Es war schön und fürchterlich traurig.

Ich behielt meine kleine Wohnung am Neckarufer, verbrachte aber die meiste Zeit im Release. Wir erzählten und diskutierten nächtelang: über unser Leben, unsere Familien, unsere Freundschaften, unsere Sexualität, unsere Zukunftspläne und Träume. Ausbrechen, anders leben, nicht mehr vereinzelt, sondern kollektiv, nicht vor sich hin scheffeln oder schuften, sondern untereinander teilen: die Arbeit und den Spaß. Eifersucht kam vom Besitzdenken, und wir wollten keinen Besitz. Männerstrukturen, Männerdominanz, das war ein Thema, über das wir immer wieder diskutierten. Ich brach von einem Tag auf den anderen meine Liebesbeziehung zu meinem Freund in Mainz ab, hatte mehrere neue, kurze Beziehungen, nacheinander und gleichzeitig, ging ins Bett, mit wem und wie es mir gefiel. Nicht ohne Folgen, denn ich fing mir mehrfach einen Tripper ein. Wenn ich dann am Neckarufer entlang zu meiner Wohnung ging und mir heimlich Heidelberger Familienväter hinterherguckten, die dort am Wochenende mit Frau und Kind spazierengingen, mußte ich in mich hineingrinsen: Wenn ihr wüßtet...

Wenn ich im Release lebte, überließ ich meine Wohnung anderen aus dem Zentrum: wenn zwei für sich allein sein wollten oder jemand von der Polizei gesucht wurde. In Heidelberg ging die Polizei damals hart gegen die Fixer vor: Sie wurden auf offener Straße von der Polizei zusammengeprügelt und festgenommen. Fixer, die nicht im Release wohnten, wurden samt ihren Möbeln aus ihren Wohnungen gezerrt, auf offene Lastwagen geschoben, von der Polizei kilometerweit aufs Land verschleppt und dort auf freiem Feld mitsamt ihren Möbeln ausgesetzt. Der Heidelberger SPD-Oberbürgermeister Rolf Zundel wollte »seine« Stadt um jeden Preis »fixerfrei« haben. Alle Fixer konnten üble Geschichten von demütigenden Erfahrungen mit der Polizei erzählen.

Das deckte sich mit einem Erlebnis vom Sommer 1970, als ich bei einem Bummel durch die Stadt zufällig auf eine kleine Gruppe Studenten stieß, die vor behelmten Polizisten wegliefen. Die Polizisten knüppelten auf die Menschen ein, die sich unter den Schlagstöcken duckten. Ich kannte zwar solche Szenen aus dem Fernsehen, es aber selbst zu erleben, erschütterte mich total. Ich drehte mich um und rannte kopflos, heulend die Hauptstraße zurück, so schnell wie möglich weg von dieser Brutalität.

Viele der Release-Mitglieder hatten an Aktionen der APO, der außerparlamentarischen Opposition, teilgenommen. Sie erzählten mir von den Straßenblockaden, die sie im Jahr zuvor zusammen mit Schülern gegen die Fahrpreiserhöhungen in Heidelberg gemacht hatten. Als in den USA bei einer Demonstration gegen den Vietnamkrieg an der Kent-State-Universität vier Studenten erschossen wurden, erinnerten sie sich an die Pflastersteine, die sie in Berlin bei militanten Protesten gegen die Springer-Hetze und Gerichtsverfahren geworfen hatten. Aber sie erzählten es wie Geschichten aus längst vergangenen Zeiten. Jetzt waren die komplizierten Liebesverhältnisse wichtiger. Aus München kam ein Freund, der dort die erste Kommune mitgegründet hatte, er gefiel mir, und mit ein paar Leuten besuchten wir ihn in München. Die Kommune bestand aus zwei übereinanderliegenden und miteinander verbundenen großen Altbauwohnungen, wenigen alten Möbeln, Matratzen, bunten Tüchern, viel Schwarz. Die meisten Bewohner waren ausgeflogen, der Freund müde und genervt. Von Aufbruch war nicht mehr viel zu spüren.

Abschied vom bisherigen Leben

Nach einigen Wochen intensiven Lebens im Release wußte ich, daß es dort für mich nicht weiterging. Die Heroin-Spritze war für mich nie eine Versuchung, der Stoff interessierte mich nicht. Aber ich sah, wie die Freunde, mit denen ich gemeinsam im Release begonnen hatte, um die Fixer von der Nadel wegzubringen, selbst zur Pumpe griffen. Das Konzept kehrte sich um: Die Fixer hörten nicht auf, und die anderen verfielen der Sucht.

Mehrere Freunde aus dem Release waren auch Mitglieder im Sozialistischen Patientenkollektiv (SPK). Das war ursprünglich eine Selbsthilfegruppe von Ärzten und Patienten, die sich in der Universitätsklinik Heidelberg vom starren Arzt-Patienten-Verhältnis abwendeten und gleichzeitig die versteinerte Unihierarchie angriffen. Das SPK verstand sich als Teil einer neuen Psychiatrie, der Anti-Psychiatrie.

Psychiatrische Anstalten waren bis in die siebziger Jahre hinein reine Verwahranstalten, in denen psychisch Kranke mit Medikamenten, aber auch mit Fesseln ruhiggestellt wurden. Es gab keinen menschlichen Respekt vor den Kranken, kaum Therapien ohne Psychopharmaka, Elektroschocks waren eine verbreitete Behandlungsmethode.

Die Anti-Psychiatrie versuchte, den Kranken und seine Krankheit ernstzunehmen und die gesellschaftlichen Ursachen für psychisches Erkranken aufzudecken. Statt den Kranken zu entmündigen und zu isolieren, wollte die Anti-Psychiatrie ihm eine neue soziale Dimension vermitteln. Vorbild war die Arbeit von Franco Basaglia in Italien, der als Leiter einer großen psychiatrischen Klinik gemeinsam mit Ärzten und Patienten diese Anstalt Schritt für Schritt auflöste. Die Ärzte stiegen von ihrem Podest, die Patienten bekamen in einem kollektiven Prozeß, der die ganze Stadt mit einbezog, Stück für Stück die Verantwortung für ihr Leben zurück.

Das SPK begriff die Existenz von geschlossenen Psychiatrien als staatliches Instrument, mit dem außerhalb der sogenannten Normalität lebende Menschen ausgesondert und vernichtet wurden. Dagegen setzte das SPK die Parole: »Krank ist das Gesellschaftssystem.« Der Grundgedanke war, daß Krankheit die menschliche Reaktion auf ein krankmachendes System sei und die Lösung in der Zerschlagung dieses Systems bestehe. Ein Gedanke, der in seiner Vereinfachung auf Krankheit als entscheidende revolutionäre Kraft eine enorm schnelle Radikalisierung innerhalb des SPK bewirkte.

In Flugblättern und auf Veranstaltungen griff das SPK die Nazivergangenheit von Psychiatern und die reaktionäre Politik der Medizin- und Pharma-Lobby an. Die baden-württembergische Landesregierung und ihr Ministerpräsident, der ehemalige Nazi-Marinerichter Hans Filbinger (CDU), trieben den Konflikt auf die Spitze: Das SPK wurde aus der Universität verbannt, die Selbsthilfestruktur von Ärzten, Studenten und Patienten sollte zerschlagen werden.

Als ich mit meiner Freundin Gabi, die ich im Release kennengelernt hatte, im Januar 1971 das erste Mal ins SPK ging, mußte bereits mit der polizeilichen Räumung der großen Altbauwohnung gerechnet werden, die sich genau gegenüber der Heidelberger Polizeizentrale befand. Die Wohnung wurde rund um die Uhr observiert.

Die Wände der Altbauwohnung waren mit Parolen vollgeschrieben. Im Flur hingen große Anschlagtafeln mit Wandzeitungen und den Themen und Terminen der SPK-Veranstaltungen und Arbeitsgruppen. Auf einer alten Abziehmaschine wurden Flugblätter gedruckt. Gabi erklärte mir, was im SPK lief und was einen in den Veranstaltungen, Arbeits- und Gesprächskreisen erwartete. Es gab einen Marx-Arbeitskreis, einen Hegel-Arbeitskreis, einen zur Anti-Psychiatrie und einen zur Neuen linken Gesellschaftsanalyse. Ich schrieb mich sofort für Einzelgespräche ein, die im SPK »Einzelagitation« hießen.

In den Sitzungen hatte ich ein großes Bedürfnis, erst einmal über mich, meine Lebensgeschichte, meine Unsicherheiten, Ängste und meine Suche nach etwas anderem zu sprechen. Anfangs ging ich ausschließlich deshalb mehrmals die Woche ins SPK. Dabei wurde mir klar, daß meine Einsamkeit und Traurigkeit, die vielen Probleme, die ich mit mir selbst hatte, nicht mein persönliches und unentrinnbares Schicksal waren. Meine Eltern hatten mich zwar mit all ihren Ängsten, Ansprüchen und Enttäuschungen in eine »Form« gepreßt, aber es war möglich, sie zu sprengen. Ich erkannte, daß es vielen anderen ähnlich ging, daß es soziale und politische Ursachen für vieles gibt, worunter Menschen leiden müssen. Das Experiment Basaglias verstand ich sofort, da ich selbst das Gefühl hatte, von etwas mir bis dahin Unerklärbarem gefesselt und lahmgelegt zu werden.

Ich begann, auf Geschichte und Politik neugierig zu werden.

Im SPK gab es Bücher über die Naziverbrechen im Zweiten Weltkrieg. Ich las sie und konnte vor Entsetzen nachts kaum schlafen. Dabei erinnerte ich mich an eine Geschichte, die mein Vater meiner kleinen Schwester erzählt hatte, als sie dreizehn Jahre alt war und ich vierzehn. Er hatte, wie oft nach Feierabend, zu viel getrunken und prahlte, er habe in Stalingrad zusammen mit anderen Soldaten einen Russen zu Tode gefoltert. Es war das einzige Mal, daß er mit solcher Offenheit seine »Kriegserinnerungen« preisgab.

Seit ich aus der Wohnung meiner Eltern ausgezogen war, hatte ich begonnen, mich zu erinnern und darüber zu sprechen, was bei uns zu Hause passiert war. Aber erst im SPK begriff ich richtig, mit welch brachialer Gewalt meine Eltern mein Gefühlsleben und meine Sexualität unterdrückt hatten, und wie mich das für viele Jahre verunsichert und gelähmt hatte: Ich war neun Jahre alt, als ich mich das erste Mal in einen ein paar Jahre älteren Jungen verliebte. Jeden Tag nach der Schule ging ich zu ihm nach Hause, unter dem Vorwand, daß ich mit seiner kleinen Schwester spielen wollte, und wartete sehnsüchtig darauf, ihn zu sehen. Ich wollte nichts anderes, als ihn sehen.

Meine Mutter merkte nach einiger Zeit, was mit mir los war, und versuchte mit Verboten, meine Gefühle zu unterbinden. Als ihr das nicht gelang, prügelte sie mich grün und blau. Vorher schickte sie meine jüngeren Geschwister zum Spielen auf die Straße, verlangte, daß ich mich auszog und schlug mich dann so lange mit Stricknadeln, bis ich an Rücken und Beinen blaue Striemen hatte. Am nächsten Tag in der Schule fragte mich jeder danach. Ich schämte mich und sagte nichts. Bis zu diesen Schlägen war ich ein frühentwickeltes Mädchen gewesen. Jetzt kehrte sich meine Entwicklung völlig um, ich blieb noch jahrelang ganz kindlich.

Jahre später merkte ich, daß mein Vater starke sexuelle Gefühle mir gegenüber empfand, auch wenn er mich nie körperlich mißbrauchte. Aber die Art und Heftigkeit seiner Emotionen waren mir immer bedrohlich.

Als ich begann, meinen Körper zu erkunden und sexuelle Träume zu haben, vor allem sonntags morgens im Bett, wenn ich nicht früh zur Schule mußte, kam mein Vater schon zeitig in mein Zimmer, setzte sich, streichelte mich und unterbrach meine Intimität. Oft machte er ein Spiel mit mir: Er preßte mich ganz fest an sich, um mir zu beweisen, daß ich mich nicht wehren könnte, wenn mich ein Mann vergewaltigen wollte. Das fand er immer besonders witzig.

Für ihn war ich sein Besitz, und er war während meiner gesamten Jugend eifersüchtig auf jedes männliche Wesen, mit dem ich auch nur den geringsten Kontakt hatte. Als ich siebzehn Jahre alt war, schlug er mich vor den Augen meines ersten Freundes ins Gesicht und beschimpfte mich als Nutte. Je mehr mir in den Gesprächen im SPK der Zusammenhang zwischen meinem früheren Gehemmtsein und den Attacken speziell meines Vaters klar wurde, desto mehr hatte ich den Wunsch, darüber mit meinen Eltern zu sprechen.

Als ich sie das nächste Mal besuchte, sprach ich das Thema an. Es kostete mich große Anstrengung und Überwindung, das jahrelange Schweigen zu brechen, ich schämte mich. Als ich fertig war, lachte mein Vater laut auf und sagte, es sei doch schön, daß er ein so inniges Verhältnis zu mir gehabt hätte. Meine Mutter gestand, daß sie von »diesem besonderen Verhältnis« meines Vaters zu mir immer gewußt habe, daß sie viele Jahre sehr eifersüchtig auf mich und alles für sie sehr bedrükkend gewesen sei. Die Reaktion meines Vaters verletzte mich. Ich beschloß, meine Eltern nur noch selten zu besuchen.

Nach wenigen Wochen fühlte ich mich im SPK zu Hause. Ich nahm an mehreren Arbeitskreisen teil, schrieb mit anderen Flugblätter, vervielfältigte sie auf der kleinen Maschine, fühlte mich wohl und arbeitete voller Energie mit. Auf dem alten Plattenspieler ließen wir immer wieder »Macht kaputt, was euch kaputtmacht« von der Gruppe »Ton, Steine, Scherben« laufen und sangen aus Leibeskräften den Text mit, der zu dieser Zeit genau unser Lebensgefühl ausdrückte. Es war immer was los. Kleine oder größere Gruppen diskutierten hitzig über aktuelle Ereignisse, die Lage in der Welt, über Bücher oder persönliche Fragen. Protestaktionen oder Demonstrationen wurden vorbereitet. Ein wichtiges Thema war der Sieg Salvador Allendes und der Volksfront 1970 in Chile. War es tatsächlich möglich, eine Revolution durch Parlamentswahlen einzuleiten? Oder war es gar keine Revolution? Würden die US-Konzerne ihre Enteignung zulassen? Was machte das chilenische Militär? In den Diskussionen wurde Lenin zitiert: Die herrschende Klasse werde nie ihre Macht ohne Gewalt der Waffen abgeben. Die chilenische Guerillaorganisation MIR unterstützte die Regierung Allendes, nahm an legaler politischer Arbeit teil – sollte sie auch die Waffen niederlegen? War es ein Verrat an der Volksfront, die Waffen zu behalten, oder ein Verrat am chilenischen Volk und der Revolution, die Waffen abzugeben?

Zum Marx-Arbeitskreis stieß ich, als man dort mitten im ersten Band des *Kapital* angelangt war. Von den acht bis zehn Teilnehmern waren einige schon lange beim SPK , andere erst später dazugekommen. Ich hatte noch nie einen Text von Karl Marx in der Hand gehabt; die dort benutzten Begriffe waren mir fremd. In den ungefähr zwei Stunden, die der Arbeitskreis jeweils dauerte, erklärten die, die mehr wußten, den Neuen die marxistische Terminologie, und gleichzeitig suchten wir gemeinsam nach konkreten Beispielen aus dem täglichen Leben oder aus Zeitungsinformationen, um uns eine praktische Vorstellung davon zu machen, was »Mehrwert«, was »Entfremdung«, »Produktionsmittel« und »Produktionsverhältnisse« bedeutet. Der Arbeitskreis war wie ein Gespräch, an dem jeder versuchte, mit seinen Erfahrungen teilzunehmen, auch Leute, die zufällig vorbeikamen. Wir lasen vielleicht eineinhalb Seiten während einer Sitzung, aber ich lernte in wenigen Wochen so viel über die Dialektik, die Methode und den Inhalt des Marxschen Denkens, daß ich später im Knast ohne große Probleme den ganzen Ökonomiewälzer von Marx ohne Hilfe studieren konnte.

Es machte mir Spaß, in die verschiedenen Arbeitskreise zu gehen, weil ich das Gefühl hatte, dort die Realität besser verstehen zu lernen, und weil mir die Leute gefielen, die mich ohne Mißtrauen als eine der ihren aufnahmen. Ich verlor schnell meine Schüchternheit, fühlte mich ernstgenommen und voller Kraft. Ich machte viele interessante und erschütternde Erfahrungen:

Eine junge Frau, die ich ein paarmal im SPK gesehen hatte und die zu den ersten Patientinnen in der Gruppe gehörte, machte eines Tages einen Selbstmordversuch. Sie wurde in die geschlossene psychiatrische Anstalt eingewiesen. Mit ein paar Freunden fuhren wir dorthin: Es war ein großes, düsteres Gebäude außerhalb von Heidelberg, alle Fenster vergittert, ein Knast. Wir wollten sie sehen, mit ihr sprechen, sie rausholen. Aber wir kamen nicht zu ihr. Es hieß »nur Familienangehörige«. Wir verlangten, den verantwortlichen Arzt zu sprechen. Nach ewig langem Warten kam einer mit weißem Kittel und Brille, distanziert und kurzangebunden. Wir könnten sie nicht sehen, die Patientin brauche Ruhe. Alles Reden war sinnlos. Ohne sie gesehen zu haben, mußten wir wieder nach Heidelberg zurück.

Wir waren gerade mitten im Arbeitkreis zur Neuen linken Gesellschaftsanalyse und lasen Arno Plack, als wir Geschrei und Krach hörten. Wir liefen auf den Flur. Ein etwa zwanzigjähriger Mann, der seit kurzem ins SPK kam, schmiß alle Bücher aus den Regalen und machte aus einem Stuhl Kleinholz. Andere versuchten, ihn zu beruhigen, er brüllte und drohte mit Schlägen. Niemand wagte, ihn anzufassen, er zog sich ins Sekretariat zurück. Dort kippte er den Schreibtisch um und begann, die Regale auszuräumen. Ich hatte in den letzten Tagen ein paar Mal mit ihm geredet, da war er ganz ruhig gewesen. Jetzt erlebte er offensichtlich eine Krise. Er war groß und kräftig, deshalb fürchteten alle, sich ihm zu nähern. Mir ging es nicht so. Ich vertraute auf meine Kraft, ihn ohne körperliche Auseinandersetzung beruhigen zu können, und ging zu ihm ins Sekretariatszimmer. Er sah mich erstaunt an, als ich mit ihm zu sprechen begann und dabei direkt auf ihn zuging. Einen Moment lang zögerte er, dann ließ er die Arme sinken.

In dieser Zeit entwickelte ich auch das Bedürfnis, mich von Männern abzugrenzen. Mir schien, ihr Hauptinteresse galt immer der sexuellen Beziehung, während ich noch etwas anderes suchte. Es bestand von vornherein eine Ungleichheit. Ein Mann, so blöd er auch war, besaß immer eine Machtposition. Und überall, wohin ich kam, merkte ich, daß hinter den Worten der Männer doch nur ein Gedanke steckte: mich so schnell wie möglich ins Bett zu kriegen. Auf diese Art Verhältnisse hatte ich einfach keine Lust mehr. Mit Gabi teilte ich meine Gefühle, Erfahrungen und Gedanken; ihr ging es oft ähnlich wie mir. Wir entdeckten viele Gemeinsamkeiten. Sie studierte Psychologie wie ich, wir lasen zusammen Wilhelm Reich, wir rauchten zusammen Shit und hörten dieselbe Musik. Wir sprachen über unsere Vergangenheit, unsere Familien, über unsere Ängste und Liebesbeziehungen. Sie war sanft und eigenwillig und wie ich auf der Suche nach ihrem Weg. Zwischen uns entwickelte sich eine sehr zärtliche Zuneigung.

Es muß Anfang Februar 1971 gewesen sein, als mich Bernd,

ein Freund, den ich von der Uni und aus dem Release kannte, ansprach. Er sagte, er habe Kontakt zu Leuten, die Schwierigkeiten mit der Polizei hätten, denen er aber vertraue. Sie bräuchten Pässe, um der Fahndung zu entgehen. Unter ihnen sei eine Frau von meiner Körpergröße. Ob ich ihm für sie meinen Paß geben könnte, ohne ihn als verloren zu melden? Ich zögerte keine Sekunde, stellte keine Fragen. An der Art, wie er seine Bitte vortrug, merkte ich, daß mein Paß nicht für Fixer bestimmt war. Zwar kannte ich Bernd nur wenig, aber meine Intuition, auf die ich mich immer verlassen habe, sagte mir, daß er kein Spitzel, kein Zuträger für die Polizei, keiner, der quatscht, war. Ich fragte nicht, aber ich dachte mir, daß der Paß für diejenigen sei, die sich im bewaffneten Kampf organisiert hatten. Davon hatte ich zwar kaum Vorstellungen, aber es machte mich neugierig, zog mich an.

Der Staat bezeichnete die Rote Armee Fraktion (RAF) damals zwar abschätzig als die »Baader-Meinhof-Bande«, aber betrachtete sie als so gefährlich, daß Ende Januar 1971 beim Bundeskriminalamt (BKA) eine Sonderkommission, die SoKo B/M, eingerichtet wurde. Dort arbeiteten Spezialisten, die den Polizeiapparat in den kommenden Jahren allgegenwärtig machen sollten. Auf der Suche nach den RAF-Mitgliedern wurden 1970/71 Zehntausende von Menschen polizeilich überprüft und unzählige Wohnungen durchsucht. Es gab Polizeisperren, Straßenkontrollen, Fahndungsaufrufe in allen Medien. Viele, vor allem junge Menschen, beeindruckte dies nicht: Jeder vierte Bundesbürger in meinem Alter, so ergab eine Umfrage 1971, sympathisierte so sehr mit der RAF, daß er eine strafrechtliche Verfolgung in Kauf nehmen würde, um Mitglieder vor der Polizei zu verstecken. Fahndungsplakate hingen in allen öffentlichen Gebäuden und in vielen Geschäften. Als sie auch in Heidelberg auftauchten, zogen wir nachts los, um die Scheiben der Läden, die die Plakate aufgehängt hatten, einzuschmeißen.

Vielleicht eine Woche oder zehn Tage nach dem ersten Gespräch kam Bernd wieder: Die Leute, die jetzt meinen Paß hätten, ließen fragen, ob sie für ein paar Tage in meine Wohnung könnten. Während dieser Zeit müßte ich allerdings woanders schlafen. Wieder sagte ich ja, ohne zu fragen, aber es fiel mir nicht mehr ganz so leicht. Das war ein Schritt weiter, und er konnte mich in Gefahr bringen. Würde mein Paß bei der RAF entdeckt, könnte ich sagen, ich hätte ihn verloren oder er wäre mir gestohlen worden. Wenn ich aber meine Wohnung zur Verfügung stellte, wäre das nicht mehr möglich. Aber meine Angst war viel kleiner als mein Interesse, Menschen, die ihr Leben ganz anders bestimmten, als ich das bis dahin kannte, und ihren Kampf kennenzulernen.

In der ersten Nacht, in der ich mich ausquartierte, damit die Unbekannten in meiner Wohnung ungestört sein konnten, mußte ich vor Anspannung kotzen. Ich war dabei, mit den zentralen Normen und Werten meiner Erziehung zu brechen. Mir war eingebleut worden, daß Kriminalität und Gewalt an sich »böse« seien, daß man »Gesetzesbrecher« nicht unterstützt, sondern der Polizei ausliefert. Ich hatte keine genaue Vorstellung davon, worauf ich mich einließ. Aber ich spürte deutlich, daß jetzt etwas auf mich zukam, das mein Leben entscheidend bestimmen würde, und daß es gefährlich werden könnte. Ich begann, von meinem bisherigen Leben Abschied zu nehmen.

Diese erste Nacht schlief ich bei Bernd. Er war lieb und um mich besorgt: »Ich kann gut verstehen, daß du kotzt. Es macht einen völlig schwindlig, wenn man von heute auf morgen mit der Guerilla zu tun hat. Und ich würde eigentlich auch gern so reagieren können wie du, statt äußerlich cool zu bleiben, als wäre das alles ganz normal.« Bernd erzählte, daß er mir nicht sagen sollte, für wen er mich um die Wohnung gebeten hatte, aber er fand es doch besser, mich das doch wissen zu lassen.

Wir sprachen darüber, was es für jeden von uns bedeuten könnte, die RAF in unser Leben zu lassen. Bernd hatte einen Beruf, der ihm Spaß machte und den er auf keinen Fall aufgeben wollte. Illegalität stand für ihn nicht zur Debatte. Und wenn entdeckt würde, daß er Kontakte zur RAF hatte, würde ihn das seinen Job kosten. Ich hatte begonnen, an der Perspektive meines Studiums zu zweifeln. Was sollte ich damit machen? Mein Leben lang in den Problemen anderer Menschen herumwühlen? Menschen so »reparieren«, daß man sie wieder in die Arbeit – das hieß für mich: Ausbeutungsmaschinerie – stecken konnte? Ich hatte das Gefühl, mit anderen Mitteln mehr für eine lebenswerte Zukunft erreichen zu können.

Nach ein paar Nächten und Tagen des Vagabundierens, mal war ich im Release, mal bei Gabi, sagte ich Bernd, daß ich in meine Wohnung zurück wolle.

Begegnung mit der RAF

Als ich in meine Wohnung kam, saßen dort Ulrike Meinhof, Andreas Baader, Gudrun Ensslin und Jan-Carl Raspe. Ich hatte mir zwar Tage zuvor ein Fahndungsplakat genau angesehen, aber jetzt erkannte ich keinen von ihnen.

Gudrun hatte eine schöne Afro-Frisur, die gut zu ihrem schmalen Gesicht und den großen Augen paßte. Ulrike wirkte klein und zierlich, trug ein Kopftuch, rauchte eine Zigarette nach der anderen und fummelte ständig mit ihren Fingern herum. Andreas hatte superblond gefärbte Haare, sehr auffallend, bei denen der schwarze Haaransatz schon wieder nachwuchs. Jan, ein langer, dünner Typ mit einem ernsten Jungengesicht, stand an eine Wand gelehnt, während die anderen auf meinem großen Bett saßen oder lagen. Alle vier hatten bleiche Gesichter, als ob sie nie die Sonne sähen. Sie grinsten mich an: »Na, was willste denn wissen?« Ich fühlte mich unbehaglich, hatte keine konkreten Fragen: »Ja, was ihr so macht. Ich wollt' euch halt kennenlernen.« Ob ich wüßte, wer sie seien, ob ich sie erkennen würde? Ich schüttelte den Kopf. Ob sie weiter meine Wohnung benutzen könnten? Ich nickte zustimmend. Das waren also diejenigen, nach denen die größte Fahndung in der Geschichte der Bundesrepublik lief, deren Fotos ständig in der Presse erschienen und über die so viel diskutiert wurde. Ich fühlte mich eingeschüchtert, aber plötzlich auch wichtig durch sie.

Andreas, der bis dahin geschwiegen hatte, sagte jetzt zu mir: »Aus Sicherheitsgründen ist es sowieso besser, wenn du uns nicht näher kennenlernst. Und wenn die Bullen irgendwann mal rauskriegen, daß wir hier waren, ist es besser für dich, wenn du möglichst wenig weißt.« Wenn Andreas redete, wirkte er sehr bestimmend, voller Energie. Sie fragten weiter: Ob ich wüßte, warum sie eine Stadtguerilla aufbauten, in welcher Situation sie sich befänden und daß der Kontakt mit ihnen Konsequenzen für mich haben könnte, zum Beispiel Verhaftung und Knast? Ich war schüchtern und trotzig zugleich, konnte keine ihrer Fragen genau beantworten. Aber ich bestand darauf: »Also – wenn ich euch meine Wohnung gebe, will ich wissen, worauf ich mich einlasse.« Ich wollte sie kennenlernen, wissen, soweit das möglich war, was sie dachten.

Sie schickten mich aus dem Zimmer, um unter sich zu diskutieren. Nach einer Weile riefen sie mich wieder und sagten, sie seien einverstanden. Bedingung sei aber, daß ich immer dann verschwände, wenn sie über Dinge zu reden hätten, die mich nichts angingen. Ich sollte auch nicht versuchen rauszukriegen, wer von ihnen wer sei. Jeder von ihnen habe einen Decknamen, das reiche. »Wichtig ist, was einer tut, nicht wie er heißt und wo er herkommt. Wir kommen alle aus derselben Mülltonne, deshalb haben wir uns entschlossen zu kämpfen, aber nicht der einzelne ist von Bedeutung, sondern die Gruppe. Unser persönliches Leben ist mit der Entscheidung für den Kampf in der Illegalität zur Funktion für diesen Kampf geworden. Was vorher war, zählt nicht mehr.«

Sie erzählten mir, daß sich speziell in Lateinamerika in den sechziger Jahren Landguerillagruppen entwickelt hätten, in Uruguay eine Stadtguerilla. Dort sei es auch so, daß sich die Mitglieder der Kommandoeinheiten nur mit Decknamen kennen. Wenn jemand verhaftet würde, könne er so unter der Folter nicht die Identität der anderen Kämpfer preisgeben.

Von da an bis in den Juni 1971 hinein kamen die vier und Holger Meins regelmäßig in meine kleine Kellerwohnung an der Uferstraße. Selten tauchten alle zusammen hier auf, meist kamen sie allein, zu zweit, zu dritt, um zu lesen, zu schreiben und zu reden. Sie studierten technische Pläne und Stadtpläne, reinigten ihre Waffen oder wollten einfach nur entspannen, ausruhen und Musik hören. Sie diskutierten, lachten und scherzten miteinander. Zum Beispiel darüber, daß Ulrike, die ihr Leben vorher vor allem an der Schreibmaschine zugebracht hatte, jetzt diejenige war, die am schnellsten und geschicktesten Autos knackten konnte. Alle liebten Donald-Duck-Hefte, lasen sie gemeinsam und lachten dabei wie Kinder. Andreas und Gudrun konnten zusammen rumalbern und gickeln wie Teenager. Waren sie zu viert oder fünft und hatten Zeit, wurde gekocht. Einmal machte Ulrike einen Sauerbraten, eines ihrer Lieblingsgerichte. Sie war ganz erstaunt, daß ich diese Art, Fleisch zuzubereiten, nicht kannte. Ich käme doch aus dem Rheinland, sagte sie, wo der Sauerbraten sozusagen zu Hause sei. Sie tranken selten Alkohol, sondern zogen es vor, Shit zu rauchen. Sie meinten, das sei viel besser, und sie könnten die Wirkung sofort abschneiden, wenn es nötig sei. Manchmal zog ich los, um bei Bekannten ein gutes Piece für sie zu kaufen.

Menschen wie sie hatte ich noch nie erlebt. Fast alles, was und wie sie es taten, war für mich neu: ihre politischen Diskussionen, ihr Umgang mit Waffen, ihre Witze, wie sie miteinander sprachen und sich gegenseitig behandelten. Das hatte ich weder im Release noch im SPK oder irgendwo anders vorher erlebt. Sie schienen ein gemeinsames Feeling, eine Wellenlänge, fast einen gemeinsamen Kopf zu haben. Ich war von ihrer Nähe, ihrer Energie ausgeschlossen, aber ihr starkes Miteinander zog mich ungeheuer an.

Während sie beschäftigt waren, setzte ich mich an meinen Schreibtisch und füllte Karteikarten für das psychologische Institut der Universität aus. Andreas kam neugierig heran, guckte, was ich schrieb. »Wozu machst du denn so 'nen Scheiß?« »Das ist mein Job, von irgendwas muß ich ja leben.« »Kannste dir nicht was Besseres suchen?« »Habt ihr etwa vor, mir ein Gehalt zu zahlen?« Andreas mußte lachen. Von da an respektierte er wortlos, wenn ich mich zum Karteikartentippen an die Schreibmaschine setzte. Andreas gefiel es, andere anzupflaumen und zu provozieren. Er genoß es, darauf eine direkte, ebenbürtige Antwort zu bekommen. Wenn jemand statt dessen den Kopf einzog, wurde er sauer.

Sie wußten natürlich, daß ich seit Jahresanfang regelmäßig

ins SPK ging und dort mitmachte. Einmal, als wir allein waren, löcherte mich Jan mit Fragen über das SPK. Was ich dort machte, wie ich mich dort fühlte, warum ich dort hingegangen sei, was ich darüber dachte. Dann erzählte er viel von sich, seinen Erfahrungen mit der Studentenbewegung und seiner Arbeit in einem der ersten Kinderläden in Berlin. Es war eines der wenigen längeren Gespräche, die ich mit einem von ihnen in den ersten Wochen führte.

Irgendwann sagten meine neuen Freunde, daß sie auch nach Heidelberg gekommen seien, um mit dem SPK Kontakt aufzunehmen. Das müsse natürlich unauffällig und verdeckt geschehen. Ob ich ihnen helfen wolle? »Wir hatten ja erst überlegt, ob Ulrike mit Kopftuch und Brille verkleidet direkt ins SPK zu Huber gehen soll. Aber das ist auch 'ne ziemlich heiße Sache, stell dir vor, nach Ulrike läuft eine Großfahndung, und sie marschiert vorm Bullenpräsidium genau in das Ding, das am genauesten in ganz Heidelberg observiert wird. Ganz schön frech. Besser wäre es, wenn du das machen könntest, du gehst ja jeden Tag da rein und raus. Das Problem ist nur, ob Huber dir glaubt, wenn du sagst, was du willst. Was denkst du?« Ich machte bei Wolfgang Huber meine »Einzelagitation« und verstand mich gut mit ihm. Versuchen wollte ich es.

Im SPK war der eigene Radikalisierungsprozess im Frühjahr 1971 weit fortgeschritten. Es gab die Auffassung, daß die Organisierung gegen Staat und Kapital notwendig und legitim sei, auch die Anwendung von Gewalt. Ich hatte aber keine Ahnung, daß es im SPK schon eine Gruppe gab, die dabei war, militante Aktionen vorzubereiten.

Bei meinem nächsten Termin mit Wolfgang Huber steuerte ich vorsichtig das Thema an. Umständlich redete ich um den heißen Brei, bis ich zum Punkt kam: ob das SPK vielleicht Kontakt zur RAF wolle? Huber funkelte mich an, bedeutete mir mit einer Geste, kein weiteres Wort zu sagen und zeigte auf das Telefon neben uns. Er war überzeugt, daß darin eine Abhörwanze steckte. Dann nahm er einen Zettel und schrieb: »Schreib auf, was du mir sagen willst und red' gleichzeitig von 'was anderem.« Ich wurde mißtrauisch. Aufschreiben? Was wollte er damit? Das schien mir viel gefährlicher als reden. Er kritzelte wieder auf seinen Zettel, daß wir alles Geschriebene anschließend sofort und gemeinsam im Aschenbecher verbrennen würden. Das leuchtete mir ein, und so schrieben wir unsere Fragen und Antworten auf Zettel und schoben sie uns hin und her, während Wolfgang über Krankheit und ihre gesellschaftlichen Ursachen sprach.

Wochen später sagte er, gerade wegen meiner ganz naiven und emotionalen Reaktion, mißtrauisch gegen das Aufschreiben zu sein, habe er mir geglaubt, daß ich ihm tatsächlich eine Nachricht der RAF übermitteln sollte. Wie die Kontakte im einzelnen weitergingen, erfuhr ich nicht. Da die öffentliche Radikalisierung des SPK die Aufmerksamkeit der Polizei gegenüber allen Personen erhöhte, die regelmäßig das SPK aufsuchten, baten mich meine neuen Freunde um Zurückhaltung: Würde ich überprüft, würde es für sie unmöglich, weiterhin meine Wohnung zu benutzen.

Ich wußte nie, ob und wann einer meiner sechs »Mitbewohner« bei mir zu Hause auftauchte. Sie hatten keine Schlüssel. Sie wollten keine, damit meine Wohnung, wenn einer von ihnen verhaftet würde, nicht mit hochgehen konnte. Deshalb hatten wir ausgemacht, daß sie nur abends oder nachts kämen, da ich mich dann mit größerer Wahrscheinlichkeit in meiner Wohnung befand. Sie waren selbst so umsichtig beim Betreten und Verlassen des Kellers in der Uferstraße, daß meine Vermieter nichts von meinen neuen, unregelmäßigen Gästen mitbekamen. Aber ich konnte auch keinen Freund oder keine Freundin mehr zu mir mitnehmen.

Besonders schwer fiel mir das mit Gabi. Ich sagte zu ihr: »Du, ich hab da Leute bei mir, die das nicht gut fänden...« Gabi merkte, daß in meinem Leben etwas anders zu werden begann. Ihr war klar, daß ich nicht irgendeine neue Liebesbeziehung vor ihr verheimlichen wollte. Sie fragte nicht, aber wir wußten beide, daß sie eine Vorstellung davon hatte, in welche Richtung ich mich bewegte. Die Frage illegaler Organisierung lag damals in Heidelberg zumindest beim SPK ziemlich offen auf dem Tisch. Und sie machte mir deutlich, daß sie das für sich nicht wollte, daß sie Angst davor hatte. Ich respektierte das, und es änderte nichts an unserer Freundschaft.

Eines Tages sprach mich Gudrun auf Gabi an. Sie habe bemerkt, daß ich ein besonderes Verhältnis zu ihr hätte: »Seid ihr auch zärtlich miteinander, ich meine, körperlich?« Als ich verwirrt und zögernd bejahte, erzählte Gudrun, daß es auch unter den RAF-Genossinnen lesbische Beziehungen gebe, und daß das für alle in Ordnung sei. Mit der Studentenrevolte und der ersten Selbstorganisierung der Frauen sei auch der Versuch zu einem anderen Leben mit neuen Werten und Vorstellungen entstanden. Die Frauen seien oft den Männern darin voraus, ihre Gefühle zu akzeptieren und zu leben. Und es hätten sich neue Formen der Selbstorganisierung und des Selbstverständnisses entwickelt. Mich erstaunte die Offenheit, mit der Gudrun redete, und es gefiel mir. Ich fühlte mich bestätigt in meinen Erfahrungen und Gefühlen.

Die Zeitungen, besonders *BILD*, überboten sich mit diffamierenden Artikeln über die Frauen aus der RAF: Sie seien verrückt gewordene Mannweiber, autoritär, waffengeil, lesbisch, hart, gefühllos und Andreas hörig. Über Ulrike verbreiteten sie sogar die Lüge, sie sei an einem Gehirntumor gestorben. Ulrike habe aus Verzweiflung über Differenzen in der Gruppe Selbstmord begangen. Die Erfindungen waren endlos, bösartig, unglaublich. Aber sie hatten nichts mit den Menschen in meiner Wohnung zu tun. Die waren ganz anders. Warum der Haß gerade auf die Frauen so groß war? Ich sprach mit Gudrun und Ulrike darüber. »Wenn Frauen aufstehen und konsequent kämpfen, reißt das dem System den Boden unter den Füßen weg: Frauen sind die Basis seiner Reproduktion. Frauen sollen passiv, fügsam, verfügbar und ausgleichend sein. Frauen, die ausbrechen, sich verweigern, sogar eine Waffe in die Hand nehmen: Das darf es nicht geben. Deshalb hassen sie uns so.«

Ulrike regte sich fürchterlich über die Schlagzeile auf, daß sie sich wegen Gruppendifferenzen umgebracht habe: »Diese Dreckschweine, das sind IHRE Projektionen, so läuft es bei IHNEN! Keiner der schmutzigen Tricks aus der CIA-Kiste ist ihnen zu blöde, um uns das Wasser abzugraben. Auf der ganzen Welt benutzen sie dieselben Muster, um Revolutionäre unglaubwürdig zu machen und zu Spinnern zu erklären.«

Was die Freunde machten, wenn sie nicht in meiner Wohnung saßen, wußte ich kaum. Ich hatte eine vage Vorstellung von ihrem Ziel einer ganz anderen, gerechteren Gesellschaft, die nur mit illegalen Methoden zu erkämpfen sei. Deshalb hatten sie Waffen, klauten Autos, überfielen Banken und durften unter keinen Umständen von der Polizei entdeckt und verhaftet werden. Sie versuchten nicht, mich dazu zu überreden, ihren Kampf mit ihren Mitteln mitzukämpfen. Aber sie fragten, ob ich bereit wäre, für sie in einer anderen Stadt eine Wohnung zu mieten. Ich war einverstanden. Die RAF wohnte damals vor allem in Wohnungen, die von unverdächtigen Personen angemietet wurden. Das Bundeskriminalamt überprüfte bei seiner Fahndung nach der Guerilla großflächig die Legalität von Wohnungen, also ob sich die Mieter wie gesetzlich vorgeschrieben angemeldet hatten.

Gudrun und Andreas blieben in meiner Wohnung, um sich um meinen Hund zu kümmern. Das fanden sie gar nicht gut, aber was sollte ich sonst mit ihm machen? Ich fuhr mit dem Zug nach Hamburg. Holger Meins holte mich am Bahnhof ab und brachte mich in ein kleines Hotel. Wir kauften einen Pakken Zeitungen mit Wohnungsinseraten. Er erklärte mir, für ihre Zwecke seien Wohnungen in Hochhauskomplexen am besten. Dort wisse keiner, was vor sich gehe. In solchen Häusern gingen ständig Leute ein und aus, ohne daß es irgend jemanden interessiere. Unter den in Frage kommenden Wohnungen fanden wir eine am Mexicoring in der City Nord, einer schnell wachsenden Trabantenstadt, in der Bürohäuser und einige Wohnblöcke hochgezogen wurden. »Das wär' genau richtig«, grinste Holger, »hier können Andreas und Ulrike ohne Schminke im Aufzug neben dem Fahndungsplakat stehen, ohne daß sie jemand erkennt. Jeder denkt nur an den Streß auf der Arbeit oder mit der Alten und den Gören zu Hause.« Sein trockener Witz und seine Art, Dinge mit knappen Sätzen auf den Punkt zu bringen, gefielen mir. »Also, ruf bei dem Büro an und sag, daß du die Wohnung besichtigen willst.«

Am nächsten Tag, es war Anfang März 1971, ging ich zur Hausverwaltung. Ich trug einen Rock, hatte mich geschminkt und die Haare zu einem braven Zopf gebunden. »Du mußt unauffällig wirken, langweilig, wie eine Sekretärin eben«, hatte Holger gesagt und mir Geld gegeben. Mit jemandem von der Verwaltung fuhr ich zur Wohnung am Mexicoring, erzählte, daß ich ab April in Hamburg eine Anstellung hätte und deshalb von Heidelberg an die Elbe ziehen müßte. Während wir fuhren, schaute ich immer, wie Holger mir eingeschärft hatte, ob uns die Polizei verfolgte oder sonst etwas auffällig war. Mir schien es absurd, auf eine eventuelle Observation zu achten. Ich würde sie nicht erkennen, wenn nicht gerade ein Peterwagen an uns klebte. Die Wohnung war ein kleines Einzimmerapartment. Ich unterschrieb den Mietvertrag und versicherte, die Miete werde jeden Monat pünktlich per Postanweisung bezahlt. Ich ging mit meinem Personalausweis zum Einwohnermeldeamt, um mich in Hamburg mit zweitem Wohnsitz anzumelden. Das Apartment am Mexicoring sollte ich nur noch einmal betreten, als ich vier Monate später meine Ausweise und persönlichen Unterlagen verbrannte und illegal wurde.

Holger kam danach ein paarmal allein zu mir nach Heidelberg und blieb die ganze Nacht. Wir fühlten uns gut miteinander. Schon als wir uns das erste Mal in meiner Wohnung begegnet waren, hatte ich an seinen Augen gesehen, daß ich ihm gefiel. Und ich dachte damals: »Also genauso wie alle Typen, fährt auch nur auf das Äußerliche ab.« Dann entdeckte ich, daß er sich wie sonst keiner aus der Gruppe Gedanken um mich machte und zu verstehen versuchte, wer ich war und was ich brauchte. Er war ein Augenmensch mit der besonderen Fähigkeit, sich auf den Moment zu konzentrieren. Ich fühlte mit ihm eine bis dahin unbekannte Freiheit. War ich mit ihm zusammen, ging es mir gut, war er nicht da, vermißte ich ihn nicht. Umgekehrt wußte er, daß ich andere Liebesbeziehungen hatte, und er zeigte keine Spur von Eifersucht oder Besitzansprüchen. Das gefiel mir. Ich haßte Eifersucht, ich haßte es, wenn jemand dachte, ich gehöre ihm.

Was mich an den RAF-Genossen besonders anzog, war ihre absolute Ernsthaftigkeit. Sie lebten, was sie sagten, sie spielten nicht. Reden und Handeln standen im Einklang. Die politische Dimension ihrer Überzeugungen konnte ich noch nicht erfassen, aber mich faszinierte, wie sie sich für ihre Sache einsetzten. Gudrun nannte das später »tiefempfundene Freiwilligkeit«. Mit großen Augen schaute ich zu, wie sie in einer mir bis dahin unbekannten Offenheit und Direktheit miteinander stritten oder um sich und um jeden von ihnen kämpften.

Eines Nachmittags kamen Andreas, Gudrun und Jan zusammen in die Wohnung. Ich las gerade und hörte Musik. Alle drei waren angespannt. Sie hatten in einem Wald Schießübungen gemacht. Jeder hatte dabei eine spezielle Aufgabe: Andreas war verantwortlich für das gestohlene Auto und die Maschinenpistole, die bei Autofahrten immer griffbereit war. Jan war für die Beobachtung und Sicherung ihres »Schießplatzes« zuständig, und Gudrun sollte aufpassen, daß zum Schluß nichts liegenblieb. Als sie in die Wohnung kamen und ihre Taschen leerten, sah Gudrun, daß die Pistole von Andreas fehlte. Sie hatten sie im Wald vergessen. Andreas wurde wütend. Jetzt müßten sie nochmals raus, um die Waffe zu holen, die vielleicht längst von irgend jemandem entdeckt worden sei. Daran sei Gudrun schuld, sie sei für so etwas eben nicht zu gebrauchen: »Du bist das letzte Arschloch, wozu hast du einen Kopf! Wenn wir jetzt in 'ne Straßensperre kommen, kann ich mich ja nur noch abknallen lassen.« Gudrun war ganz ruhig. Andreas tobte weiter, und ich fürchtete, er würde jeden Moment auf Gudrun einschlagen. Gudrun sagte gar nichts, nahm Deckung vor seinen Schimpfkanonaden und seinem bedrohlichen Auftreten.

Mich erschreckte diese Szene, und ich nahm Andreas seine Brüllerei und Drohungen übel. Ich solidarisierte mich sofort mit Gudrun: »Laß sie endlich in Ruhe«, fuhr ich Andreas an. Später nahm mich Gudrun beiseite: »Der Andreas hat natürlich auch Scheiße gebaut, klar, zuerst ist er selbst für seine Knarre verantwortlich. Und dann dieses Geschrei, na gut, wirklich überflüssig. Aber weißte, das Schlimmste find' ich eigentlich, daß ich mir das alles hab' gefallen lassen. Ich hätte zurückrotzen müssen, mindestens das. Es war einfach nur beschissen von mir, so den Kopf einzuziehen und nicht zu reagieren. Verstehste?« Ich verstand erst mal nicht.

Wenn Andreas fand, daß jemand einen Fehler gemacht hatte, konnte er sehr scharf und verletzend werden. Er lebte selbst nach den Maßstäben, nach denen er kritisierte, und deshalb akzeptierte jeder in der Gruppe seine Scharfzüngigkeit und auch seine Wutanfälle. Damals konnte ich mir noch nicht vorstellen, wie schwer auch ich später an seiner Kritik zu schlucken haben würde.

Eines Nachts kamen Andreas und ein anderer aus der Gruppe in die Wohnung. Sie waren unterwegs gewesen, um Autos zu klauen. Während sie gerade versuchten, eins zu knakken, tauchte plötzlich ein Polizist auf – mit der Waffe in der Hand. Andreas, der zur Beobachtung und Rückendeckung im mitgebrachten Auto geblieben war, stieg leise aus, schlich mit vorgehaltener Pistole hinter den Polizisten, bedrohte ihn und rief dem anderen zu: »Los, abhauen!« Beide liefen zum Auto, Andreas die erste Strecke rückwärts, immer die Pistole auf den Polizisten gerichtet. Dann warfen sie sich in den Wagen und rasten davon. Es war kein Schuß gefallen.

Jetzt saßen beide atemlos keuchend in meiner Wohnung. Immer wieder gingen sie nervös zum Fenster und sahen auf die

Straße. Andreas war wütend. Er warf dem anderen vor, sich ergeben zu haben: »Warum hast du nicht die Knarre gezogen? Oder dich hinters Auto geschmissen? Oder beides.« Und zu mir gewandt: »Ist da stehengeblieben wie ein Hornochse und hat gewartet, daß man ihn ankettet.« Dann wieder zu dem anderen: »Was ist mit dir los?! Willst du kämpfen, oder was willst du? Der Bulle hätte dich einfach einpacken können. Wie soll man sich auf so 'nen Typen verlassen können, der in der entscheidenden Minute den Schwanz einzieht?! Das mußt du klarkriegen, was da mit dir los ist.« Andreas setzte sich und sprang wutschnaubend wieder auf. Der andere zündete sich eine Gauloise nach der anderen an und sagte gar nichts. Er mußte sich ziemlich beschissen fühlen.

Diskussionen über den Einsatz von Waffen gab es immer wieder. Wann und auf wen durfte geschossen werden? Die Auseinandersetzung darüber begann, nachdem bei der Befreiung von Andreas im Mai 1970 ein Mann schwer verletzt worden war. Besonders Ulrike setzte sich in Erklärungen für die Öffentlichkeit immer wieder mit den Grenzen der eigenen Gewaltanwendung auseinander. In der ersten, im wesentlichen von Ulrike verfaßten RAF-Schrift *Das Konzept Stadtguerilla* verneinte sie nachdrücklich die oft gestellte Frage, ob die Befreiungsaktion für Andreas so gelaufen wäre, wenn die Befreier Verletzung oder Tod für Unbeteiligte hätten voraussehen können.

Aber diese Schrift erschien erst elf Monate nach der Aktion, so daß viele Linke, wie ich es in der Diskussion zwischen meinem Freund und Armin Golzem erlebt hatte, ihr Urteil über die RAF schon gefällt hatten. Ihnen und vielen anderen war stärker im Gedächtnis, daß Ulrike drei Wochen nach der Befreiung von Andreas eine Erklärung auf Tonband an die Öffentlichkeit gebracht hatte, in der sie sagte: »Die Bullen sind Schweine, wir sagen, der Typ in der Uniform ist ein Schwein, das ist kein Mensch, und so haben wir uns mit ihm auseinanderzusetzen. Das heißt, wir haben nicht mit ihm zu reden, es ist falsch, überhaupt mit diesen Leuten zu reden, und natürlich kann geschossen werden.«

Eines Tages kam Ulrike allein, hatte ihre Schreibmaschine und jede Menge Bücher und Papiere dabei, setzte sich hin und schrieb. Sie arbeitete Tag und Nacht, fast ohne zu schlafen. Sie rauchte eine Zigarette nach der anderen und trank literweise Kaffee. Die Rastlosigkeit, mit der sie Seite um Seite auf der Maschine tippte, beeindruckte mich. So hatte ich nie arbeiten können, kannte auch niemanden, der mit ihrer Konzentration und Entschlossenheit eine Arbeit zu Ende bringen wollte. Sie gab mir ein paar Seiten zu lesen: »Ich will hören, was du darüber denkst.« Der Titel lautete: *Das Konzept Stadtguerilla,* und ich quälte mich durch den Text. Es kostete mich große Anstrengung zu verstehen, was da stand. Als ich durch war, gab ich ihr die Blätter zurück und sagte: »Ich find' das richtig gut.« Ulrike war verärgert: »Ich will keine Komplimente hören, Scheiße, ich will deine Meinung wissen.« Dazu war ich außerstande.

Ulrike und Andreas diskutierten stundenlang über den Text, stritten sich, aber lachten auch miteinander. Es machte beiden Spaß, ihre Kräfte zu messen. Sie diskutierten heftig. Als Ulrike sich von Andreas zu stark angegriffen fühlte, fauchte sie: »Dann schreib du es doch.« Und er lachte: »Du weißt genau, daß ich die Sachen nicht so ausdrücken kann wie du. Ich hab' 'ne Vorstellung, was rein muß, aber schreiben kann das keiner außer dir.«

Wenn die Freunde diskutierten, ging es meistens so heftig zu wie bei einem Ringkampf. Damit stachelten sie sich gegenseitig zu immer schärferem Nachdenken und präziseren Formulierungen an. Besonders Andreas war dabei ruhelos, ständig auf der Suche, ständig auf dem Sprung, den Kopf voller Ideen.

Ich fragte Ulrike nach dem Absatz über die Befreiung von Andreas. Ja, meinte Ulrike, die Antwort auf die »uns oft gestellte« Frage müsse unbedingt sein. Denn es sei ein Fehler gewesen, die Tonbanderklärung mit dem Satz »... und natürlich kann geschossen werden« weiterzugeben, ohne daß darüber vorher nochmal diskutiert worden sei.

In dem Text *Das Konzept Stadtguerilla* gab es Absätze, die mir besonders gefielen: »Was (der Studentenbewegung) das Selbstbewußtsein gab, waren nicht entfaltete Klassenkämpfe ..., sondern das Bewußtsein, Teil einer internationalen Bewegung zu sein, es mit demselben Klassenfeind ... zu tun zu haben wie der Vietcong dort, mit demselben Papiertiger, mit demselben Pig.« Und: »Wir setzen nicht auf die spontane antifaschistische Mobilisierung durch Terror und Faschismus selbst und halten Legalität nicht nur für Korrumpierung und wissen, daß unsere Arbeit Vorwände liefert..., weil wir Kommunisten sind und es davon, ob die Kommunisten sich organisieren und kämpfen, abhängt, ob Terror und Repression nur Angst und Resignation bewirken oder Widerstand und Klassenhaß und Solidarität provozieren, ob das hier alles so glatt über die Bühne geht oder nicht. Weil es davon abhängt, ob die Kommunisten so einfältig sind, alles mit sich machen zu lassen oder die Legalität u.a. dazu benutzen, die Illegalität zu organisieren, statt das eine vor dem anderen zu fetischisieren.«

Mehrfach tauchten in dem Text Bezüge zu den Black Panther in den USA auf, und weil bei Gesprächen unter ihnen vor allem Gudrun immer wieder ihren Namen nannte, fragte ich, als ich einmal mit ihr allein war, was es mit ihnen auf sich habe. Gudrun erzählte mir, daß es in der BRD ein Solidaritätsnetz für amerikanische GIs gebe, bei dem sie in den 60er Jahren mitgearbeitet habe. Sie sorgten für Wohnungen, Papiere, Geld, illegale Grenzübertritte für desertierte GIs, die nicht in den Krieg nach Vietnam gehen wollten. Sie kamen auch in Kontakt mit schwarzen Black-Panther-Soldaten, die Widerstand innerhalb der US-Army zu organisieren versuchten. Bei den Diskussionen mit diesen Black Panthers, die eine illegale Zeitung herausgaben, erfuhren sie mehr über die Geschichte und die Vorstellungen der Schwarzen-Organisation in den USA. Aus der Zerschlagung der Black Panther sei eine schwarze Guerilla hervorgegangen, die Black Liberation Army. Außerdem gebe es eine andere Guerilla-Organisation, die Weathermen, die sich wie die RAF aus der Studentenbewegung und dem Protest gegen den Vietnamkrieg entwickelt habe. Gudrun meinte, am liebsten würde sie in die USA fliegen, um sich mit den Weathermen zu treffen. »Wir denken, daß die Entwicklung dort unserer sehr ähnlich ist. Die Weathermen und wir von der RAF sind auf eine ganz ähnliche Vorstellung und Praxis gekommen, weil bestimmte Bedingungen sich gleichen. Die BRD und die USA sind heute die am meisten entwickelten industriellen Zentren mit einer starken Arbeiteraristokratie und korrupter Gewerkschaftsführung. Dort und hier sind Neuer Faschismus, Konsumterror und Medienherrschaft am weitesten verbreitet.«

Von Gudrun erfuhr ich, daß es in Europa die intensivsten Diskussionen mit italienischen Genossen gab, von denen viele aus der traditionell starken kommunistischen Partei ausgetreten seien und ein Teil begonnen habe, bewaffnete Politik zu organisieren. Deren Vorstellungen seien vor allem auf die Radikalisierung der existierenden breiten italienischen Arbeiterbewegung gerichtet. Diejenigen, die sich eher in einem internationalistischen Kontext begriffen wie die RAF, lehnten den Beginn bewaffneter Aktionen durch Stadtguerillas zum jetzigen Zeitpunkt ab. Das sei ein harter Schlag für sie gewesen. Gudrun, Ulrike und Andreas sprachen oft über ihre Reisen durch Italien, wo sie viele Diskussionen geführt hatten. Ich kann mich aber an keine inhaltliche Auseinandersetzung erinnern, weil ich damals nur mit großer Anstrengung Teile der Gespräche verstand.

Mir gefiel noch eine andere Stelle aus der RAF-Schrift, wo das Zitat von Lenin: »... daß die Arbeitermassen durch die Niederträchtigkeiten des russischen Lebens sehr stark aufgerüttelt werden; wir verstehen es nur nicht, alle jene Tropfen und Rinnsale der Volkserregung zu sammeln...« der aktuellen Lage in der BRD gegenübergestellt wurde: »Die Tropfen und Rinnsale über die Niederträchtigkeiten des deutschen Lebens sammelt bislang noch der Springer-Konzern und leitet sie neuen Niederträchtigkeiten zu.«

Am Nachmittag des 30. April 1971 kamen Jan und Holger mit einem dicken Stapel der großformatigen Schrift *Das Konzept Stadtguerilla*. Groß leuchtete das Symbol der RAF, die drei Buchstaben über einer Maschinenpistole, der Text war auf festem Papier gedruckt worden. Das gefiel mir sehr. Die beiden strahlten vor Stolz und Freude. Jan erklärte mir, daß die Zeitung am nächsten Tag auf der 1.-Mai-Demo verteilt werden sollte. »Kannste dir vorstellen, 'nen Packen davon in der Uni auszulegen, ohne daß dich jemand sieht? Es dürfen auf keinen Fall Fingerabdrücke von dir draufsein. Am besten nimmste die Dinger in Zeitungspapier eingewickelt mit, und wenn du sie hingelegt hast, ziehste zum Schluß das Zeitungspapier vorsichtig weg. Andere verteilen zur gleichen Zeit an anderen Stellen. Damit niemand erwischt werden kann, muß alles zur selben Zeit laufen. Du darfst das Zeug keine Minute früher oder später ablegen.« Ich war so stolz auf die Zeitung, als hätte ich daran mitgeschrieben. Das oberste war mein Exemplar, abends setzte ich mich hin und las alles noch einmal in Ruhe. Natürlich wollte ich sie mit verteilen. Aufgeregt zog ich am nächsten Morgen mit meinem Stapel, eingepackt in einer Plastiktüte, los. Als ich bei der Uni ankam, war ich viel zu früh. Ich drehte einige Runden, mein Herz klopfte heftig, meine Finger begannen zu zittern. Endlich konnte ich den Packen ablegen. Ich zögerte: Sollte ich in der Nähe warten, um zu sehen, was passierte? Meine Aufregung siegte. Ich hatte das Gefühl, jeder müßte mir ansehen, daß ich dort einen Stapel verbotener Zeitungen abgelegt hatte. Ich drehte eine halbe Runde. Dann kehrte ich zu meiner Wohnung zurück.

Ich ging weiter ins SPK, zu den Arbeitskreisen, um zu diskutieren und den Kampf gegen das bevorstehende Verbot des SPK zu unterstützen. Ich beteiligte mich an den Nachtwachen, mit denen eine überraschende Räumung durch die Polizei abgewehrt werden sollte. Wir diskutierten nächtelang über das imperialistische System und seine verheerenden Konsequenzen. Ich entdeckte, daß die US-Truppen nicht nur in Vietnam einen grausamen Krieg führten, weil sie glaubten, das Recht zu haben zu entscheiden, wie andere Völker zu denken und zu leben hatten. Die Geschichte der weltweiten US-Interventionen war lang, davon hatte ich bis dahin kaum eine Ahnung gehabt. Warum wußte ich davon so wenig? Warum gab es dagegen nicht schon immer und viel mehr Widerstand? Um den Einmarsch von 30.000 US-amerikanischen Soldaten in der Dominikanischen Republik zu begründen, hatte US-Präsident Johnson erklärt: »Wir dürfen und werden die Etablierung eines weiteren kommunistischen Staates in der westlichen Hemisphäre nicht zulassen!« Immer führten sie das Wort Demokratie spazieren, aber wenn es um ihre ökonomischen und politischen Interessen ging, kamen sie mit Bomben, Panzern, Folterern. Ich merkte, wie sich in mir Wut und Haß entwikkelten: Ich war mein Leben lang belogen worden. Jetzt entdeckte ich Ursachen und Zusammenhänge, und dagegen wollte ich etwas tun.

Aus dem Leiden die Kraft zum Kampf entwickeln. Darin konnte ich mich erkennen. Den Stein meiner Einsamkeit und Verzweiflung am Leben aufzuheben und ihn gegen seine Ursache zu werfen. Die Ursache war die kapitalistische Gesellschaftsordnung. Krankheit hielten wir für einen zentralen Begriff revolutionärer Vorstellungen: »Aus der Krankheit eine Waffe machen!« war unser Slogan. Als in der Heidelberger Innenstadt bei einer Demonstration gegen den Vietnamkrieg und den Einmarsch der US-Truppen in Kambodscha ein Redner nach dem anderen von der Situation in Vietnam, dem Kampf des Vietcong und den Verbrechen der US-Truppen sprach, schnappte ich mir das Mikrofon und rief: »Und was ist mit dem Kampf hier bei uns? Warum quatscht ihr nur von den anderen und nicht von der Revolution in Europa?« Die Sprache unserer Flugblätter wurde immer schärfer. Die Revolution mußte heute gemacht werden, und wer das nicht verstand, war ein Dummkopf oder ein Ausbeuter. Wir verachteten alle Linken, die das nicht genauso sahen.

Durch SPK und RAF hatte ich in kurzer Zeit ein ganz anderes Leben kennengelernt. Es gab viele Dinge, über die ich nicht reden durfte, um niemanden zu gefährden. Andreas, Gudrun, Ulrike und Holger ermahnten mich zur Vorsicht, wenn sie glaubten, ich verhielte mich unbedacht. Sie waren die meistgesuchten »Kriminellen« in der Bundesrepublik und gingen seit Wochen bei mir ein und aus. Es durfte niemand mehr zu mir in die Wohnung, weil ich nie wußte, ob und wann sie kommen würden. Ich sollte bei jedem Menschen, dem ich neu begegnete, mißtrauisch sein, möglichst niemandem sagen, wie ich heiße und wo ich wohnte. Ich ging auf Distanz zu meinen Vermietern, an deren Küchenfenster jeder vorbei mußte, der in meine Wohnung wollte. Diese Vorsichtsmaßnahmen einzuhalten fiel mir schwer. Ich fühlte mich von ihnen in meiner Freiheit eingeschränkt. Aber ich sah die Notwendigkeit ein und beachtete diese Regeln.

Nicht nur Gabi, auch andere, die mich näher kannten, bekamen mit, was mich bewegte. Ein Studienfreund, den ich besonders mochte, überraschte mich eines Tages mit einem Heiratsantrag: »Laß uns heiraten, gemeinsam das Studium beenden und dann Kinder haben.« Das gerade wollte ich nicht, und als er seine drei Wünsche ausgesprochen hatte, war mir das klar wie nie. Da war mir der andere, mein neuer Weg bereits näher. Ich wußte nicht, wohin er mich führte, er konnte mit Knast oder Tod enden, aber ich hatte erstmals das Gefühl, richtig zu leben.

Viel Zeit blieb mir nicht mehr, gründlich darüber nachzudenken. Von einem Tag auf den anderen ging alles Schlag auf Schlag. Ende Juni 1971 gab es in einem Waldstück außerhalb Heidelbergs eine Schießerei mit der Polizei. Zahlreiche Mitglieder des SPK wurden verhaftet.

Wir organisierten unsere letzte Veranstaltung, in der wir zum bewaffneten Kampf aufriefen. Die Verhaftung von ungefähr acht SPK-Mitgliedern verstanden wir als willkürliche Repressalie der Polizei, und um das zu demonstrieren, rissen einige von uns die Paßbilder aus ihren Personalausweisen und klebten Fotos von Che oder Ho Chi Minh an deren Stelle. Wir riefen: »Mahler, Meinhof, Baader, das sind unsere Kader!« und propagierten auf dieser Veranstaltung den Aufbau illegaler Strukturen. Aus dem *Konzept Stadtguerilla* der RAF lasen wir: »Die Klassenanalyse, die wir brauchen, ist nicht zu machen ohne revolutionäre Initiative.« Wir brüllten diese Parolen in den Uni-Hörsaal, ohne eine Vorstellung davon zu haben, was wir propagierten. Der Radikalisierungsprozeß im SPK war rasend schnell gelaufen. Unser Wille zu handeln, die Überzeugung, daß das Politische und das Persönliche nicht voneinander zu trennen sind, fand seine direkte Umsetzung in den Parolen: »Macht kaputt, was euch kaputt macht« oder »Werft eure Nierensteine in die Banken!«.

Im Juli kam die zweite Verhaftungswelle. Das SPK wurde dichtgemacht. Vor meiner Wohnung stand plötzlich ein Observierungswagen. Meine Freunde von der RAF hatten sich schon Tage vor der Schießerei von mir verabschiedet.

Ich überdachte meine Lage. Mein Studium abzuschließen erschien mir sinnlos. Das SPK war aufgelöst, die Leute, die ich mochte, waren abgetaucht oder verhaftet. Das konnte auch mir passieren, wenn entdeckt wurde, daß ich für die RAF eine Wohnung in Hamburg gemietet hatte. Bei einer polizeilichen Überprüfung würden sie auf den in meinem Personalausweis eingetragenen zweiten Wohnsitz stoßen. Ich hatte keine Lust, in meiner Wohnung hocken zu bleiben und auf eine Verhaftung zu warten. Unter meine Vergangenheit, meine Eltern, Freunde, mein früheres Leben, hatte ich einen Schlußstrich gezogen. Jetzt gab es also nur noch die RAF.

Ich ging zu Bernd und sagte ihm, daß ich die Brücken zu meinem bisherigen Leben abbrechen und zur RAF wollte. Zweifelnd, unsicher, aber auch mit Achtung vor meiner Entscheidung versuchte er, mich zurückzuhalten: »Hast du denn gar keine Angst? Es gibt doch auch andere Möglichkeiten, etwas zu tun. Wenn die Bullen von der Hamburger Wohnung erfahren, kriegst du ein paar Monate Knast. Das ist Scheiße, klar, aber siehst du denn nicht, was sonst passiert? Die Schießereien, die Verhaftungen, Knast auf lange Zeit. Willst du das?« Angst? Ich hatte sie nicht wie er. Statt dessen fühlte ich eine unbekannte Stärke.

Ich sprach mit Gabi. Wir vereinbarten, daß sie ganz unauffällig meine Wohnung auflösen und meinen Vermietern irgendwann sagen sollte, ich hätte einen schweren Unfall gehabt und käme nicht mehr zurück. Gabi und ich verbrannten alle meine Fotos, Erinnerungsstücke und Briefe im Klo. Gabi war traurig, ich nicht. Ich wußte, wohin mich mein Weg nun führte: nach Hamburg in die Wohnung am Mexicoring.

Erste Schritte in die Illegalität

Gleich am ersten Tag kam Holger Meins in die Wohnung am Mexicoring. Die RAF benutzte sie schon seit einiger Zeit nicht mehr. Die Genossen waren nicht sicher, ob ich vielleicht überprüft und festgenommen würde. Deshalb waren sie gerade dabei, die Wohnung zu räumen.

Holger brachte mich in eine andere Wohnung. Nach einer Weile kamen Andreas Baader und Gudrun Ensslin, um mit mir zu reden. Die Vorhänge vor den Fenstern, Bahnen aus dunklem Stoff, waren zugezogen, so daß wir im Halbdunkel saßen. Die beiden zeigten keine große Freude, mich hier zu sehen, und Andreas kam sofort zur Sache: »Dann schieß doch mal los, was du jetzt willst. Was hast du dir eigentlich dabei gedacht, hier einfach bei uns aufzukreuzen?« Ich erzählte, daß der Observationswagen vor meiner Tür gestanden und ich mit meiner Verhaftung gerechnet hatte. Das könnte ja, fand er, ein akzeptabler Grund sein, aber er wollte mehr von mir hören: »Was stellst du dir denn jetzt vor, was du bei uns machen willst? Haste irgendeine Aktion, die du gut fändest?« Nein, hatte ich nicht. »Dann sag doch mal, was du politisch über uns denkst. Was hast du denn für 'ne Analyse der Situation? Erzähl doch mal.« Als mir auch dazu nicht mehr als zwei Sätze einfielen, wurde Andreas total sauer.

Er lief im Zimmer auf und ab, rauchte Gauloises und schimpfte: »Bist du 'ne blöde Tante, meinst, bei uns könnte man einfach so eintreten. Was denkst du denn, wer wir sind? Meinste, das ist ein Kinderspiel, was wir machen? Es kann doch nicht sein, daß du sonst nichts dazu im Kopf hast!« Aber ich hatte mir tatsächlich nicht mehr Gedanken darüber gemacht, und als das nach endlosem zähen Hin und Her schließlich ganz klar war, meinte er genervt und wütend: »Wenn's nicht real wäre, daß sie dich hochnehmen könnten, würden wir dich heute noch nach Heidelberg zurückschicken. Was sollen wir jetzt mit dir machen? Verdammte Scheiße. Das kann ja nichts als Probleme geben.«

Recht hatte er, aber das konnte ich mir in diesem Moment noch nicht vorstellen.

Ich blieb ein paar Tage in der Wohnung, bis Holger mich abholte. Mit einem Auto fuhren wir nach Frankfurt. Wir wohnten in der legalen Wohnung einer Frau, die mit der RAF zusammenarbeitete. Nachts zogen Holger und ich los, und er zeigte mir, wie man am besten Autos zum Klauen suchte. Sie mußten im Halbdunkel geparkt sein. Es durfte in der Nähe keine Wohnblocks geben, von wo aus der Diebstahl beobachtet werden konnte, und auch kein Polizeirevier, von dem aus bei einem Alarm die Polizei rasch am Tatort war. Außerdem mußte man beobachten, zu welcher Zeit nachts normalerweise die Streifenwagen ihre Runden durch das Viertel drehten.

Holger zeigte mir das Werkzeug, mit dem sie die Autos knackten: Es war eine Art Korkenzieher, bei dem zwei gegenläufige Gewinde aufeinandergeschweißt waren. Den setzte man nach Aufbrechen des Wagens auf das Zündschloß und drehte es vollständig heraus, schnell und mit relativ wenig Kraftaufwand.

Wir sprachen darüber, daß Holger eine Waffe hatte, ich aber nicht. Er fand es schlecht, unter solchen Bedingungen zusammen unterwegs zu sein. Aber ich sollte keine Waffe haben. Vorläufig nicht. Holger schärfte mir ein, daß ich mich sofort auf den Boden schmeißen und mich nicht rühren sollte, wenn wir in eine Polizeikontrolle kämen. Dann würde ich wahrscheinlich verhaftet, aber mehr als ein paar Monate Knast könnte mir nicht passieren. Ich drängte mich nicht danach, eine Waffe zu tragen.

Nach ein paar Tagen fuhren wir nach Hamburg zurück. Dort erfuhr ich von Ulrike Meinhof, daß es inzwischen noch drei Leute aus dem SPK gab, die aus Heidelberg weggegangen seien, weil sie illegal arbeiten wollten. Ulrike schlug vor, die drei anderen und ich sollten eine eigene Gruppe bilden. Die anderen SPKler hätten auch nicht viel mehr Ahnung und Erfahrung als ich. Die RAF fände es besser, wenn wir unsere eigenen Sachen entwickelten. Sie würden uns dabei helfen.

Ich kannte die drei vom SPK, hatte aber mit ihnen bis dahin nicht viel zu tun gehabt. Wir bekamen von der RAF eine Wohnung, in der wir zu viert lebten. Sie war klein, wir saßen eng aufeinander und wußten nicht recht, was wir miteinander anfangen sollten. Keiner von uns hatte klare Vorstellungen, wie es weitergehen sollte. Wir waren »legale Illegale«, wir liefen weiter mit unseren eigenen Personalausweisen herum. Die Genossen von der RAF hatten gehofft, daß wir etwas miteinander anfangen könnten. Wir kamen zwar alle vier aus dem SPK, aber wir kannten uns kaum, und als wir dann in dieser Situation aufeinandertrafen, entwickelte sich auch nichts bei uns. Wir drei Frauen fanden den einzigen Typen zwischen uns ziemlich kotzig, aber das brachte uns auch nicht zusammen.

Ulrike und Carmen Roll kamen zu uns. Ulrike gab uns Geld und meinte: »Das ist Revolutionsgeld, da will ich genau wissen, was ihr wofür ausgebt, das ist nicht zum Verprassen.« Ulrike war streng, bestimmt und ungeduldig. Mit Carmen lief das lockerer, die kannten wir schon vom SPK her. Sie war ein rundes Energiebündel, frech und witzig. Die beiden Frauen rieten uns, systematisch mit Hilfe des Stadtplans Hamburg abzufahren und abzulaufen, um die Stadt kennenzulernen, in der wir uns bewegten. Ulrike schlug uns vor, mit dem Autoknacken anzufangen. Sie erklärte uns, welche Plätze und Stadtviertel dafür günstig waren.

Dann zogen wir vier abwechselnd jeweils zu zweit los. Wir liefen uns die Füße wund, um schnelle Autos zu finden. Ulrike brachte uns den »Korkenzieher«, erklärte uns an einem alten mitgebrachten Zündschloß, wie er funktionierte und wie man das Auto danach kurzschloß. Wir gingen auf die Suche nach einer »Doublette« des Autos, das wir klauen wollten: ein Auto derselben Marke, Farbe, Ausführung und desselben Baujahrs. Als wir das gefunden hatten, mußten wir die Daten des Besitzers ermitteln. Wir riefen bei der Kfz-Zulassungsstelle an und sagten, wir wären von der Fahrzeugkontrolle, sie sollten uns alle Daten des Kfz-Halters durchgeben. Die Daten wurden für die Fahrzeugpapiere benötigt. Ulrike sah sich den Platz an, den wir ausgesucht hatten, um zu prüfen, ob wir uns in unserer Einschätzung nicht irrten. Wir brauchten jetzt noch einen ruhigen Platz, am besten eine Garage, um das geklaute Auto sofort abstellen zu können. Und ein Fahrzeug, mit dem wir fliehen könnten, falls während der Aktion etwas schief ging. Das Auto »lieh« uns die RAF. Wir hörten darin auch den Polizeifunk ab, um früh mitzukriegen, falls uns jemand entdeckt und der Polizei gemeldet hätte. Für die Aktion hatten wir uns feine, dünne Stoffhandschuhe besorgt, mit denen wir gut arbeiten konnten, ohne Fingerabdrücke zu hinterlassen.

Als es dann endlich so weit war und wir zu dritt nachts loszogen, waren wir fürchterlich aufgeregt. Zwei von uns schlichen sich an das ausgeguckte Auto – das einzige, das wir in der Zeit klauten –, während ich unser Fluchtauto sichtbar in der Nähe parkte. Es schien mir eine Ewigkeit zu dauern, bis sie mit dem dünnen Draht das kleine Seitenfenster geöffnet hatten. Plötzlich fuhr ein anderer Wagen vorbei, und die beiden mußten sich in letzter Sekunde hinter »unser« Auto schmeißen. Nachdem sie dann endlich im Auto saßen, ging alles ganz schnell. Sie fuhren voraus zu der festgelegten Stelle, einer ruhigen Sackgasse in einem anderen Stadtviertel, ich hinterher. Wir schraubten die Nummernschilder ab und ersetzten sie durch neue, die wir einige Zeit vorher bei einem anderen Auto abgenommen hatten. Am nächsten Tag kauften wir ein neues Zündschloß, und nachdem wir überprüft hatten, daß das geklaute Auto nicht observiert wurde, setzten wir das Zündschloß ein. Der Wagen wurde jeden Tag bewegt, um keine Aufmerksamkeit zu erregen.

Auch nach unserer ersten gemeinsamen Aktion lief zwischen uns vieren alles nur schleppend weiter. Es kam keine Diskussion in Gang, uns fiel nichts ein, was wir zusammen machen wollten, und wir hatten keine Idee für eine gemeinsame Aktion.

Eines Tages setzten wir uns mit Jan-Carl Raspe zusammen.

Es ging um die Frage der Geldbeschaffung. »Ist ja wohl klar, daß ihr nicht ewig Kohle von uns kriegt. Ihr müßt selber auf die Beine kommen. Habt ihr mal daran gedacht? Es gibt verschiedene Möglichkeiten: Geldtransport, Kassenbote von 'nem Supermarkt, Bank«, meinte Jan. »Ihr müßt gucken, was ihr euch vorstellen könnt und wo ihr was findet, das geht.« Er schlug uns vor, im Großraum Hannover zu suchen, eventuell Hildesheim. Da hatte die RAF schon mal angefangen, Möglichkeiten abzuchecken und konnte uns ein paar Tips geben. »Egal, was ihr entscheidet, ihr müßt immer mit dem Stadtplan arbeiten. Wo ist das nächste Bullenrevier, wie lange brauchen die, um zu euch zu kommen, wenn der Alarm losgeht. Das wichtigste ist der Fluchtweg, wo kann während der Aktion euer Fluchtauto parken, wie kommt ihr sofort aus dem Blickfeld, wo könnt ihr das Fahrzeug wechseln, ohne aufzufallen, und wo bleibt ihr mit der Kohle.« Das waren die ersten Grundregeln für eine Geldbeschaffungsaktion.

Wir machten uns abwechselnd jeweils zu zweit auf den Weg nach Hildesheim.

Früh morgens fuhren wir mit dem Zug los. Möglichst öfter umsteigen, war uns gesagt worden, und die Fahrscheine immer sofort wegwerfen, damit bei einer Festnahme niemand weiß, woher wir gekommen sind. Also stiegen wir in Hamburg-Harburg um, dann weiter bis in die Nähe von Hannover oder bis zu einem Vorort, und von dort aus fuhren wir Richtung Hildesheim. Es war gegen Ende des Sommers und mittags, wenn wir in Hildesheim ankamen, sehr warm. Als erstes nahmen wir uns die Hauptkasse eines Kaufhauses vor. Wir versuchten herauszufinden, ob es beim Transport der Geldeinnahmen Regelmäßigkeiten gab. Jan hatte uns gesagt, daß die Einnahmen aus der Hauptkasse oft mittags zur Bank gebracht wurden und der Bote, der das Geld wegbrachte, immer eine ganz bestimmte Treppe nahm, die von der Personalabteilung auf die Straße führte. Einer von uns stellte sich also möglichst unauffällig auf die andere Straßenseite gegenüber dem Eingang, von wo aus man die Treppe sehen konnte, und wartete dort eine Viertelstunde. Länger sollten wir nicht bleiben, um keinen Verdacht zu erregen. Das machten wir an verschiedenen Tagen, aber wir fanden nichts heraus. Und wir konnten so auch nicht weitermachen, weil alles zu kompliziert war: die lange Anfahrt aus Hamburg, in Hildesheim gab es niemanden, der uns einen Tip geben oder anders helfen konnte. Das Observieren von der Straße aus war auf die Dauer zu auffällig und damit gefährlich. So begannen wir, Banken abzuchecken. Viele Male fuhr ich morgens von Hamburg los und kehrte abends müde und frustriert zurück. Bis wir auf eine Bank stießen, die für einen Überfall geeignet schien: Die Kasse hatte nur einen ganz niedrigen Glaskasten, über den man leicht springen konnte, es befand sich offensichtlich eine Menge Geld in der Schalterkasse, das Polizeirevier lag nicht zu nah, es gab verschiedene Fluchtwege. Wir erzählten von unseren Beobachtungen, und jemand von der RAF fuhr nach Hildesheim, um zu prüfen, ob wir nichts übersehen hatten. Der nächste Schritt war, eine Wohnung zu mieten. Dafür machte ich mich dann öfter allein oder mit einer der Frauen aus unserer kleinen »Gruppe« auf den Weg nach Hildesheim, wir gingen zu Wohnungsmaklern und durchsuchten die Lokalzeitungen nach Wohnungsannoncen.

Das viele Zugfahren war mühsam. Ich fühlte mich oft müde, kaute endlos Gummibärchen, die mir die Zähne kaputtmachten. Ich konnte kein Ziel entdecken, für das unser Handeln einen Sinn gemacht hätte. Mein Kopf war leer, ohne Phantasie. Alles blieb grau.

Zwischendurch fuhren wir in unsere Heimatstädte, um Kontakte zu Freunden wieder aufzunehmen und Unterstützung für eine illegale Organisierung zu suchen. Ich fuhr nach Bonn zu meinen Eltern, damit sie mich nicht in Heidelberg suchten. Ich sah auch einige wenige alte Freunde, aber ich wußte vorher, daß niemand von ihnen mit mir denselben Weg gehen würde. Ich fragte, was sie machten, hörte aber nur mit halbem Ohr zu. Von mir selbst erzählte ich fast nichts und fuhr bald wieder fort.

Die Tagesschau erklärt mich zum RAF-Mitglied

Die Polizei hatte im Laufe des Sommers 1971 mehrere Mitglieder der RAF verhaftet und einige von der RAF benutzte Wohnungen entdeckt. Aus den in den Unterkünften gefundenen Unterlagen hatten die Fahnder geschlossen, daß sich die RAF vor allem in Nord- und Westdeutschland sowie in West-Berlin bewegte. Deshalb entwickelten die Freunde einen Plan: Um von einer weiteren Konzentrierung der Fahndung auf Hamburg, das Ruhrgebiet und West-Berlin abzulenken, sollten mehrere falsche Spuren in anderen Teilen der Bundesrepublik gelegt werden. Mitte September sollte ein gestohlener BMW mit Fingerabdrücken von Andreas Baader und Ulrike Meinhof in der Nähe von Freiburg abgestellt werden, eben weil die RAF sich zu jener Zeit dort nicht aufhielt. Der BMW sollte von einem zweiten Fahrzeug begleitet werden, um den Fahrer nach dem Verlassen des Autos in Sicherheit zu bringen.

Für den BMW suchte man einen Genossen aus, der unter ähnlichen Bedingungen wie ich in einer anderen Stadt lebte. Mich fragte man, ob ich das Begleitfahrzeug, einen unter Decknamen gemieteten VW, steuern wollte. Kein gestohlenes Fahrzeug zu benutzen, sondern ein legales, erschien niemandem ein Problem, weil die Aktion als unkompliziert angesehen wurde: Zwei Autos fahren irgendwohin, eines wird abgestellt wie bei einer Panne, die beiden Personen verschwinden unerkannt mit dem zweiten Fahrzeug. Es erschien allen wie Routine, vielleicht wurden deshalb wichtige Grundregeln nicht beachtet.

Nachdem mir meine Aufgabe erklärt worden war, stimmte ich zu. Aber ich sollte eine Pistole mitnehmen für den Fall, daß wir doch in eine Kontrolle gerieten. Ich steckte die Waffe ein, obwohl ich bis dahin noch nie eine in der Hand gehabt hatte. Mir war nur kurz erklärt worden, wie man sie benutzt, also entsichert und schußbereit macht. Ich steckte sie in meine Handtasche neben meine Ausweispapiere, die ich immer in meiner Brieftasche hatte.

Niemand kam auf die Idee, auch ich nicht, daß wir für den Fall einer Kontrolle mit falschen Papieren ausgestattet sein sollten. Zwar war ich noch nicht offiziell in der Fahndung, aber ich stand wegen des SPK auf der sogenannten Sympathisanten-Liste des BKA und war seit August »illegal«, also nirgendwo mehr polizeilich gemeldet.

Am späten Nachmittag des 25. September 1971 fuhren wir los und erreichten nach Mitternacht das ausgemachte Ziel, den Parkplatz Bremgarten auf der Autobahn Frankfurt – Basel. Der Genosse vor mir ließ den BMW auf dem linken Rand der Parkplatzfahrbahn ausrollen, schaltete die Lichter aus. Auf dem linken Fahrbahnrand zu stoppen, war vorgesehen, weil es vorschriftswidrig war und schon dadurch der Wagen bei den regelmäßigen Streifenfahrten der Polizei auffallen mußte.

Ich brachte den VW etwa fünfzehn Meter hinter dem BMW zum Halten – auch auf der vorschriftswidrigen Seite – und dachte mir nichts dabei.

Kaum hatte ich die Zündung abgestellt und die Scheinwerfer ausgeschaltet, sah ich im Rückspiegel, wie ein Lichterpaar sich von hinten näherte. Es kam ganz langsam auf uns zu und hielt hinter meinem VW. Die Scheinwerfer blieben an, die Beifahrertür öffnete sich, und ein Uniformierter stieg aus. »Oh, Scheiße«, dachte ich. Nicht einmal eine Minute hätten wir gebraucht, um den BMW stehenzulassen und abzuhauen. Und in dieser Minute kamen die Bullen.

Mit einer Taschenlampe in der Hand stand der Polizist neben meiner Fahrertür: »Kann ich mal Ihren Führerschein und die Fahrzeugpapiere sehen. Haben Sie eine Panne, oder warum stehen Sie auf der falschen Seite?« Ich hatte das Seitenfenster schon runtergekurbelt, stotterte irgend etwas, langte zu meiner Handtasche und fingerte zitternd an der Pistole vorbei nach meinem Führerschein, reichte ihn aus dem Fenster. Der andere Streifenbeamte ging vorbei: »Hier stimmt doch was nicht, da vorn in dem BMW sitzt ja auch jemand. Warum haben die beiden kein Licht an?« Für die nächsten Momente fehlt mir die präzise Erinnerung.

Ich weiß nur, daß der Polizist neben mir etwas rief, da krachten schon Schüsse, die ihn aus meinem Blickfeld rissen. Um mich herum zerbrach Glas. Eine Kugel hatte mich um Zentimeter verfehlt, Heck- und Vorderscheibe waren zertrümmert. Die Fahrertür wurde aufgerissen, und mein Begleiter schrie: »Komm, wir müssen weg.« Ich stürzte hinter ihm her über die Parkplatzfahrbahn. Wir duckten uns vor den Schüssen und hasteten durchs Gebüsch. Noch nie in meinem Leben bin ich so schnell und so lange gerannt. Wir liefen über Felder und durch Buschwerk in einer Gegend, die wir nicht kannten und in der wir uns wegen der Dunkelheit kaum orientieren konnten. Wenn wir irgendwo von weitem Scheinwerfer sahen, warfen wir uns auf den Boden. Mein Herz raste, in meinem Kopf drehte sich alles. Ich war nicht fähig zu sprechen. Nachdem wir vielleicht eine Stunde herumgeirrt waren, hörten wir Hubschrauber, sahen starke Lichtkegel, von überall ertönten Sirenen. Die Suche nach uns lief auf vollen Touren. Wir mußten so schnell wie möglich aus dieser Gegend weg, bevor alles abgeriegelt war.

Wir liefen weiter, mir schien es eine Ewigkeit. Plötzlich sahen wir ein parkendes Autos, in dem ein Pärchen saß und eine dritte Person verabschiedete, die dort in einem einsam gelegenen Haus wohnte. Wir näherten uns dem Wagen und fragten, ob sie uns in den nächsten Ort mitnehmen könnten. Die beiden jungen Leute hatten nichts dagegen. Wir stiegen ein. Wir erzählten ihnen irgendeine Geschichte, was uns da draußen in die Dunkelheit verschlagen hätte. Sie schienen nicht mißtrauisch zu sein und schöpften keinen Verdacht.

In dem Dorf angekommen, machten wir uns einen Plan: Ich sollte mich in einem dunklen Hauseingang verstecken und mein Gefährte eine Telefonzelle suchen. Von dort sollte er unter falschem Namen ein Taxi zu der Adresse bestellen, wo ich wartete. Wir waren völlig durchnäßt von unserer Flucht durch Gebüsch, Felder, Pfützen und Schlamm. Nach dem Anruf hockten wir uns gemeinsam, total angespannt, in die dunkle Hausecke. Jede Sekunde konnte uns jemand entdecken.

Nach einer Ewigkeit kam das Taxi. Wir zwangen uns, langsam und ruhig einzusteigen, sagten etwas von einer Autopanne und daß wir nach Freiburg wollten. Das Taxi fuhr los – in Richtung Autobahn. An der Auffahrt war eine Straßensperre der Polizei. Ich wurde ganz steif. Daran hatten wir nicht gedacht. Jedes Auto wurde angehalten, doch unser Taxi winkten sie durch. In Freiburg das gleiche: Kontrollen, jeder Wagen mußte anhalten, nur unser Taxi nicht. Wir befürchteten während der ganzen Fahrt, daß der Taxifahrer Verdacht schöpfen könnte. Aus seinem Autoradio hörten wir immer wieder die Fahndungsaufrufe, die Suche nach einem Paar. Im warmen Auto begannen unsere nassen Kleider zu stinken. Aber der Fahrer wurde nicht mißtrauisch. Der Anruf mit der Bestellung zu einer konkreten Adresse, wo er uns dann auch antraf, hatte das verhindert.

In Freiburg stiegen wir aus, besprachen schnell unser weiteres Vorgehen und trennten uns, weil wir glaubten, wegen der Fahndungsbeschreibung zu zweit eher aufzufallen. Getrennt schafften wir es beide, ohne Probleme durch alle Kontrollen bis zum Bahnhof zu kommen. Es war frühmorgens, der Berufsverkehr hatte begonnen. Wir kauften Fahrkarten nach Stuttgart. Dort stiegen wir um, wechselten in Frankfurt nochmals den Zug, der uns direkt nach Hamburg bringen sollte. Während der ganzen Fahrt blieben wir getrennt, suchten jedoch ab und zu Blickkontakt, um uns zu vergewissern, daß der andere unbehelligt blieb.

Gegen Mittag, schon auf der Strecke nach Hamburg, saß ich in einem inzwischen vollbesetzten Abteil, fühlte mich zerschlagen, aber doch hellwach. An einem Fensterplatz saß ein Mann, der auf dem Fenstertischchen ein kleines Radio abgestellt hatte. Daraus plärrte leise Musik. Plötzlich wurde das Programm für eine Sondermeldung der Polizei unterbrochen: Sie berichtete von der nächtlichen Schießerei auf dem Autobahnparkplatz, bei der zwei Polizisten verletzt worden waren. Ich erwartete, daß es wie während der Fahrt nachts im Taxi heißen würde: Gesucht werden ein Mann und eine Frau, Mitte zwanzig. Es kam schlimmer: Der Sprecher nannte meinen vollen Namen, meine Körpergröße, Haarlänge und -farbe und beschrieb meine Kleidung.

Mir wurde abwechselnd eiskalt und kochendheiß. Ich schloß die Augen. Ich dachte, alle im Abteil müßten mich jetzt anstarren und mit dem Finger auf mich zeigen: »Da ist sie.« Als sich nichts regte, versuchte ich mit fast geschlossenen Augenlidern, die Fahrgäste einen nach dem anderen zu beobachten. Hatte sich ein Gesichtszug verändert oder die Körperhaltung? Machte einer Anstalten, das Abteil zu verlassen? Nichts passierte. Alles war wie vorher. Keiner reagierte, niemand sprach über den Fahndungsaufruf. Einige dösten vor sich hin, andere setzten ihre Unterhaltung fort, der Mann mit dem Radio ließ sich weiter von der Musik berieseln. Niemandem war aufgefallen, daß ich diejenige war, auf die die Beschreibung in allen Einzelheiten paßte. Nach einer Weile wurde ich ruhiger.

Die Polizei hatte auf dem Autobahnparkplatz alle meine Papiere gefunden. Sie steckten, bis auf den Führerschein, den ich ja vor den Schüssen dem Polizisten gegeben hatte, in meiner Brieftasche, die mir auf den Boden gefallen war. Später erfuhr ich, daß die Fahnder bei meinen Eltern gewesen waren. Und die hatten ihnen eine genaue Beschreibung gegeben, wie ich bei meinem letzten Besuch eine knappe Woche vorher ausgesehen hatte.

Meine Eltern wußten kaum etwas von den Veränderungen in meinem Leben. Seit meinem ersten Kontakt mit dem Release hatte ich ihnen nur noch erzählt, was zu Hause zu keinem Streit führen konnte. Nichts über meine neuen Erfahrungen und Überlegungen. Ich wußte, daß sie nichts davon hielten, alles ablehnen würden. Sie identifizierten sich mit dem bundesdeutschen Staat, so wie er nach Meinung überzeugter CDU-Leute zu sein hatte. Mein Vater war unfähig und unwillig, mit uns Kindern irgendeine Diskussion zu führen, in der wir seinen Ansichten widersprachen. Daß meine Eltern der Polizei bei der Suche nach mir sofort halfen, wunderte mich nicht, trotzdem tat es mir weh.

Ich verließ das Zugabteil. Auf dem Klo zog ich die Jacke aus, stopfte sie in meine Handtasche, drehte mir die Haare hoch und band mir ein Tuch um den Kopf. Dann ging ich zum Zugende und hoffte, daß mich möglichst wenig Leute sähen.

In Hamburg in der Wohnung erwartete mich Irmgard Möller. Sie wußte schon aus dem Fernsehen und Radio, daß wir mit unserer Aktion gescheitert waren. Ich erzählte, was passiert war, und wie wir entkommen konnten. »Warum hast du deine Ausweise in dem Auto liegengelassen? Und warum hattest du die überhaupt mitgenommen?!« Daß niemand auf die Idee gekommen war, wie absurd und unverantwortlich die Kombination von Knarre und richtigem Ausweis war, darüber sprachen wir nicht. Sie sagte nur: »Jetzt bist du wie wir voll in der Fahndung drin.«

Was das wirklich hieß, erlebte ich um 20 Uhr in der *Tagesschau*. Die Schießerei war eine der ersten Meldungen. Mein Foto starrte mich vom Bildschirm an, ich hörte wieder meine Personenbeschreibung und fühlte mich, als würde jemand aus dem Fernseher heraus auf mich zeigen. Mit einem Schlag war ich eine öffentliche Person, deren Name vom nächsten Morgen an auch in den Zeitungen stand: »Margrit Schiller, Mitglied der RAF«.

Ich konnte nicht fassen, was da vor sich ging. Daß so etwas über mich hereinstürzen würde, darauf war ich nicht vorbereitet.

Die Freunde aus der RAF brachten mich in eine andere, große Wohnung und rieten mir, die nächsten Wochen nicht mehr rauszugehen. Denn allein durch meine Körpergröße von 1,84 Metern, die großen Augen und hohen Wangenknochen bliebe ich auch dann eine auffallende Person, wenn ich mein

Aussehen veränderte. Ich schnitt meine langen Haare ab und färbte sie dunkel, ich lernte, mich zu schminken.

Da saß ich nun, wußte weder aus noch ein. Ich hatte gerade mit dem neuen Leben begonnen, und schon war ich dessen Gefangene.

Die Wohnung war vor allem eine Werkstatt, um Pässe zu fälschen. Dort lernte ich auch Manfred Grashof kennen. Er war immer freundlich und geduldig, aber auch verschlossen und abwesend. Er trauerte um seine im Juni getötete Freundin Petra. Bei einer Großfahndung nach der RAF war Petra Schelm am 15. Juni 1971 in Hamburg in eine Straßensperre geraten. Als sie schießend zu fliehen versuchte, wurde sie von der Polizei erschossen.

Irgendwie brachte ich es nicht über mich, ihn darauf anzusprechen.

Ich sollte lernen, wie man falsche »echte« Dokumente macht. Für die Fälscherarbeiten gab es einen großen Reißbrettisch, auf dem alle Werkzeuge und Materialien säuberlich geordnet waren. Da lag ein dicker Stapel mit Druckplatten, auf denen die Stempelvorlagen vieler Städte, Kreis- und Landratsämter der BRD waren. Es gab das notwendige Werkzeug, um Paßbilder aus Pässen zu lösen und neue einzustanzen. Dafür wurde die Stanzmaschine eines Schuhmachers benutzt. Es gab Stempelfarbe in verschiedenen Farbtönen und Klarsichtfolien, auf die der jeweilige Stempel zuerst gedruckt und die dann in der entsprechenden Größe auf das neue, ausgetauschte Foto im Dokument gesetzt wurde. Um einen Paß oder Führerschein nicht zu verderben, brauchte man einige Übung.

Ein paar Tage nach mir kam eine Frau aus West-Berlin in die Wohnung. Im Gegensatz zu mir kannte sie alle, weil sie schon in Berlin mit vielen Kontakt gehabt hatte, die jetzt zur RAF gehörten. Sie war neugierig wie ein Kind auf mich, aber sie konnte mit mir ebensowenig anfangen wie ich mit ihr. Jedenfalls lernten wir jetzt zu zweit das Fälschen und übten mit unbrauchbaren Neudrucken. Es fiel mir sehr schwer, mich darauf zu konzentrieren.

Wenn ich nicht mehr arbeiten konnte, versuchte ich zu lesen. Aber auch das ging kaum. Ich hielt es schwer aus, ständig in der Wohnung sein zu müssen. Aber ich wagte auch nicht rauszugehen. Die Fahndung machte mir Angst. Sie lastete auf mir wie ein übermächtiges Gewicht, das mir jemand auf Kopf und Schultern gelegt hatte und das mich nach unten drückte. Ich mußte unbedingt mit jemandem reden. Aber da war niemand.

In der Wohnung herrschte ständiges Kommen und Gehen, nur ich blieb dort wie eingemauert. Mein Kopf wurde immer leerer. Ich saß da, stierte stundenlang vor mich hin und vergrübelte sinn- und richtungslos die Zeit. Ulrike raunzte mich an: »Du machst ja überhaupt nichts!« und war auch schon wieder weg, bevor ich auch nur einen Satz sagen konnte. Sie kam am häufigsten, wohnte auch in dieser Wohnung. Aber zwischen ihr und einer anderen Frau aus der Gruppe hatte vor kurzem eine Liebesbeziehung begonnen, und die wenigen Stunden, die sie für einander Zeit hatten, verbrachten sie bei geschlossener Tür in einem Zimmer. Die andere Frau setzte sich manchmal einen kurzen Augenblick zu mir: »Ich versteh', daß es dir ganz beschissen geht, wir müßten uns eigentlich in Ruhe mit dir hinsetzen und über alles quatschen. Aber verstehste, ich kann's jetzt nicht. Du siehst ja, wie wir ständig rumhetzen, es gibt einfach viel zu viele Sachen zu erledigen. Ulrike läßt sich auch nie Zeit. Sie will immer alles auf einmal machen und alles sofort, sie gönnt sich nie 'ne Ruhepause. Und wenn wir hier mal 'ne Stunde Ruhe haben, will ich einfach mit ihr zusammensein.« Ich verstand sie, nickte müde lächelnd. Aber ihr Bedürfnis traf sich überhaupt nicht mit dem, was ich brauchte. Und so war ich manchmal nur sauer auf die beiden.

Einmal kam Ulrike mit ein paar bunten Stoffbahnen an, die sie gekauft hatte. Sie legte sie über die Matratzen und hängte sie als Vorhang ans Fenster. »Ich werd' noch lange genug in häßlichen grauen Zellen leben, es muß ja nicht jetzt schon alles wie im Knast aussehen.« Bei sich selbst war sie überhaupt nicht eitel, mit der größten Selbstverständlichkeit zog sie irgendwelche häßlichen, dunklen Klamotten an, die überhaupt nicht zueinander paßten.

Ich fühlte mich endlos allein und wußte nicht, wie ich ohne Hilfe aus meinem Loch herauskommen sollte. Nachdem ich es aufgegeben hatte, darauf zu warten, daß Holger eines Tages von sich aus in dieser Wohnung auftauchte, verlangte ich, er solle kommen. Ich hoffte, er könnte mir helfen, wieder Boden unter den Füßen zu finden. Aber die anderen lehnten meine Bitte ab: Holger würde anderswo dringender gebraucht. Außerdem solle ich gar nicht erst damit anfangen, einen Genossen, mit dem ich im Bett gewesen war, meine Probleme lösen zu lassen. Ich war empört, blieb aber stumm. Diese Antwort verletzte mich sehr. Ich wollte Holger nicht fürs Bett. Ich wollte mit ihm reden. Ich wußte, daß er eine Vorstellung von mir und meiner Lage hatte. Er schien mir der einzige, mit dem ich im Gespräch darüber nachdenken könnte, was jetzt aus mir werden sollte.

Aber meine Verzweiflung rührte nicht nur von meiner aktuellen Lage, der Fahndung und dem Verlorensein in der Wohnung her. In mir bohrte auch die Schießerei bei Freiburg. Ich war nicht darauf eingestellt gewesen, selbst zu schießen, aber ich hatte eine Waffe bei mir gehabt. Ich hatte nicht geschossen, aber es war auch meinetwegen geschossen worden und dann auf mich. Alle Schüsse waren schrecklich gewesen, eine ungeheure Brutalität. Die Szene tauchte immer wieder vor mir auf, und jedesmal lähmte sie mich ein Stück mehr. Der Genosse hatte die Pistole auf den Polizisten gerichtet und das ganze Magazin leer geschossen, so schien es mir. Ich hatte in meinem Schock nichts richtig gesehen. Doch ich wußte, ich würde diese Bilder und die Peitschenhiebe der Schüsse nie vergessen können.

Nach fast vier Wochen kam Ulrike mit der Nachricht: »Wir treffen uns in einer anderen Wohnung. Du mußt mit, weil wir auch bereden wollen, wie es mit dir weitergeht.« Ich ging mit irgend jemandem, der gerade in der Wohnung war, in ein nahegelegenes Einkaufszentrum und kaufte ein Kleid, einen Mantel, Schuhe und eine Strumpfhose. Das Treffen, von dem Ulrike sprach, war jenes am 21. Oktober 1971. Es endete mit der nächsten Schießerei und meiner Verhaftung.

Im Knast

23. Oktober 1971. Als ich nach der ersten Nacht in der Knastzelle früh am nächsten Morgen aufwachte, brannte in einer Mauernische eine kleine blaue Lampe, durch ein Drahtgitter geschützt. Sie brannte von da an jede Nacht.

Vor dem Schlafengehen hatten sie mir den blauen Anstaltskittel abgenommen und mich für die Nacht in ein weißes Hemd gesteckt, das mir viel zu kurz war.

Als ich zum ersten Hofgang geführt wurde, ketteten sie meine Hände auf dem Rücken mit Handschellen zusammen. Sie sagten, ich sei gewalttätig und höchst gefährlich, deshalb wurden mir die Handschellen bei jedem Schritt außerhalb der Zelle angelegt. Wenn sie die Zellentür öffneten, war stets ein männlicher Schließer dabei. Später mußten immer zwei Wärterinnen vor der Tür stehen. Zum Luftschnappen brachten sie mich täglich für 30 Minuten in einen winzigen dreieckigen Hof zwischen Außenmauer und Frauentrakt. Es war unmöglich zu laufen, weil jedes Stück Weg zu schnell vor einer Wand endete. Bewaffnete Wachen standen um den Hof und beobachteten jeden meiner Schritte. Gegen sie fühlte ich am deutlichsten Haß. Und von ihnen schlug mir auch Haß entgegen.

Sie hatten mich in eine Zelle am Ende des langen Flurs gesperrt, direkt neben dem Verwaltungsflügel. Die Zellen neben, über und unter mir blieben leer. Keine Gefangene durfte mit mir sprechen oder mit mir Kontakt aufnehmen. Bevor meine Zellentür aufgesperrt wurde, mußten alle anderen Gefangenen vom Gang verschwinden.

In der Tür zu meiner Zelle war eine buchgroße Klappe mit einem engmaschigen Gitter. Durch diese Öffnung wurde ich rund um die Uhr in unregelmäßigen Abständen beobachtet: Wenn ich schlief oder wach war, wenn ich las, schrieb oder nachdachte, wenn ich Gymnastik machte, mich wusch oder auf der Kloschüssel saß, wenn ich traurig war, Wut hatte oder heulen wollte.

Auf mir lastete ein ungeheurer Druck, ich war eingekreist von Mauern, Waffen, Blicken, Kontrollen. Jeden Augenblick erwartete ich eine Falle. Meine Stimme blieb weg, ich konnte nur noch flüstern. Oft hatte ich mich früher blockiert, unsicher, unentschieden gefühlt. Aber jetzt entdeckte ich in mir eine große Kraft, die ich vorher nicht gekannt hatte. Ich mußte mich verteidigen, und ich wußte, daß ich es konnte.

Ich wußte nichts über das Leben im Gefängnis, nichts über Erfahrungen von anderen Gefangenen. In den ersten Tagen glaubte ich, jede Untersuchungsgefangene würde so behandelt wie ich. Zu dieser Zeit gab es noch keine Erfahrungen mit der Isolationshaft. Bis zu meiner Verhaftung hatte es nur wenige Gefangene aus der Guerilla oder anderen linken revolutionären Gruppen gegeben. Erst von den Anwälten, die mir die Genossen besorgten, erfuhr ich von dem Ausnahmecharakter meiner Haftbedingungen. Der für mich zuständige Richter hatte angeordnet: »Strenge Einzelhaft; Fesselung der Hände auf dem Rücken, wenn sich Margrit Schiller außerhalb der Zelle aufhält; Fesselung auch während der Bewegungsstunde; Dauerbeleuchtung in der Zelle bei Tag und Nacht; Entzug aller Einrichtungsgegenstände; Anstaltskleidung statt privater Kleidung; am Abend Entzug auch der Anstaltskleidung.« Solche verschärften Haftbedingungen hatte es schon immer gegen Gefangene gegeben, die rebellierten. Aber so systematisch, vom ersten Tag an und langfristig, galt diese Sonderbehandlung speziell den Gefangenen aus der Guerilla.

Meine Anwälte setzten alle Rechtshebel in Bewegung, wurden aber von allen Instanzen bis zum Bundesgerichtshof abgewiesen. Sie erstatteten Strafanzeige gegen den Richter, der die Isolation angeordnet hatte, und schrieben in ihrer Begründung: »Für diese Maßnahme gibt es keine Rechtfertigung. Es gibt nur die Erklärung, daß der Mensch Margrit Schiller systematisch und bewußt gequält, seiner Freiheit beraubt und entwürdigt werden soll, um vor aller Öffentlichkeit ein abschreckendes Strafexempel zu statuieren und um einen Untersuchungsgefangenen für Aussagen mürbe zu machen.« Zudem stellten die Haftanordnungen »eine erschreckende Anschlußtat an die sogenannte Pressekonferenz dar, zu der der Hamburger Polizeipräsident Redding die festgenommene Margrit Schiller wie ein Tier gewaltsam vorführen ließ. Die hier eingeschlagene Entwicklung muß klar erkannt werden. Es darf nicht geduldet werden, daß auf Rechtsstaat und Verfassung vereidigte Richter und Beamte heute noch unter eklatanter Mißachtung aller Gebote unseres Grundgesetzes Brutalitäten und Gewaltmaßnahmen begehen, die im öffentlichen Bewußtsein bisher nur im Zusammenhang mit der Tätigkeit der ehemaligen Gestapo und offen faschistischen Regimen vorstellbar sind.«

Von der ersten Stunde meiner Haft an wurde ich als Staatsfeindin behandelt, obwohl die Bundesanwaltschaft ganz zutreffend erklärte, ich sei nur »eine Randfigur in der Baader-Meinhof-Gruppe«. Für diese Nebenrolle bedachte mich die sozialdemokratische Hamburger Justiz jedoch mit enormem Aufwand: Nach meiner Verhaftung wurde die ständige Bewachung des Untersuchungsgefängnisses um zehn Mann und zwanzig Patrouillenhunde verstärkt und die Außenmauern des Holstenglacis nachts mit Scheinwerfern taghell angestrahlt. Die Justizbehörde begründete ihre Maßnahmen damit, daß es verhindert werden müsse, daß ich gewaltsam befreit werde.

Zu den Anordnungen des Haftrichters gehörte auch, daß ich mich vor und nach Besuchen meiner Anwälte im Beisein von zwei Schließerinnen nackt ausziehen und eine Leibesvisitation über mich ergehen lassen mußte. Alles in mir spannte sich an. Das Ausziehen hatte zum Ziel, mir meine Würde zu nehmen, mich zur Unterwerfung zu zwingen. Ich konzentrierte mich darauf, aus meinem Gesicht, meiner Haut einen Panzer zu machen, an dem alle Blicke abprallten. Nach außen blieb ich starr und kalt, in mir mobilisierte ich alle Kräfte zur Selbstverteidigung. Auch für die Schließerinnen in Hamburg war es neu, eine Gefangene fast täglichen Leibesvisitationen zu unterziehen. Manche von ihnen schämten sich und versuchten, mich dabei nicht anzusehen. Diese Erniedrigung mußte ich mehrere Wochen erdulden, bis das Landgericht die Anordnung aufhob.

Schon wenige Tage nach meiner Verhaftung bekam ich die erste Post. Es schrieben viele mir ganz unbekannte Menschen. Die Würgevorführung am Tag nach meiner Verhaftung hatte einen erbitterten öffentlichen Streit über Grenzen und Verletzungen von Menschenwürde und Rechtsstaatlichkeit ausgelöst. In vielen Briefen bezeugten Menschen mir ihre Empörung und Solidarität. Einzelne, Anwälte und Gruppen erstatteten Strafanzeige. Der damalige Staatssekretär im Justizministerium von Nordrhein-Westfalen, Ulrich Klug, nannte das Ganze einen »Akt brutaler polizeilicher Gewaltanwendung« und bekam von vielen Applaus. Ein Hamburger Hafenarbeiter hatte dem Polizeipräsidenten »Gestapo-Methoden« vorgeworfen und wurde deshalb einige Monate später zu einer Geldstrafe wegen Beleidigung verurteilt. Ich bekam auch Briefe, in denen Menschen ihre Achtung für diejenigen bekundeten, die den bewaffneten Kampf begonnen hatten.

Über Nacht war mein Name bekannt geworden. Der *Stern* brachte eine mehrseitige Geschichte mit Fotos, die meine Eltern herausgegeben hatten.

Die anderen gefangenen Frauen betrachteten mich neugierig-freundlich von ihren Zellenfenstern aus, wenn ich allein Hofgang machte. Ich stand an meinem Fenster, wenn sie alle zusammen lachend und schwatzend ihre Runden drehten. Trotz des Kontaktverbots rief mir mehr als eine Grüße zu oder zeigte mir mit Zeige- und Mittelfinger das V-Zeichen. Abends, wenn alle in den Zellen eingeschlossen waren, unterhielten sich die Frauen von Fenster zu Fenster. Sie riefen auch nach mir, fragten mich, wie es mir gehe, woher ich komme und ob ich bald befreit würde. Ich hatte kein eigenes Radio, aber es gab in jeder Zelle einen Lautsprecher, aus dem wir einen von der

Knastleitung ausgewählten Radiosender hören konnten. Wenn dort gute Musik lief, stöpselte ich die Kopfhörer ein, drehte auf volle Lautstärke und tanzte, soweit das Kabel reichte. Die Musik füllte mich aus, gab mir Energie, drückte die Mauern ein Stück weg. Jedes Lied erinnerte mich an Personen, an Augenblicke, Gefühle. Die Stimme von Rod Stewart erinnerte mich daran, daß Ulrike jedes Mal den Verstärker aufgedreht hatte, wenn im Radio seine Lieder kamen. Später ärgerte sie sich, daß ihr seine Musik so gefallen hatte.

Das Leben in einer Zelle kam mir irgendwie bekannt vor. Meine Grunderfahrung aus Kindheit und Jugendjahren war das Alleinsein. Das hatte sich erst während der letzten Jahre an der Universität und in Heidelberg geändert. Im Knast fühlte ich mich seltsamerweise zunächst weniger allein als früher zu Hause. Aber das entpuppte sich als Täuschung, da ich noch nichts über die Folgen von Isolationshaft, dem Gefängnis im Gefängnis, wußte.

Schon in der Nacht meiner Verhaftung hatte ich jede Aussage verweigert. Die Haftanordnungen zeigten, daß die Justiz glaubte, mich mit Härte weichkochen zu können. Nach einigen Tagen in der Zelle wurde die tägliche Routine unterbrochen.

Ich hatte den Hofgang schon hinter mir, als mich die Schließerinnen nochmals holten und in die leere Nebenzelle führten. Da saßen zwei Beamte des Bundeskriminalamtes (BKA): »Wir würden gern mal in Ruhe ein Gespräch mit Ihnen führen. Von Mensch zu Mensch. Sie wissen ja, gegen Sie besteht ein Haftbefehl wegen Mord und Mordversuch und wegen der Schießerei in Freiburg, aber das muß ja nicht so bleiben. Vielleicht können Sie uns helfen aufzuklären, wie das alles passieren konnte. Wir wollen doch nicht, daß eine intelligente junge Frau wie Sie länger unter solchen Bedingungen leben muß. Setzen Sie sich doch bitte! Also, dann erzählen Sie uns doch mal, mit wem Sie in Bremgarten auf dem Autobahnparkplatz gewesen sind.« Ich hörte ihnen stehend zu, dann sagte ich ruhig, daß ich mit ihnen nichts zu reden habe, über gar nichts, und ging an den vor der Tür wartenden Schließerinnen vorbei zurück in meine Zelle.

Etwa eine Woche später, ich war gerade auf dem Rückweg vom Hofgang, versuchten es die Männer vom BKA von neuem. Vor der versammelten Schließermannschaft redeten sie auf mich ein. Ich wurde wütend und schrie, daß sie mich endlich in Ruhe lassen sollten. Ich würde ihnen den nächstbesten Gegenstand an den Kopf schmeißen, falls sie noch mal auftauchten.

Sie ließen mich in Ruhe. Aber die Justiz suchte sich andere Mittel. Eines Morgens, Anfang Dezember 1971, ich hatte mein Nachthemd gerade gegen den Kittel getauscht, hieß es plötzlich: »Packen Sie das Nötigste zusammen. Sie werden verlegt. Ihre anderen Sachen schicken wir Ihnen nach.« Auf meine Frage, wohin es gehen sollte, gab es keine Antwort. Verlegt? Warum? Meine Anwälte hatten davon kein Wort erwähnt.

Wie üblich wurden mir Handschellen angelegt. Mehrere Schließer führten mich zu einem Zivilwagen, der von einer Kolonne begleitet wurde, an deren Spitze und Ende je ein Streifenwagen fuhr. Mit Martinshorn und Blaulicht jagten sie durch die Stadt, überfuhren rote Ampeln und steuerten ein Sportplatzgelände an, auf dem ein Hubschrauber mit laufenden Rotoren wartete. Ich saß mitten in diesem riesigen, waffenstarrenden Polizeiaufgebot und wußte nicht, ob ich darüber lachen oder weinen sollte. Die Polizisten, alle in Zivil, waren nervös und hektisch. Sie befürchteten eine Befreiungsaktion. Die massiven Polizeiaufgebote bei Verlegungen von Gefangenen aus der Guerilla sollten zeigen, daß gewaltige Vorkehrungen gegen eventuelle Befreiungsabsichten getroffen waren. Aber sie waren auch gigantische Machtdemonstrationen.

Der Hubschrauber flog ein Stück bis zur Autobahn und landete auf der Grünfläche in der Mitte eines Autobahnkreuzes. Dort warteten mehrere zivile Polizeifahrzeuge. Im Konvoi ging es stundenlang nach Süden. Die Besatzungen der einzelnen Fahrzeuge hielten Funkkontakt untereinander, es gab Kontrollpunkte auf der Strecke. Ich versuchte, alles von der vorbeihuschenden Landschaft, den Autos und Menschen aufzusaugen. Ich ahnte, daß ich für lange Zeit keine Landschaften und nur wenige Menschen zu Gesicht bekommen würde.

Die Haltepunkte, zum Beispiel für Pinkelpausen, waren festgelegt. Überall wurden wir schon von Streifenwagen erwartet. Wenn die Polizisten ausstiegen, nahmen sie ihre Maschinenpistolen mit, die während der Fahrt im Fußraum lagen.

Nach einer der Pausen gab es während der Fahrt plötzlich einen lauten Knall. Die zwei Polizisten links und rechts neben mir und der auf dem Beifahrersitz rissen ihre Maschinenpistolen hoch, duckten sich und stießen mich nach unten zwischen die beiden Sitzreihen. Der Fahrer fuhr schleudernd an den Fahrbahnrand und bremste mit quietschenden Reifen. Zwei der Polizisten sprangen mit den Waffen im Anschlag aus dem Auto und warfen sich in den Straßengraben. Das nächste Auto in der Kolonne hielt, und die Polizisten stürzten mit schußbereiten Maschinenpistolen nach draußen. Da rief einer: »Der Reifen! Guck mal, der Reifen!« Es dauerte einen Moment, bis alle begriffen, was passiert war, und erleichtert anfingen zu lachen: Ein Hinterrad des Autos, in dem ich saß, war geplatzt. Das hatte wie ein Schuß geklungen. Ich mußte im Auto sitzen bleiben, während sie den Reifen wechselten, dann ging die Fahrt weiter.

Am späten Nachmittag erreichten wir einen großen, alten Gefängnisbau: Aichach bei Augsburg. Es war ein düsteres altes Klostergemäuer, das zum Knast umfunktioniert worden war. Ein würdiger Wechsel, dachte ich bitter. Ich mußte meine eigenen Kleider, die mir für die Fahrt ausgehändigt worden waren, abgeben, bekam ein viel zu kleines, dunkelblaues Gefängniskleid mit weißem Kragen und weißer Schürze, die ich ablehnte. Alle Gefangenen waren für die Zeit meiner Ankunft weggeschlossen worden. Schließerinnen, denen ich auf dem Weg in die neue Zelle begegnete, schauten entweder weg, als hätte ich den bösen Blick, oder starrten mich an, als sei ich ein besonderes Ungeheuer, dem man lieber nicht im Freien begegnete.

Am nächsten Morgen kam ein dicker, ekliger Kerl, der Knastdirektor, in meine Zelle: Er wisse nicht, warum man mich hierher gebracht habe. Auch nicht, wie lange ich bliebe. Aber solange ich da sei, hätte ich strikt seinen Anweisungen zu folgen: »Ich hoffe, daß Sie bald wieder weg sind.« Dann verschwand er.

Die Zelle war ein dunkles Loch. Alles war in die Wand eingelassen, nichts beweglich. Ich fror, denn geheizt wurde nur durch ein Rohr, das oben aus der Decke kam und ohne Umwege geradewegs im Fußboden verschwand. Morgens und abends wurde kurze Zeit heißes Wasser oder sonstwas durch das Rohr gejagt. Die übrige Zeit blieb es kalt, da die meisten Gefangenen tagsüber außerhalb der Zellen arbeiteten.

Im Laufe des Vormittages holten sie mich in eine andere Zelle, wo zwei Zivile mit mir sprechen wollten. Wieder erklärte ich ihnen, daß es nichts zu reden gebe. Aber ich wollte wissen, was ich hier in Aichach sollte. Darauf gaben sie keine Antwort, das Gespräch war zu Ende.

Nach zwei oder drei Tagen kam endlich einer meiner Anwälte und nannte mir den Zweck der Verlegung. Ich sollte dem Polizisten, der auf dem Autobahnparkplatz Bremgarten meine Papiere hatte kontrollieren wollen und durch mehrere Schüsse verletzt worden war, gegenübergestellt werden. Schon seit Wochen hatte der Staatsschutz versucht, die Gegenüberstellung in Abwesenheit meiner Anwälte durchzuführen. Deshalb hatte der Hamburger Haftrichter sie auch vorher nicht von der Verlegung nach Aichach unterrichtet. Doch die Gegenüberstellung würde, so wie geplant, nur eine Farce sein: Der Polizist hatte schon zu Protokoll gegeben, daß ich mit der Frau identisch sei, deren Ausweise im VW gefunden worden waren. Und es war vorgesehen, das entnahm ich später den Ermittlungsakten, die Gegenüberstellung in einer ganz anderen Weise durchzuführen, als sie die Strafprozeßordnung vorschreibt: Andere Frauen meiner Statur und Größe sollten bei der Vorführung nämlich nicht neben mir stehen – nur ich sollte dem Polizisten gegenübergestellt werden.

Auch ohne all das zu wissen, hatte ich entschieden, bei keiner Maßnahme der Justiz freiwillig mitzumachen. Ich erwartete für mich weder Recht noch Gerechtigkeit. Ich war darauf aus, klare Fronten zu schaffen. Mit jedem Tag im Knast sah ich bestätigt, was die Freunde aus der RAF seit unseren ersten Gesprächen in Heidelberg gesagt hatten: Gegen Revolutionäre kämpft der Staat mit allen Mitteln, auch mit unerlaubten. Außerdem hatte ich natürlich auch kein Interesse, von dem Polizisten bei einer Gegenüberstellung wirklich erkannt zu werden. Meine Papiere und meine Fingerabdrücke im Auto waren zwar ein Beweis dafür, daß ich das Auto benutzt hatte. Aber mußte ich deshalb auch die Frau gewesen sein, die dem Polizisten meinen Führerschein entgegengestreckt hatte?

Nach gut einer Woche hieß es erneut »packen«, und diesmal brachten sie mich ins Männergefängnis von Freiburg. Sie steckten mich in die letzte einer Reihe leerstehender Zellen am Ende eines Ganges. Eine Polizistin setzte sich vor die verschlossene Tür. Es war seltsam und bedrohlich, die einzige gefangene Frau in einem Männergefängnis zu sein, überall waren Stimmen und Rufe nur von Männern zu hören.

Am nächsten Morgen brachten sie mich in einen Raum im Verwaltungstrakt des Gefängnisses, in dem nur zwei Stühle und ein Tisch standen. Den ganzen Tag versuchten sie mit allen möglichen Tricks, in einem der Gänge eine »zufällige Begegnung« mit dem verletzten Polizisten zuwege zu bringen. Unter den verschiedensten Vorwänden holten sie mich aus der Zelle. Sie führten mich über Treppen und Flure zum Klo; sie logen, mein Anwalt sei gekommen. Als mir klar war, was sie wollten, weigerte ich mich einfach, noch einmal den Raum zu verlassen, auch als sie mich zum Richter bringen wollten. Der erschien dann bei mir und war ganz vernünftig: »Sie brauchen ohne Ihren Rechtsanwalt keinem Verhör und keiner Gegenüberstellung der Staatsanwaltschaft Folge zu leisten.«

Als mein Anwalt endlich kam, mußten sie auch ihn zu mir bringen. Und als er formal Einspruch gegen die Art der Gegenüberstellung erhob, gaben sie sich geschlagen.

Schließlich erschien Günter Textor, der damalige Leiter der RAF-Sonderkommission des Stuttgarter Landeskriminalamtes, in meiner Zelle. Der Mann, gut einen Kopf kleiner als ich, plusterte sich auf, platzte fast vor Wut und schrie: »Noch sind Sie nicht an der Macht. Noch können Sie nicht alles machen, was Sie wollen.«

Dann brachten sie mich zum Freiburger Bahnhof. Ich mußte an meine erste Begegnung mit diesem langgestreckten Gebäude vor drei Monaten denken. Damals war ich ihnen entkommen. Jetzt hatten sie mich zwar in ihrer Gewalt, aber der Kampf hatte damit nicht aufgehört.

Die SoKo besetzte ein Zugabteil. Ich saß in ihrer Mitte, ohne Handschellen, damit niemand bemerkte, wer in diesem Zug mitfuhr. Auf dem Gang standen Sicherungsposten. Immer wieder versuchten sie, mit mir zu reden. Oder mich wenigstens zu irgendeiner Reaktion zu provozieren. Welcher Knast denn am schlimmsten sei: Hamburg, Freiburg oder Aichach? Das zumindest könnte ich doch beantworten. Ich schwieg.

In Hamburg räumte die Polizei den Teil des Bahnhofs, in dem unser Zug ankam. Ein Polizeiwagen fuhr bis auf den Bahnsteig, um mich abzuholen, und wieder ging es wie bei der Abreise in Kolonne mit Blaulicht über rote Ampeln ins Untersuchungsgefängnis Holstenglacis. Es war längst Abend. Als die Wagen im Scheinwerferlicht auf den Innenhof des Männergefängnisses fuhren, brüllten und klopften hunderte Gefangene zu meiner Begrüßung und machten riesigen Lärm.

Von den Transporten, der massiven Bewachung, dem Wechsel der Gefängnisse und der Anstrengung, nicht in die Polizeifallen zu tappen, war ich total erschöpft. Ich hatte alle Kräfte mobilisiert und alle Situationen so bestanden, wie ich es mir vorgenommen hatte. Wieder in Hamburg, wo ich mich auskannte, brach ich durch einen lächerlichen Anlaß zusammen:

Ich bat um eine Tasse Kaffee, den ich jedoch nur mit Milch mag. Aber es gab keine Milch. Während der zweiwöchigen Knastreise hatte ich getrunken, was es gerade gab. Knastmukkefuck, der wie Spülwasser aussah und schmeckte. Oder Pulverkaffee ohne Milch. Oder Wasser. Jetzt mußte ich wegen der fehlenden Milch unvermittelt losheulen. Nachdem ich mich wieder einigermaßen gefaßt hatte, war ich über meinen Zusammenbruch erschrocken und schämte mich.

Lernen im Knast und Mai-Offensive

Allein in der Zelle dachte ich viel über meine Familie, meine Kindheit und Jugend nach.

Die wesentlichen Beweggründe für meine Schritte vom Release zum SPK und dann zur RAF hatten in meinem damaligen Lebensgefühl gelegen, in meinen Erfahrungen mit Familie, Schule und Gesellschaft. Ich hatte mich nirgendwo wiederfinden können. Ich fand das Leben sinnlos. Überall war Lüge, Enge, Gewalt. Damit wollte ich mich nicht abfinden.

Ich suchte nach einer Identität von politischer und persönlicher Moral, und diese Suche hatte mich bis zur RAF geführt.

Jetzt saß ich gefangen in der Zelle, und immer wieder standen diese beiden Situationen vor mir: die Schießerei in Bremgarten und die Schießerei in Hamburg. Es war wie ein Alptraum, der mich verfolgte. Bei jedem Knall zuckte ich zusammen. Hörte ich Polizeisirenen von der anderen Seite der Mauer, überkamen mich Angst und Lähmung. Holger Meins hatte gefragt: »Warum hast du nicht geschossen?« Ja, warum nicht? Konnte ich nicht oder hätte ich in einer anderen Situation gekonnt? Ich fand den Einsatz von Gewalt doch gerechtfertigt, warum setzte ich sie dann selbst nicht ein? War ich unfähig für den bewaffneten Kampf? Die konkrete Situation hatte mich jeweils überrollt. Und auch in der Erinnerung stürzte sie immer wieder auf mich ein, konnte ich keine Distanz dazu finden. Den Gedanken, daß die Schießerei in Bremgarten vielleicht unnötig und brutal gewesen war und daß ich gar nicht schießen wollte, konnte ich nicht zulassen. Auch nicht, daß ich sicher nicht die richtige gewesen war, Ulrike Meinhof an jenem Abend zu begleiten.

Ich beschloß, die Zeit im Gefängnis zu nutzen, um zu lernen.

Aber es dauerte, bis der Haftrichter den Bezug von Büchern erlaubte. So bot mir die Leiterin der Frauenabteilung im Hamburger Untersuchungsgefängnis, Heinemann, an, mir Bücher von sich zu Hause mitzubringen oder Bücher aus der Gefängnisbibliothek. Was ich denn wolle? Heinemann paßte überhaupt nicht in mein Bild einer Knastleiterin: nicht ihre Kleidung und das geschminkte Gesicht, aber auch nicht, daß sie mir Bücher aus ihrem eigenen Bücherschrank mitbrachte. Sie war freundlich, informierte mich über die Maßnahmen der Justiz und versuchte, die Vorstellungen eines Resozialisierungsvollzugs umzusetzen. Bis zu einem bestimmten Punkt erfüllte sie die Funktion eines Stoßdämpfers gegen Übergriffe, aber als sich später die harte Konfrontation zwischen den politischen Gefangenen und dem Justizapparat entwickelte, gab es für sie keinen Platz mehr zwischen den Fronten.

Ich verlangte Bücher über den Nationalsozialismus. Über diese Zeit wollte ich mehr wissen. Und bis zu meiner Haftentlassung im Februar 1973 blieb die Geschichte Deutschlands in diesem Jahrhundert ein zentrales Thema für mich, von der Weimarer Republik über den Nationalsozialismus bis zur Gründung der Bundesrepublik und die Zeit danach. Als erstes verschlang ich alles über den Hitlerfaschismus, was ich auftreiben konnte: wissenschaftliche Bücher aus den USA und der UdSSR, Biographien von Reaktionären, Sozialdemokraten, Kommunisten und Romane.

In der Schule hatte der Geschichtsunterricht mit dem Ersten Weltkrieg aufgehört. Und meine Eltern hatten über die Nazizeit und den Krieg geschwiegen, auch wenn wir Kinder fragten. Ich hatte damals gefühlt, daß in jener Zeit sehr wichtiges für sie passiert war, aber es durfte nicht darüber gesprochen werden. Das einzige, was wir immer hörten, war: »Wir konnten nichts für das, was Hitler gemacht hat« und »Davon wußten wir nichts«.

Meine Mutter war bei Kriegsende 21 Jahre alt, mein Vater 32. Sie hatten keiner NS-Parteiorganisation angehört, aber sie hatten sich mit der Naziideologie identifiziert. Mit dem 8. Mai 1945, der militärischen Befreiung vom Faschismus, war für sie alles zusammengebrochen: ihre materiellen Lebensbedingungen und alles, woran sie geglaubt hatten.

Meines Vaters Jugendtraum war es gewesen, Musik zu studieren, aber sein Vater hatte ihm das verboten, Musiker sei kein anständiger Beruf. So begann er ein Lehrerstudium, das er aber während des Krieges abbrach, und nach einer Liebesenttäuschung meldete er sich freiwillig zum Fronteinsatz. Die Schlacht bei Stalingrad und der Sieg der Sowjettruppen führten zum entscheidenden Bruch in seinem Leben. Sein Selbstvertrauen und seine Lebensperspektive waren für immer erschüttert. Als er 1957 Berufssoldat in der neugeschaffenen Bundeswehr wurde, konnte er dort wieder anfangen, wo er 1945 aufgehört hatte und wo alles für ihn zusammengebrochen war. Lustlos versah er seine Arbeit in der Kölner Zentrale des Militärischen Abschirmdienstes (MAD) der Bundeswehr und im Außendienst. Seine Erinnerungen ersäufte er im Alkohol.

Meine Mutter war die erste, die einen Besuchsantrag stellte. Aber ich wollte sie nicht sehen. Sie schrieb mir Briefe, aber ich antwortete nicht. Meine Eltern hatten der Polizei bei der Fahndung nach mir geholfen und in der Presse über mich erzählt. Das bestätigte mein Urteil über sie und stärkte meine Verachtung. Ihre Welt war jetzt weiter weg als jemals zuvor, zwischen uns gab es keine Verständigung. Es tat mir weh, und ich mußte weinen, wenn ich ihre Briefe las, voller Verzweiflung, Drohungen und Erpressungen. Aber ich sah keine Brücke. Ich war neidisch auf andere, die Eltern hatten, die sie verstanden und unterstützten. Die Liebe meiner Mutter zu mir sah so aus, daß sie mir über die ganze Weltkugel gefolgt wäre, um mich zu finden und dann zu Hause einzusperren. Mein Vater hätte mich nie gesucht, aber auch zu Hause eingesperrt.

Ich bekam auch Briefe von Freunden aus Bonn, die ich aus der Schul- oder Studentenzeit kannte, von meinem ehemaligen Freund und seiner Frau. Und es schrieben mir andere politische Gefangene. Der erste war Werner Hoppe, der auf der anderen Seite des Untersuchungsgefängnisses im Männerbau saß. Er hatte mit Petra Schelm im Auto gesessen, mit dem sie am 15. Juni 1971 in eine Straßenkontrolle geraten waren. Petra war erschossen und er verhaftet worden. Werner schrieb mir, als würden wir uns schon immer kennen. Dabei hatte ich ihn noch nie gesehen. Er schrieb mir sehr emotionale Briefe, nannte mich »Schwester, Freundin, Genossin«, umarmte mich tausendmal in Gedanken und gab mir die ersten Ratschläge, wie ich mit der neuen Situation als isolierte Gefangene klarkommen könne. Sport sollte ich machen, regelmäßig, das sei wichtig, damit der Körper nicht lahm werde und auch der Kopf nicht. Ich begann sofort damit und setzte in all den kommenden Knastjahren nicht einen Tag aus. Er schrieb mir Gedichte von Bertolt Brecht ab und von Kommunisten aus der Weimarer Republik, von Erich Mühsam oder Max Hoelz. Er empfahl mir Bücher und schickte mir sogar zwei oder drei, bis das verboten wurde. Er las auch viel über Faschismus und die Weimarer Republik, und so konnten wir in unseren Briefen unsere Gedanken und Fragen austauschen. Die Nähe und Wärme, die er zu mir herstellte, halfen mir sehr. Und es gab mir Selbstbewußtsein, daß unsere Fragen und Überlegungen oft ganz ähnlich waren. Eine Genossin draußen, die uns beiden schrieb, erzählte mir später: »Es hat mich immer wieder fasziniert, in Briefen, die ihr gleichzeitig und unabhängig voneinander geschrieben habt, fast identische Gedanken und Gefühle zu entdecken. Das habe ich auch bei Briefen von anderen Gefangenen aus der RAF festgestellt.«

Im Männerbau, wo Werner saß, befand sich auch das Gefängnislazarett.

Wir Frauen mußten dorthin gebracht werden, wenn wir einen Arzt brauchten.

Eines Tages wollte ich zum Arzt, und es wurden umfangreiche Vorbereitungen getroffen, denn um dorthin zu kommen, mußte ich das Männergefängnis durchqueren. Da mich andere Gefangene nicht sehen durften, mußten alle Gefangenen auf den für meinen Weg vorgesehenen Gängen weggeschlossen werden, bevor ich losging. Ich hatte auf dem Weg zum Arzt schon fast das ganze Gebäude in Begleitung mehrerer Schließer und Bewacher durchquert, da bog um eine Ecke ein ähnlicher Trupp mit einem Gefangenen in Handschellen. Bis zu diesem Moment hatte ich Werner noch nie gesehen, der damals außer mir der einzige Gefangene aus der RAF im Hamburger Untersuchungsgefängnis war. Doch wir erkannten uns sofort, stürzten aufeinander zu und umarmten uns, bevor uns die verdutzten Wärter erreichen und auseinanderreißen konnten.

In seinem Versuch, alle Abläufe perfekt zu planen und durchzuführen, hatte sich der aufgeblähte Sicherheitsapparat verheddert und das ermöglicht, was er verhindern wollte: die Begegnung zweier Staatsfeinde. Mir gab dieses Zusammentreffen viel Kraft, von der ich monatelang zehrte, und es reduzierte die Wirkung vieler Demütigungen.

Es war das Gefühl der Genugtuung über die Schlappe des Knast- und Sicherheitsapparates und das Gefühl, in der Wüste einen Menschen getroffen zu haben.

Ich organisierte mein Leben im Knast. Mein Tagesplan sah so aus: Mindestens eine Stunde Gymnastik. Morgens nach dem Frühstück studieren schwieriger Texte: Klassiker der Arbeiterbewegung wie Marx, Engels, Lenin, Lukácz, Rosa Luxemburg oder neue Theoretiker aus Frankreich, Italien, Deutschland, USA und Berichte aus der Dritten Welt. Mittags eine Stunde die Nachrichtensendungen und Berichte im Radio hören. Am frühen Nachmittag Briefe schreiben. Danach Zeitungen lesen. Zwischendurch Autobiographien und Romane. Um 19 Uhr noch mal eine Stunde Nachrichtensendungen im Radio hören und danach vielleicht ein Feature über Länder der Dritten Welt.

Alle vierzehn Tage bekam ich eine halbe Stunde Besuch.

Einige Schließerinnen zeigten, daß sie mich ablehnten. Andere waren einfach distanziert oder auch freundlich. Eine aber kam heimlich zu mir in die Zelle – es war den Schließerinnen verboten, allein mit mir zu sein – und löcherte mich mit Fragen. Sie wollte wissen, warum wir kämpften, was wir ändern wollten, wie meine Familie sei und warum ich es ablehnte, sie zu sehen. Sie brachte mir Obst und andere Leckereien. Da sie dann oft länger in meiner Zelle blieb, wurden ihre Besuche bei mir natürlich entdeckt, und schon nach kurzer Zeit versetzte man sie in einen anderen Knast. Zum Abschied schenkte sie mir ihre Uhr. Eine andere Schließerin schloß manchmal für eine Sekunde die Tür auf, um mir Süßigkeiten und einen kleinen Zettel mit der Frage zuzustecken, was sie mir mitbringen solle. Da sie nie mit mir sprach, wurde sie auch nie entdeckt.

Es begann für mich die Zeit eines ganz besonderen Austausches mit anderen Menschen. In der Art hatte ich dies nie zuvor erlebt: Ich schrieb mich nicht nur mit anderen Gefangenen, es kam auch Post aus vielen verschiedenen Städten der BRD, von Leuten aus politischen Gruppen, die ich bis dahin nicht gekannt hatte. Sie erzählten mir von ihrer Arbeit, sie schickten mir ihre Flugblätter und Zeitungen und wollten von mir hören, was ich darüber dachte. Ich nahm von der Zelle aus teil an ihren Diskussionen, meine Überlegungen wurden gehört, hatten Bedeutung. Es besuchten mich Menschen, die ich noch nie gesehen hatte, und wir verstanden uns auf Anhieb. Mit Stefan aus Hamburg schrieb ich fast jede Woche Briefe, und er besuchte mich regelmäßig. Er war bei der Proletarischen Front, machte eine Lehre und hatte sich gewerkschaftlich organisiert. Trotz allem fand er Zeit zum Lesen und Schreiben. Er war auf der Suche nach etwas anderem, und der bewaffnete Kampf schien ihm eine Option. Deshalb schrieb er mir. Christiane aus Frankfurt machte in der Frauengruppe beim Revolutionären Kampf mit. Sie studierte, um Lehrerin zu werden, nahm teil an Hausbesetzungen und einer Basisgruppe in ihrem Stadtteil. Da sie in Frankfurt wohnte, konnte sie mich nur selten besuchen, aber wir schrieben uns jeden Monat. Sie war empört über die Pressevorführung nach meiner Verhaftung und über die Haftbedingungen, deswegen hatte sie ihren ersten Brief geschrieben. Am Sinn des bewaffneten Kampfes hatte sie ihre Zweifel.

Zwischen Christiane, Stefan und mir gab es einen besonderen Draht, weil wir dachten, auf derselben Seite gegen denselben Feind zu kämpfen: gegen den Staatsapparat, gegen den Imperialismus. Und die Bedingungen, unter denen wir uns kennenlernten, schufen eine besondere Intensität in unserem Verhältnis: Jeder Brief wurde vom Richter kontrolliert und für den Staatsschutz kopiert, die Besuche fanden in einer leergeräumten Zelle mitten im Frauengefängnis statt, in der es nur einen Tisch und vier Stühle gab. Wir mußten uns jeweils an die einander gegenüberliegenden Seiten des Tisches setzen, ganz dicht hinter uns saßen eine Schließerin und einer vom Staatsschutz, die jedes Wort mithörten und aufschrieben. Diese Situation erforderte höchste Konzentration, um sich nicht alle Gedanken zerhacken zu lassen.

Am 2. März 1972 lag ich auf dem Bett und hörte wie jede Stunde die Nachrichten aus dem Radio: »Bei einer Polizeikontrolle wurde heute in Augsburg der 23jährige Thomas Weisbecker erschossen und seine Begleiterin, die 24jährige Carmen Roll, verhaftet.«

Die Nachricht schnürte mir die Luft ab. Tommy hatte ich gekannt. Ich hatte ihn einmal in der Hamburger Wohnung mit der Paßfälscherwerkstatt gesehen, kurz vor meiner Verhaftung. Ich ballte die Fäuste und heulte. Der dritte Tote auf unserer Seite innerhalb so kurzer Zeit: Petra Schelm, Georg von Rauch und jetzt Tommy. Und ich konnte einfach nichts tun. Ich war eingesperrt in diesem Loch, wütend, aber auch voll Angst. Das hätte auch mir passieren können. Als Georg erschossen wurde, fror ich gerade in Aichach, die Nachricht von seinem Tod hatte mich durch die Nachrichten aus dem Knastlautsprecher erreicht, aber zu der Zeit hatte ich nicht wirklich begriffen, was passiert war, weil ich gespannt wie ein Bogen auf irgendwelche Angriffe gegen mich selbst wartete. Jetzt mußte ich auch an ihn denken.

Carmen kannte ich aus dem SPK, sie war vor meiner Verhaftung auch in Hamburg gewesen. Sie hatte als einzige damals ein paarmal versucht, sich mir in meiner Einsamkeit und Ratlosigkeit zu nähern und mir zu zeigen, daß sie mich verstand. Jetzt war sie in Aichach. Ich konnte mir gut vorstellen, wie sie sich fühlte in dieser mittelalterlichen Klostergruft, und ich schrieb ihr sofort. Sie hatten ihr in einer Zelle eine Vollnarkose verpaßt, um ihr Fingerabdrücke abnehmen zu können, und sie damit fast umgebracht. Die Anwälte und Verwandten protestierten gegen diese Ungeheuerlichkeit, aus kriminaltechnischen Gründen einer sich wehrenden Gefangenen eine Vollnarkose zu geben – unter Bedingungen, die keinerlei Notversorgung garantierten. Aber niemand hatte dabei im Fernsehen zugucken müssen, und so waren die öffentlichen Reaktionen gering.

Zwei- oder dreimal besuchte mich mein Bruder Dieter. Er wußte in seinem Leben nicht weiter. Er studierte Betriebswirtschaft, aber das war ziemlich trocken und stellte ihn nicht zufrieden. Er suchte Orientierung bei mir, der großen Schwester, die für ihn auch oft die Mutter ersetzt hatte. Er wollte wissen, wie die Haftbedingungen waren und wie es mir ging. Er wollte wissen, was ich dachte und warum ich die Schritte gemacht hatte, die mich in den Knast gebracht hatten.

Wir versuchten, uns zu erinnern, wie wir als Kinder zuerst in einer Barackensiedlung außerhalb von Oberursel bei Frankfurt gelebt hatten. Meine Eltern waren vom Krieg entwurzelt. Die Familie meiner Mutter war aus Pommern geflüchtet, mein Vater wollte und konnte nach der Rückkehr aus dem Krieg nicht mehr bei seiner Familie in Frankfurt leben. Er fühlte sich nach seinen Kriegserfahrungen unfähig dazu, Lehrer zu werden, und nahm eine Arbeit als Gärtner bei einer alten verschrobenen Verwandten meiner Mutter am Rande von Oberursel an, wo auch das Barackenlager stand. An diesem bedrückenden Ort von Armut, Gewalt und Hoffnungslosigkeit trichterten unsere Eltern uns ein, wir seien anders als die anderen Kinder in der Siedlung, besser. Wir sollten deshalb Abstand zu ihnen halten. Unser Vater war jähzornig, gewalttätig, unzufrieden, schweigsam und wußte ebensowenig wie die anderen Väter in dieser

Siedlung, warum gerade er nichts besseres als dieses Leben verdiente. Unsere Mutter machte nachts Heimarbeit, nähte Glitzersteine auf Stoffe, weil Vaters Lohn zum Essen nicht reichte. Sie haßte Hausarbeit, verkroch sich oft mit Büchern und Gedichten ins Bett und überließ, als ich noch klein war, meine Geschwister und andere Pflichten im Haus mir.

Als ich Jahre später in die Oberschule kam, drehte sich der Spieß um: Da war ich die andere, die aus der Obdachlosensiedlung, die keine guten Kleider hatte und auch für sonst nichts Geld. Die Schule wurde für mich zum Alptraum.

Wir erinnerten uns, wie wir 1958 nach Bonn zogen und dort in einer Neubausiedlung wohnten. Ein Wohnblock neben und hinter dem anderen. Die Nachbarn kannten sich untereinander kaum, es gab selten freundschaftliche Verhältnisse zwischen den Familien. Aber man hörte jedes Radio, jedes laute Wort. Man wußte, wann wer wen schlug. Im Wohnblock hinter uns wohnte eine Familie mit zehn Kindern in einer Wohnung mit drei winzigen Zimmern. Der Mann war katholisch, und seine Frau wurde jedes Jahr schwanger und bei jedem Mal verzweifelter. Als sie mit dem elften Kind schwanger ging, warf sie sich eines Tages vor einen Zug. Schon nach kurzer Zeit heiratete der Mann ein junges Mädchen als neue Mutter für die zehn Kinder.

Ich erzählte Dieter, worauf ich beim Lesen von Autobiographien und Romanen über die Nazizeit gestoßen war. Während unserer Kindheit und Jugend hatten wir zu Hause immer viel Musik gemacht. Wir drei Geschwister lernten Klavier und Blockflöte und sangen zusammen dreistimmig. Ich entdeckte jetzt, daß viele dieser Lieder direkt zum NS-Liedgut gehört hatten oder von den Nazis benutzt worden waren. Diese Erkenntnis erschreckte mich so, daß ich nie mehr ein deutsches Lied singen wollte. Mit einem Schlag begriff ich, wie die Nazis einen wichtigen Teil der deutschen Kultur besetzt hatten. Zur Beschwörung der Blut- und Bodenideologie hatten sie Schiller und Goethe genauso eingesetzt wie die traditionellen Volkslieder.

Wir sprachen über die Gewalt, die wir erfahren hatten. Darin verstanden wir uns. Aber ich konnte ihm nicht raten, was er jetzt machen sollte. Die Kluft zwischen seiner Welt in Bonn und meiner war zu groß. Einige Zeit hörte ich nichts mehr von ihm. Bis meine Mutter mir schrieb, daß mein Bruder völlig verstummt sei und sie ihn in eine psychiatrische Anstalt habe einweisen müssen. Sie selbst denke an Selbstmord. Das sei alles meine Schuld. Ich mußte alle Kraft aufwenden, mir aufgrund dieser Vorwürfe und Appelle kein schlechtes Gewissen einreden zu lassen, mich von den alten Strukturen von Schuld und Buße nicht einfangen zu lassen.

Ich stürzte mich auf das Studieren und Lesen. Ich wollte wissen, in welchen Zusammenhang ich mich begeben hatte und wo es für mich weitergehen würde. Ich begann, die neue Dimension des Kampfes besser zu verstehen, die meine Freunde aus der RAF in ihrer Entscheidung für den bewaffneten Kampf wesentlich bestimmt hatte: den Internationalismus. Ich las zum ersten Mal Bücher über den Krieg in Vietnam, über die Kämpfe gegen den Schah im Iran, die Befreiungskämpfe in Afrika und die Guerillas in Lateinamerika. Ich entdeckte die Tupamaros in Uruguay, die FRELIMO und Amilcar Cabral in Afrika. Ich begann zu sehen, woher die vielen Reichtümer in der BRD, in Europa und den USA kamen und welche Verbrechen der Imperialismus auf der Welt beging.

Wenn ich über die Verbrechen der nordamerikanischen Militärs in Vietnam las, stieg in mir tiefer Haß hoch, der nach einem Ventil und praktischer Umsetzung suchte. Wenn ich las, wie von deutschem Boden US-Flugzeuge und aus deutschen Häfen US-Schiffe zum Krieg gegen das vietnamesische Volk starteten; wenn ich in Büchern entdeckte, wie deutsches Geld, deutsche Firmen zusammen mit nordamerikanischen, französischen oder britischen die Länder der Dritten Welt zerstörten und die Bevölkerung immer mehr ausplünderten; daß unendlich viele Menschen nichtweißer Hautfarbe sterben mußten, damit die herrschende Klasse in Europa und den USA immer reicher wurde – dann kam ich immer wieder zu der Überzeugung, daß bewaffneter Kampf auch in der BRD richtig und berechtigt war.

Ich fühlte starke Sympathie und Verbundenheit mit den nationalen Befreiungsbewegungen auf allen Kontinenten. Wenn ich Texte von iranischen, afrikanischen oder lateinamerikanischen Guerillakämpfern las, schien mir, daß wir dieselbe Sprache sprechen. Wir hatten weltweit denselben Feind: die Akteure und Aktionäre von Kolonialismus und Imperialismus. »Ihr kämpft im Herzen der Bestie«, hatte Che Guevara zu den in Europa und den USA Kämpfenden gesagt.

Das Buch von Frantz Fanon *Die Verdammten dieser Erde* über die Erfahrungen des Befreiungskriegs in Algerien gegen die französische Kolonialmacht und das Vorwort von Jean-Paul Sartre dazu stärkten meine Überzeugung, auf der richtigen Seite für die richtige Sache zu kämpfen – mit den dafür notwendigen Mitteln. Ich wollte nicht objektive, distanzierte Theorie. Ich ergriff leidenschaftlich Partei für die Armen und Geschlagenen, die für ihre Rechte kämpften.

Und da wir in Deutschland, in Europa so wenige waren und die Verbrechen so groß, war das einzige und legitime Mittel die Gegengewalt. Gegen die Gewalt von Regierungen, Armeen und Konzernen friedlich angehen zu wollen, schien mir naiv, blind und sinnlos. Die Gewalt in der Dritten Welt wurde in der Metropole technologisiert und in institutionelle Verhältnisse transformiert. Der Hunger dort war die andere Seite des unverschämten Reichtums hier. Die Überheblichkeit und Arroganz war grenzenlos gewalttätig. Die Waffen, die Befehle und oft auch die Soldaten für die Kriege in den Kontinenten des Elends kamen aus den Metropolen.

In den 50er Jahren hatte eine Bewegung begonnen, die die Geschichte des Kolonialismus beenden wollte: Befreiungs- und nationale Bewegungen in der Dritten Welt organisierten sich und kämpften für ihre Unabhängigkeit von den alten europäischen Kolonialmächten oder den USA.

Das führte in den 70er Jahren zu einer Veränderung des internationalen Kräfteverhältnisses. Der europäische und nordamerikanische Imperialismus konnte in der Dritten Welt – dem allergrößten Teil der Erde – nicht mehr einfach machen, was er wollte; es gab befreite Gebiete, Befreiungsbewegungen. Wie schnell und absolut die nationale Unabhängigkeit an Grenzen stoßen würde, konnten wir uns damals nicht vorstellen, aber uns war bewußt, daß kein Gebiet in der Dritten Welt seine Freiheit erreichen und halten konnte, wenn die wirtschaftliche und militärische Macht der Metropolen Europa und USA unerschüttert blieben. Und wir waren davon überzeugt, und nicht nur wir, daß es möglich sei, diese Metropolen zu erschüttern und ihre Funktionsfähigkeit zu blockieren. Gab es nicht eine historische Chance für eine weltweite Revolution?

Wann und wo war es notwendig und legitim, Gewalt einzusetzen? Viele Linke sagten, in der Dritten Welt sei es gerechtfertigt, daß die Befreiungsbewegungen bewaffnet kämpfen, aber in Europa nicht, da herrsche Demokratie. Aber was war das für eine Demokratie, die nur nach innen funktionierte und nach außen nicht galt? Waren die Menschen in der Dritten Welt eine Klasse Mensch, die weniger wert war? Ist Gewalt immer dann und nur dann legitim, wenn sie vom Staat ausgeht?

Diese Fragen beschäftigten mich, und ich suchte nach einer Moral darin. Und nach einem Weg für mich. Mir war klar: Wer sich einmischt, macht sich die Hände schmutzig oder wird schuldig. Bei der Wahl zwischen Zugucken und Sich-Einmischen bestand für mich kein Zweifel, daß ich mich gegen das Zugucken und für das Einmischen entscheiden würde. Trotz aller möglichen Fehler.

Ich wollte meinen Teil dazu beitragen, daß die für so viel Elend in der Welt Verantwortlichen nicht in Ruhe schlafen konnten, während sie mit ihren Waffen woanders Menschen töten ließen.

Und dann begann die Mai-Offensive der RAF: Am 11. Mai 1972 explodierten im Hauptquartier des 5. US-Corps in

Frankfurt drei Bomben, ein Offizier wurde getötet. Am 12. Mai 1972 explodierten Bomben in den Polizeipräsidien von Augsburg und München. Am 15. Mai 1972 explodierte eine Bombe unter dem Auto des Bundesrichters Wolfgang Buddenberg, der für die Isolationshaft der politischen Gefangenen verantwortlich war. Verletzt wurde seine Frau, die statt dem Richter mit dem Auto fuhr. Am 19. Mai detonierten Sprengsätze im Hamburger Springer-Hochhaus. Eine vorher verbreitete Warnung wurde ignoriert, zahlreiche Mitarbeiter wurden verletzt. Am 24. Mai explodierten in Heidelberg Bomben im Hauptquartier der US-Army in Europa. Drei Soldaten starben.

Es hörte gar nicht auf. Ich hatte Mühe zu folgen, jede Aktion zu durchdenken. Hatte ich mir solche Aktionen vorgestellt, wenn ich beim Lesen in meiner Zelle zum Ergebnis kam, daß bewaffneter Kampf richtig sei? Hätte ich selber daran teilgenommen? Bei den Aktionen gegen die US-Militärbasen in Frankfurt und Heidelberg waren vier US-Soldaten getötet worden. Von diesen US-Basen aus wurde der Krieg gegen Vietnam geführt, von hier starteten Kriegsflugzeuge und Soldaten, von hier steuerten sie Einsätze für Bombenangriffe, Verhaftungen, Folterungen, Morde unterschiedslos an Alten, Frauen, Kindern, Vietcongs. Um das zu stoppen, fand ich jedes Mittel gerechtfertigt. Aber ich konnte darüber nicht jubeln, dazu bestimmte mich zu sehr mein Gefühl der Unfähigkeit, selbst Gewalt anwenden zu können.

Die Bundesregierung reagierte mit der größten Fahndungsaktion in der Geschichte der Bundesrepublik, die einen Tag lang den gesamten Verkehr im Land lahmlegte. Und die US-Regierung schickte »Spezialisten« der Aufstandsbekämpfung. Ende Mai gab es eine Bombendrohung, angeblich von der RAF: Am 2. Juni würden mehrere Autobomben mitten im belebten Stadtzentrum hochgehen, damit die Stuttgarter Bevölkerung am eigenen Leib erfahren könne, wie es den Menschen in Hanoi bei den Bombardierungen durch die USA gehe. Ich dachte: So etwas würde die RAF nie machen. In meiner Heidelberger Wohnung hatten die Freunde darüber diskutiert, daß Aktionen gegen Verantwortliche gerichtet sein müßten und daß es dabei auch ihre Bewacher treffen könne, aber nie die Bevölkerung. Warum sollte jetzt so etwas kommen? Alles in mir stellte sich auf Alarm. Die RAF verbreitete sofort eine Erklärung, daß sie mit der Drohung nichts zu tun habe: »Die falschen Erklärungen stammen ihrem Inhalt, ihrer Absicht, ihrem Geist, ihrer Machart nach eher von den Bullen selbst«. Aber diese Erklärung wurde nicht veröffentlicht.

Mitten in meine Gedanken platzten am 1. Juni die Verhaftungen von Andreas Baader, Holger Meins, Jan-Carl Raspe, am 7. Juni von Gudrun Ensslin, am 15. von Ulrike Meinhof und Gerhard Müller, am 20. von Brigitte Mohnhaupt und Bernhard Braun und am 8. Juli von Irmgard Möller und Klaus Jünschke.

Damit waren alle Gründungsmitglieder der RAF verhaftet worden. War jetzt alles zu Ende? Gab es noch andere Genossen in der RAF, die ich nicht kannte und die weitermachen würden?

Ulrike kam sofort nach ihrer Verhaftung in den Toten Trakt in Köln-Ossendorf, in dem bis dahin Astrid Proll gewesen war: ein leergeräumter, weißgetünchter Lazaretttrakt, abgetrennt von den übrigen Gefängnisgebäuden. Dort sah Ulrike keine anderen Gefangenen, hörte niemanden außer den Schließern. Akustische Isolation. Sensorische Deprivation. Weiße Folter. Sie beschrieb das später in einem Brief: »Das Gefühl, es explodiert einem der Kopf … das Gefühl, die Zelle fährt … Man kann nicht klären, ob man vor Fieber oder vor Kälte zittert – man friert. Um in normaler Lautstärke zu sprechen, Anstrengungen, wie für lautes Sprechen, fast Brüllen – Das Gefühl, man verstummt – man kann die Bedeutung von Worten nicht mehr identifizieren, nur noch raten … Kopfschmerzen … Beim Schreiben: zwei Zeilen – man kann am Ende der zweiten Zeile den Anfang der ersten nicht behalten – das Gefühl innerlich auszubrennen.« Und in einem anderen Brief: »… die ganze Widerstandsenergie (hat) in der absoluten, absolut nicht wahrnehmbaren Stille schließlich kein anderes Objekt als einen selbst. Da man die Stille nicht bekämpfen kann, kann man nur das bekämpfen, was mit einem, an einem selbst passiert, schließlich bekämpft man nur noch sich. Darauf zielt der Trakt: auf die Selbstvernichtung des Gefangenen.«

Mit den knappen Informationen, die die Anwälte in den ersten Wochen über den Toten Trakt veröffentlichten, versuchte ich, mir Ulrikes Situation vorzustellen, aber es gelang mir nicht. Meine Isolation in Hamburg war anders: Ich durfte nicht mit den anderen Gefangenen zusammensein, aber ich hörte sie, ich sah sie, ich nahm indirekt an ihrem Leben teil. Ich führte abends lange Gespräche von Fenster zu Fenster mit ihnen, manchmal gelang es sogar einer, mir etwas zuzupendeln: eine Zeitungsseite, eine Zigarette, 'was Süßes. So erfuhr ich, warum eine Frau stundenlang in ihrer Zelle schrie, weinte und tobte. Das Gericht hatte sie nach dreistündiger Beweisaufnahme zu zehn Jahren verurteilt. Nach Jahren der Verzweiflung und Demütigung hatte sie den Mann erstochen, der sie und ihre Kinder jedesmal zusammengeschlagen hatte, wenn er betrunken war. Die Kinder kamen ins Heim. Der vom Gericht bestellte Pflichtverteidiger, den sie bei der Verhandlung zum ersten Mal sah, stellte keinen einzigen Antrag.

Dies war kein Einzelfall. Im kleinen Hamburger Frauengefängnis gab es drei Frauen, die mit einer ähnlichen Lebensgeschichte von demselben Richter ebenfalls zu zehn Jahren verurteilt wurden. Einer der Frauen schob ich über eine Schließerin, mit der man so etwas machen konnte, die Adresse meines Anwalts rüber, damit er ihr wenigstens bei der Revision helfen und so vielleicht ein neues Verfahren erreichen konnte. Denn Kurt Groenewold war ein engagierter Anwalt, der mich während dieser Gefängniszeit oft besuchte und mir in schwierigen Momenten weiterhalf.

Am 5. September 1972 überfiel ein palästinensisches Kommando »Schwarzer September« während der Olympischen Spiele in München das Quartier der israelischen Mannschaft, tötete zwei Spieler und nahm neun Israelis als Geiseln. Das Kommando forderte die Freilassung von 200 in Israel einsitzenden arabischen Häftlingen.

Bei dem Befreiungsversuch durch die Polizei auf dem Flughafen Fürstenfeldbruck kam es zu einem Blutbad. Neun Israelis, fünf Mitglieder des Kommandos und ein Polizist wurden dabei getötet. Die Weltöffentlichkeit konnte im Fernsehen alles live miterleben. Ich hatte keinen Fernseher, aber ich hatte alles am Radio mitverfolgt. Die Härte der Konfrontation erschreckte mich, und ich verstand ihre Ursache nicht. Diese Aktion war der Anlaß, mich mit der Entstehung Israels und der Vertreibung der Palästinenser aus ihrem Land zu beschäftigen. Die Brutalität, die der israelische Staat dabei anwendete, empörte mich, und meine Sympathie galt dem palästinensischen Befreiungskampf.

Am 29. Oktober entführte ein anderes palästinensisches Kommando eine Lufthansa-Maschine und forderte die Freilassung der drei überlebenden Kommandomitglieder der Münchener Geiselnahme. Die Aktion endete ohne Blutvergießen mit dem Ausfliegen der drei Palästinenser.

Der erste Prozeß

Der Beginn des Prozesses gegen mich rückte näher.

Der Haftrichter wurde gegen den Strafrichter ausgetauscht, und es änderte sich einiges an den Haftbedingungen. Personen, die vorher zurückgewiesen worden waren, erhielten jetzt Besuchserlaubnisse. Auch Freunde vom früheren SPK durften mich besuchen. Wir freuten uns über das Wiedersehen und mußten während des Besuchs immer wieder lachen, obwohl die Situation gar nicht danach war: die kleine Zelle mitten im Knast und Staatsschutzbeamte, die jede Geste und jedes kleine Wort belauschten. Ich erinnere mich, daß einmal sogar zwei Freunde gleichzeitig zu Besuch kommen konnten. Es war ein Fest, wir fühlten uns fast wie draußen.

Meine Isolation wurde auch innerhalb des Gefängnisses ein wenig aufgehoben: Zuerst durfte ich einmal in der Woche mit den anderen Gefangenen zwei Stunden gemeinsam fernsehen. Dabei mußte ich abseits sitzen, mit einer Schließerin neben mir. Später konnte ich auch täglich die halbe Stunde zum Hofgang, »Freistunde« genannt, mit den anderen gehen. Ich hatte schon vorher vom Fenster aus eine junge Türkin gesehen, die immer allein ging, und durch die Abendgespräche von Gitter zu Gitter erfahren, daß sie wegen Mordes angeklagt war. Sie hatte ihren Mann erstochen. Da sie erst vor kurzem nach Deutschland gekommen war, sprach sie kein Wort Deutsch. Sie weinte viel, das sah man ihrem Gesicht an, aber sie strahlte einen Stolz aus, der mir sofort auffiel. Beim Hofgang näherte ich mich ihr, wir fanden uns sympathisch und versuchten, mit Fingern, Händen und Augen miteinander zu sprechen. Und ich begann, ihr ein bißchen Deutsch beizubringen. Uns wurde erlaubt, täglich eine Stunde in einer leeren Zelle mit dem Unterricht weiterzumachen. Die Sache war kompliziert, denn Fatima konnte nicht schreiben. Mit der Zeit lernte sie jedoch

Deutsch sprechen und schreiben, ich lernte Türkisch und bestellte ein türkisch-deutsches Wörterbuch.

Und ich begann mit der Prozeßvorbereitung. Mein zweiter Verteidiger war Armin Golzem, den ich 1970 in Frankfurt mit meinem damaligen Freund kennengelernt hatte. Er hatte einen guten Ruf als spitzzüngiger Strafverteidiger in politischen Verfahren, immer bereit, Widersprüche aufzuspüren und anzugreifen.

Ich erhielt Akteneinsicht, insgesamt waren es fünf oder sechs dicke Aktenbände, die ich Seite für Seite zu studieren begann. Ich wollte wissen, was die Bundesanwaltschaft wußte. Und ich suchte nach Widersprüchen und Fehlern, um die Anwälte darauf aufmerksam zu machen. Wir besprachen gemeinsam, welche Anträge gestellt werden sollten und welche Prozeßstrategie wir einschlagen wollten.

Anfang 1972 hatte die Staatsanwaltschaft schon den Haftbefehl wegen Mordes und Mordversuchs aufgehoben. Es war mir aber unwichtig erschienen, weil ich dachte, daß sie trotzdem einen Dreh finden würden, mich zu mindestens zehn Jahren zu verurteilen.

Die Anklage lautete: Unterstützung einer kriminellen Vereinigung nach Paragraph 129, unerlaubter Waffenbesitz, Urkundenfälschung, Beihilfe zum Mordversuch wegen der Schießerei auf dem Autobahnparkplatz Bremgarten.

Für mich war klar, daß ich keine Aussagen zu den Tatvorwürfen machen würde. Ich ging davon aus, daß auf Justizebene immer die Richter und Staatsanwälte die Entscheidungsgewalt besaßen und diese auf der Basis von ideologischen und politischen Kriterien durchgesetzt wurde. Justiz war Klassenjustiz. Mit meinem Verhalten beim Prozeß wollte ich demonstrieren, was ich von dieser Justiz hielt: daß sie mit ihrer Nazitradition und ihrer Praxis heute keine Legitimität habe, über mich zu urteilen. Kein Richter aus der Zeit des Nationalsozialismus wurde jemals verurteilt, viele blieben im Amt, und noch aus der Zeit vor Hitler stammte der Paragraph 129, nach dem ich angeklagt wurde.

Aber ich bereitete eine Prozeßerklärung vor. Als sie fertig war, wollte ich wissen, was andere Gefangene aus der RAF darüber dachten. Ich schickte sie ihnen über meine Anwälte. Die Reaktion von Andreas war: »Die Erklärung ist Scheiße, völlig unpolitisch.« Gudrun meinte: »Laß sie doch, so ist sie eben.« Horst Mahler schlug ein paar Veränderungen vor. Von den anderen hörte ich nichts.

Am 15. November 1972 begann der Prozeß. Nicht in dem Gericht direkt neben dem Untersuchungsgefängnis, sondern in Hamburg-Wandsbek. Der Staatsschutz hatte das für sicherer gehalten und das Gerichtsgebäude speziell dafür ausgebaut. Mit großem Polizeiaufgebot fuhren sie mich am Morgen dorthin. Nervös und angespannt betrat ich den Gerichtssaal, der voller Presseleute und Menschen war, unter denen ich kaum jemanden erkannte. Viele begrüßten mich mit erhobener Faust und Sympathiekundgebungen. Der Saal voller Menschen war wie ein Kälteschock nach so langem Alleinsein, aber es gab mir auch Stärke. Während die Anwälte und das Gericht, ein Schwurgericht mit drei Berufs- und zwei Laienrichtern, sich wegen der Prozeßverlegung nach Wandsbek und der Zulassungsbeschränkungen für Prozeßbesucher ein erstes Antragsscharmützel lieferten, betrachtete ich die Zuschauer. Einige machten mir verstohlene Zeichen der Solidarität, manche hatten Blumen mitgebracht. Dann las ich meine erste Prozeßerklärung vor: »Vor vier Monaten ist mein Bruder Werner Hoppe zu zehn Jahren Isolierung und Zwangsarbeit verurteilt worden. Nach 33 ›Verhandlungstagen‹ wurde Gewalt zu Recht erklärt. Dieses Bombenurteil, wie es die liberale Presse nannte, machte besonders deutlich, daß der abstrakte Rechtsstaat und das dem Staat untertane Gericht zweierlei Dinge sind. Richter Schmidts Alptraum wurde Beweismittel. Wichtig daran ist: Diese Bombe wird jeden Tag in jedem Gerichtssaal so lautlos gelegt, daß sie wie ein Betriebsunfall erscheint. Schuld hat immer derjenige, dem die Hand in die Maschine gerät. Schuld hat derjenige, der auf die Gewalt, die ihn täglich zerstört, nicht anders reagieren kann, als sie gegen sich selbst zu richten, sie bewußtlos und vereinzelt weiterzugeben oder zurückzuschlagen. Mindestens viermal in diesem Jahr hat allein jener Richter Schmidt in dem Gefängnis, in dem ich seit 13 Monaten eingesperrt bin, die Bombe geworfen, mit der zehn Jahre aus dem Leben eines Menschen ausradiert werden...

Meine Solidarität, die Solidarität der revolutionären Intellektuellen mit denen, die ausgebeutet, unterdrückt und lebensunfähig gemacht werden, entspringt dem Bewußtsein, daß Leben in dieser Gesellschaft nur möglich ist auf Kosten der Kranken, Unterdrückten und Ausgebeuteten; daß jeder von uns ein Teil der Gewalt und Unterdrückung ist und wir uns dem in keiner Weise entziehen können. Jeder in dieser Gesellschaft verkörpert den Widerspruch, daß er entweder ein Instrument von Herrschaft oder selbst Beherrschter und Unterdrückter ist. Das heißt, er muß sich entscheiden! ... Gegen die Gewalt der Herrschenden gibt es nur die Gewalt und die Solidarität der Unterdrückten!...

Wenn man Gewalt ablehnt, wirklich haßt – und ich hasse Gewalt! – dann kann das nichts anderes heißen, als alles dafür zu tun, diese verhaßte Gewalt abzuschaffen. Die herrschende Gewalt ist die der Unmenschlichkeit und Unterdrückung, Gewalt dagegen ist Gewalt gegen Unmenschlichkeit und Unterdrückung, d.h. menschliche und befreiende Gewalt. Unsere anerzogene, ohnmächtige Angst vor eigener Gewaltanwendung müssen wir bekämpfen und überwinden: denn sie lähmt nur uns, nicht aber das Kapital und seine Bewacher...«

Am nächsten Tag berichteten die überregionalen und regionalen Tageszeitungen über den ersten Prozeßtag. Viele Blätter brachten ein Foto von mir. Auch während der folgenden vierundzwanzig Verhandlungstage hatte der Prozeß eine große Presseöffentlichkeit.

Von da an ging es dreimal in der Woche hin und zurück, ich in einer »Grünen Minna«, davor und dahinter Streifenwagen und Zivilwagen, vorbei an Straßensperren und roten Ampeln.

Das Gerichtsgebäude war von einer behelmten Hundertschaft der Polizei abgeriegelt, jeder Prozeßbesucher mußte den Ausweis vorzeigen.

Nach dreizehn Monaten Isolationshaft war jeder Prozeßtag für mich eine riesige physische und psychische Anstrengung, obwohl ich stundenlang nur dasaß und nichts sagte. Die Anwesenheit so vieler Menschen, ihre Geräusche und Gerüche, die Konzentration auf die Worte von anderen – das war ich nicht mehr gewohnt. Es kostete mich meine ganze Kraft. Wurde ich nachmittags oder abends zurück in meine Zelle gebracht, fiel ich vor Erschöpfung zitternd auf mein Bett, unfähig zu irgendeiner Tätigkeit. Ich schaffte es nicht einmal mehr, eine Zeitung zu lesen.

Die Prozeßtage vergingen mit Zeugen- und Sachverständigenvernehmungen, Verlesen von Beweismitteln, Anträgen der Rechtsanwälte und Beschlüssen des Gerichts. Eine Frau tauchte als Zeugin auf, die ich noch nie gesehen hatte. Sie erzählte, wie sie zur RAF gestoßen sei, wie sie dort gelebt habe und warum sie schließlich zu ihrer Familie zurückgekehrt sei. Sie war ungefähr so alt wie ich, ihre Geschichte erinnerte mich an meine eigene, niemand hatte sie zu irgend etwas gezwungen, als sie sich den Berliner Genossen aus der RAF anschloß. Wie konnte sie noch Achtung vor sich selbst haben, seit sie in die Arme ihrer Familie zurückgekehrt und zur Staatszeugin geworden war? Daß jemand nicht mehr weiter wollte oder konnte, war möglich, aber Verrat? Gegen die eigenen Freunde aussagen, um sich selbst zu retten? Dafür konnte ich nur Verachtung empfinden.

Ich sagte nie etwas »zur Sache« aus, aber ich gab verschiedene Erklärungen ab, vor allem zu Ereignissen in Hamburger Gefängnissen, der Situation der politischen Gefangenen und den Eskalationen um das Verfahren. Oft kam es zu Tumulten im Zuschauerraum. Das Gericht ließ die Prozeßbesucher ausschließen.

Am 17. Januar 1973 begannen Gefangene aus der RAF mit dem ersten Hungerstreik gegen die Isolationshaft, der ausnahmslos alle der rund sechzig politischen Gefangenen unterworfen waren. Als ich vom Beginn des Hungerstreiks erfuhr, wurde ich unsicher. Niemand hatte mich davon vorher unterrichtet, und ich hatte auch noch nie darüber nachgedacht, selbst in Hungerstreik zu treten. Sollte ich trotz des laufenden Prozesses mitmachen oder nicht? War ein Hungerstreik gefährlich? Konnte man dadurch krank werden oder sterben? Durfte man Flüssigkeit zu sich nehmen? Ich hatte in meiner Zelle viele Lebensmittel vom wöchentlichen Einkauf. Was sollte ich damit machen? Unters Bett schieben? Aus der Zelle stellen?

Als ich der Schließerin mitteilte, daß ich mich am Hungerstreik beteiligen werde, erschien nach wenigen Minuten die Anstaltsärztin. Sie erklärte mir, daß ein Hungerstreik höchst gefährlich sei, daß ich bestimmt vom Prozeß ausgeschlossen würde, und daß ich, falls ich auf dem Hungerstreik bestehen würde, auf jeden Fall viel Tee mit Zucker trinken müßte. Nichts, was sie mir sagte, stimmte. Aber das entdeckte ich erst später. Und meine Gesundheit hätte ich eher ruiniert, wenn ich ihrem Rat gefolgt wäre und Zucker zu mir genommen hätte.

Die Gefängnisleitung weigerte sich, meine Kiste mit Lebensmitteln aus der Zelle zu nehmen, und so stellte ich sie unters Bett. Bereits nach einem Tag bekam ich Schwindelgefühle und noch stärkere Konzentrationsstörungen als vorher. Ich verspürte Hunger, und die Kiste stand unterm Bett. Ich aß ein wenig. Nach drei Tagen Geschiebe und Gezerre mit mir gab ich auf.

Im Prozeß verlas ich eine Solidaritätserklärung zum Hungerstreik mit den Forderungen »Beendigung der Isolation« und »Ulrike raus aus dem Toten Trakt«. Dann wollte ich mich ausschließen lassen und nicht mehr am Prozeß teilnehmen. Aber das Gericht schloß mich nicht aus. Da begann ich laut zu reden und zu stören, bis meine zwangsweise Entfernung aus dem Gerichtssaal angeordnet wurde. Dabei solidarisierten sich die Prozeßbesucher mit mir, und das Ganze endete in einer größeren Schlägerei.

Am 5. Februar 1973 wurde das Urteil verkündet: zwei Jahre und drei Monate, die Vollstreckung wurde bis zur Rechtskraft des Urteils ausgesetzt. Ich war ja nicht mehr zum Prozeß gegangen, und so saß ich gerade in der Badewanne, als die Schließerinnen an die Tür hämmerten: »Frau Schiller, Sie werden entlassen!« Das hatte ich nicht erwartet. Aber wie oft in entscheidenden Momenten blieb ich ruhig und konzentrierte mich ganz auf das, was jetzt geschehen würde. Ich trocknete mich schnell ab, man brachte mich in meine Zelle, wo ich alle meine Sachen in einen großen Plastiksack schmiß. Dann kamen meine Anwälte und begleiteten mich zu einem Nebenausgang.

Vor dem Gefängnistor warteten Journalisten mit laufenden Fernsehkameras und Fotoapparaten. Es erwartete mich auch eine kleine Gruppe von Freunden und Genossen, unter ihnen die Mutter des Sängers Wolf Biermann. Sie lebte in Hamburg und war mit meinem Anwalt befreundet. Wir zogen mit Fahnen in einer Demonstration zu einer griechischen Kneipe in der Nähe. Ein Schluck Rotwein, und schon hatte ich einen roten, heißen Kopf.

Was ich nun tun wollte, wußte ich noch nicht.

Neue Orientierung in Freiheit

Am Tag meiner Freilassung am 9. Februar 1973 begann in Karlsruhe ein dreitägiger Solidaritäts-Hungerstreik von Anwälten und Angehörigen der Gefangenen aus der RAF, die sich bereits im Hungerstreik befanden. Schauplatz dieses Protestes war die belebte Straße vor dem Gebäude des Bundesgerichtshofes, der in den meisten Fällen über die Haftbedingungen entschied. Der Streik war eine der ersten öffentlichen Aktionen von Angehörigen gegen die Isolationsfolter.

Ich beschloß, mich ihm anzuschließen. Mit meinem Anwalt Kurt Groenewold und einem Kollegen von ihm fuhr ich am nächsten Tag mit dem Zug nach Heidelberg. Dort holten uns zwei Anwälte am Bahnhof ab, und mit ihrem Auto ging es nach Karlsruhe. Es war bereits abends, wir unterhielten uns über die Situation der Gefangenen, meine Erfahrungen und die der Anwälte. Sie erzählten mir, wie es den Gefangenen ging, die ich persönlich kannte. Mitten im Gespräch wurde ich plötzlich todmüde. Warum fielen mir jetzt die Augen zu, wo es so viel Neues zu hören, zu riechen und zu sehen gab? Mit aller Kraft stemmte ich mich gegen diese unerklärliche Müdigkeit, bis ich sie überwunden hatte. Ich guckte auf die Uhr: Es war Punkt 22 Uhr. Anderthalb Jahre lang war jeden Abend um diese Zeit das Licht ausgegangen. Und diese Konditionierung verfolgte mich bis in die Freiheit. Der Knast war noch nicht vorbei.

In Karlsruhe lernte ich die ersten Familienangehörigen kennen, die ihre Geschwister und Kinder im Gefängnis unterstützten: Wienke, die Schwester von Ulrike Meinhof, Christiane, die Schwester von Gudrun Ensslin, Nina, die Mutter von Andreas Baader. Dort traf ich auch Gabi wieder und andere Freunde aus dem ehemaligen SPK, die mich im Gefängnis besucht hatten. Und wir diskutierten mit ganz jungen Leuten, die sich für die Situation der Gefangenen und den Kampf der Guerilla zu interessieren begonnen hatten und mit großen Augen zuhörten, wenn ich »Alte« erzählte. Sie wohnten in der Nähe des Bundesgerichtshofes und ließen uns Hungerstreikende bei sich schlafen.

Am Tag standen wir mit Transparenten vor dem Gerichtshof. Die Anwälte hatten ihre schwarzen Roben übergezogen. Passanten suchten das Gespräch mit uns. Auch wenn häufiger gestritten wurde, spürte ich doch nie aggressive Ablehnung. Die sollte erst später einsetzen.

Nach dem Ende dieser dreitägigen Hungerstreikaktion schenkte Gabi mir Geld zum Leben für die erste Zeit. Ich fuhr mit dem Zug nach Bonn zu meinem kranken Bruder, von dem ich lange nichts gehört hatte. Ich wollte erfahren, was im vergangenen Jahr mit ihm passiert war und ob ich ihm helfen könnte. Zuerst ging ich zu seiner Wohnung, aber dort sagten mir seine Mitbewohner, daß er tagsüber eine Gruppentherapie in einem Krankenhaus mache.

Auf dem weitläufigen Gelände der Universitätskliniken fand ich ihn in einer offenen psychiatrischen Abteilung. Er reagierte kaum, als er mich sah, seine Bewegungen waren langsam und sein Gesicht unbewegt. Er stand sichtbar unter starken Beruhigungsmitteln. Ich fragte ihn, ob er mich sehen wollte. Er bejahte, aber ich mußte zwei Stunden auf ihn warten. Er hatte seine Gruppentherapie noch nicht beendet. Am Spätnachmittag fuhren wir mit dem Bus zu seiner Wohnung, kauften ein und kochten gemeinsam. Ich fragte nach seiner Therapie und dem vergangenen Jahr. Er antwortete mir ausführlicher und lockerer, als ich erwartet hatte.

Am nächsten Tag kam es dann zu einem heftigen Zusammenstoß zwischen uns. Ich hatte nach seiner langjährigen Freundin und der Trennung von ihr gefragt. Er fing an zu schreien und zu toben, daß ich befürchtete, er würde völlig ausrasten. Ich hatte, ohne es zu ahnen, seinen wunden Punkt berührt. Von da an war es nicht mehr möglich, mit ihm zu reden. Ich hatte auch Angst, ungewollt noch weitere Reaktionen dieser

Art zu provozieren. Da ich in Bonn niemand anderen mehr sehen wollte, fuhr ich aufgewühlt und traurig zurück nach Hamburg. Dort wohnte ich in einer kleinen Souterrainwohnung im Haus meines Anwalts.

Einmal in der Woche mußte ich mich auf der Polizeiwache meines Stadtviertels in Hamburg melden, das war eine Bewährungsauflage. Wenn ich reisen wollte, mußte ich das vorher beim Bewährungshelfer beantragen. War er mit meiner Reise einverstanden, mußte ich mich auf dem Polizeirevier der Stadt melden, in die ich fuhr.

In den Wochen nach meiner Freilassung wurden die Folgen der Isolation erst so richtig deutlich. Nach den Monaten des ständigen Alleinseins versetzte mich das Leben draußen in ununterbrochene Hochspannung. Ich war innerlich sehr unruhig und konnte nur schlecht schlafen. Es fiel mir immer noch schwer, mich zu konzentrieren. Schreiben war ganz unmöglich. Die Magenschleimhautentzündung, die schon während der Haft begonnen hatte, wurde chronisch. Mit der Verhaftung hatte von einem Tag zum nächsten meine Menstruation ausgesetzt, und sie blieb die ganze Haftzeit über weg. In der Woche nach meiner Entlassung setzte sie schlagartig wieder ein. Aber es hatten offensichtlich hormonelle Veränderungen in mir stattgefunden. Ich vertrug die Antibabypille nicht mehr, die ich vor meiner Verhaftung ohne Probleme hatte nehmen können.

Ich fühlte, daß ich mich verändert hatte, ohne genau zu wissen wie. Und ich sah, daß sich die Welt außerhalb des Gefängnisses in meiner Abwesenheit auch verändert hatte. Ich mußte alle Kraft zusammennehmen, um zwischen mir und diesem veränderten Draußen wieder Beziehungen herzustellen.

Zu schaffen machte mir auch die Tatsache, daß ich plötzlich eine öffentliche Person war. Meine Bekanntheit war vor allem von der Presse »gemacht« worden, nicht Ergebnis dessen, was ich wirklich getan hatte. Ich konnte nicht mehr einfach irgendwohin gehen und mich dazu setzen, um zuzuhören. Ich wurde jetzt als jemand Besonderes angesehen und behandelt. Das verstärkte noch den durch das Gefängnis geschaffenen Abstand zu meiner neuen Umwelt. Überall, wo ich hinkam, kannte man mich. Die Hausfrauen mit ihren Einkaufstaschen in der U-Bahn lächelten mir zu, weil sie mein Foto aus der *BILD*-Zeitung kannten. Die Leute auf der Straße zeigten mit dem Finger auf mich oder grüßten mich. Alle waren dabei freundlich, nie reagierte jemand aggressiv.

Ich fuhr nach Augsburg zu Helma, die mir nach der zwangsweisen Pressevorführung in Hamburg das erste Mal geschrieben und mit der sich dann ein intensiver Briefwechsel entwikkelt hatte. Sie hatte mich auch besucht und mir Geburtstags- und Weihnachtspäckchen in den Knast geschickt – und sich zu meiner Adoptivmutter erklärt. In Augsburg lebte sie mit ihrem Mann und ihrem Sohn in einer kleinen, sehr bescheidenen Wohnung. Sie war lange Jahre krank gewesen, fast bewegungsunfähig, und fühlte sich in dieser konservativen Stadt sehr einsam. Durch unsere Freundschaft hatte sie neuen Lebensmut gefaßt. Wenn sie mich durch ihre dicken Brillengläser mit der sorgenvollen, aber nicht gestellten Frage betrachtete, was ich denn jetzt nach meiner Haftentlassung machen würde, konnte ich sie nur liebevoll in die Arme nehmen.

Ich fuhr auch zu meinem ehemaligen Freund, der jetzt mit seiner Frau in Münster lebte. Sie hatten mich beide während der Haft mehrmals besucht und wollten mir auch jetzt weiterhelfen. Sie gaben mir Geld, damit ich Zeit hatte, mich umzusehen.

Auf jedem Schritt, bei jeder Fahrt hatte ich »Begleitung«. Als ich noch einmal nach Heidelberg fuhr, war die Observation durch die baden-württembergische Sonderkommission massiv und bedrohlich. Sie fuhren mit dem Auto durch die Fußgängerzone hinter mir her, verfolgten mich demonstrativ überall hin. An einem Abend kam ich mit Gabi aus einer Wohnung, wo wir uns mit einigen Freunden, ehemaligen SPK-Mitgliedern, getroffen hatten. Wir suchten sofort den Observationswagen auf der Straße. Es war keiner zu sehen. »Komm, laß uns gucken, wo sie stehen«, sagte ich zu Gabi. An der nächsten Straßenecke sahen wir in einer Parklücke einen der Wagen stehen, die uns schon öfter gefolgt waren. Wir duckten uns, preßten uns gegen die Häuser und schlichen an das geparkte Auto heran. Direkt neben ihm richteten wir uns auf: Im Auto lagen zwei Kriminalbeamte auf den zurückgeklappten Vordersitzen. Erschrocken sprangen sie hoch, drückten die Sicherungsknöpfe nach unten, damit wir nicht von außen die Türen öffnen konnten, und starteten mit Vollgas. Gabi und ich standen da, völlig verblüfft über ihre Reaktion: Sie hatten Angst vor uns gehabt.

In Hamburg lief die Observation der Einsatztrupps der Sonderkommission sehr viel versteckter, und ich übte mich darin, in der Menge von Menschen und Fahrzeugen um mich herum die zu identifizieren, die mich beobachteten und verfolgten. Ich lernte schnell und merkte, daß ich einen sechsten Sinn dafür entwickelte: Autos oder Personen, die mehr als einmal meinen Weg kreuzten, Augen, die scheinbar nach nichts Bestimmtem suchten und doch genau beobachteten, Bewegungen, die um mich kreisten oder sich auf mich bezogen.

Die Haft, besonders die Isolationshaft, läßt ein starkes Bedürfnis nach menschlicher Wärme, nach Zärtlichkeit wachsen. In den letzten Haftwochen verliebte ich mich in Kay. Er besuchte mich drinnen und wurde nach meiner Entlassung zur Brücke zwischen drinnen und draußen. Kay war jünger als ich und hatte wenig politische Erfahrung. Ich lernte seine Freunde und Freundinnen kennen. Sie alle waren jung, politisch interessiert, hatten aber keine Lust auf die hierarchischen, fest strukturierten linken ML-Gruppen, die entstanden waren.

Meine Verhaftung und das Gefangensein hatten mir die Möglichkeit verschafft, die politischen Schritte, die mir fehlten oder die ich vor meiner Festnahme im Zeitraffertempo durchlaufen hatte, nachzuholen. Ich stellte mir vor, mich einer der politischen Gruppierungen anzuschließen, mit denen ich mich von der Zelle aus beschäftigt hatte.

Im April 1973 gab es in Frankfurt ein Treffen von Anwälten, linken Intellektuellen, Ex-Gefangenen, Verwandten und Besuchern der politischen Gefangenen. Es sollte ein Komitee zur Verteidigung der politischen Gefangenen gegründet werden. Die Idee dazu stammte von Andreas, Gudrun und Ulrike, die auch ein Papier dafür vorbereitet hatten. Auf dem Treffen wurden heiße Diskussionen um den Begriff »Politische Gefangene« geführt. War das ein Begriff, der die Gefangenen spaltete, oder traf er auf diejenigen zu, die aus politischer Überzeugung kriminell geworden waren? Ich war gegen den Begriff »Politische Gefangene«, er schien mir eine Trennung von den übrigen Gefangenen zu provozieren. Später verstand ich, daß Trennung nicht darüber entsteht, reale Unterschiede beim Namen zu nennen. In den Tagen nach dem Frankfurter Treffen erhielt ich eine scharfe Kritik von Andreas: »Was hast du eigentlich im Kopf, das ganze Treffen zu desorientieren und aufzuhalten, weil du nicht tickst, wo es langgeht. Halt die Fresse und lern erst mal!«

Neben zahlreichen losen Zusammenhängen gab es damals zwei größere politische Organisationen, die nicht zu den dogmatischen Parteigründungen zählten: in Hamburg die Proletarische Front (PF) mit Karl Heinz Roth und in Frankfurt die Gruppe Revolutionärer Kampf (RK) um Daniel Cohn-Bendit und Joschka Fischer. Ich hatte die Zeitungen dieser Gruppen gelesen und mit Stefan und Christiane korrespondiert, die zu diesen Gruppen gehörten.

Als ich zum ersten Mal in Hamburg zu einem Treffen der Proletarischen Front ging, gab es gerade eine Vollversammlung. Karl Heinz Roth eröffnete die Versammlung, indem er mich vorstellte und mich aufforderte, etwas zu sagen. Das hatte ich nicht erwartet. Ich fühlte mich überrumpelt und überfordert. Ich hatte keine Erfahrungen damit, öffentlich Reden zu halten, ich war gekommen, um zuzuhören. Also lehnte ich ab, etwas zu sagen.

Karl Heinz sah ich öfter wieder. Wir diskutierten über die Situation der Hafenarbeiter, unter denen die Proletarische Front besonders politisch arbeitete. Im Knast hatte ich auch mit einem Hafenarbeiter, der mir nach meiner Verhaftung geschrieben hatte, viele Briefe gewechselt. Mir war es wichtig, mit

Karl Heinz zu reden, weil er viel wußte und auch etwas von mir wissen wollte. Er arbeitete als praktischer Arzt und schrieb politische Bücher. Seine Arbeitsfähigkeit war enorm. Er war ein Intellektueller, der sein Denken in die Tat umsetzen wollte.

Wenige Wochen nach meiner Haftentlassung bekam ich auf Umwegen die Nachricht übermittelt, daß jemand von der RAF mich sehen wolle. Ich solle mir beim Absetzen, so nannten wir das Abschütteln der Observation, helfen lassen, um sicherzugehen, daß mich niemand verfolge. Die Nachricht verwirrte mich. Irgendwie hatte ich gedacht, daß es die RAF vielleicht nicht mehr gebe nach den Verhaftungen 1972. Wer waren die Übriggebliebenen? Was konnten sie jetzt von mir wollen? Mit der Aufforderung zu einem Treffen hatte ich nicht gerechnet. Aber ich zögerte nicht zuzustimmen. Egal, wer sie waren und was sie von mir wollten, es waren meine Genossen.

Ich setzte mich mit Kay zusammen, wir studierten den Stadtplan und machten einen Plan. Viele Stunden vor der angegebenen Zeit ging es los. Wir fuhren länger mit einem von Freunden geliehenen Auto spazieren, um Observationswagen feststellen zu können und sie auf Distanz zu bringen. Ich schminkte mich. An einer unübersichtlichen Stelle stieg ich plötzlich aus, lief, während ich gleichzeitig einen Mantel und ein Kopftuch überzog, durch einen Durchschlupf zur S-Bahn, deren Ankunft wir vorher auf dem Fahrplan nachgesehen hatten. Von der S-Bahn wechselte ich in U-Bahnen und Busse nach einem genau ausgeklügelten Zeitprogramm. Nirgendwo durfte ich länger warten. Das Umsteigen mußten immer ganz schnell gehen.

Am vereinbarten Treffpunkt, in einem kleineren Ort nahe bei Hamburg, setzte ich mich in eine bestimmte Pizzeria. Zehn Minuten später setzte sich ein langer, dünner, schwarzhaariger junger Mann mit Schnauzbärtchen und Sonnenbrille zu mir an den Tisch. Das Erkennungszeichen war eine *Le Monde*. Er lächelte dünn und legte die Brille ab. Ich kannte ihn nicht. Er wollte wissen, wie es für mich im Knast gewesen sei, was ich von den anderen Gefangenen wußte und über die politische Situation draußen dachte. Vielleicht würde ich auch mal auf Leute stoßen, die zur RAF wollten, ich sollte dann den Kontakt herstellen. Und ob ich mich ab und zu mit ihm treffen wolle. Er war offensichtlich müde und auch nervös. Er blickte oft zu den anderen Tischen und nach draußen, um zu kontrollieren, ob wir beobachtet wurden. Nach vielleicht einer Stunde trennten wir uns.

In Hamburg besetzte eine bunt zusammengewürfelte Gruppe von Jugendlichen, darunter auch die Freunde von Kay, ein leerstehendes Haus in der Eckhofstraße. Die Besetzer wollten daraus ein Jugendzentrum machen, aber die Polizei räumte es sehr schnell und brutal. Die heftige Reaktion von Polizei und Hamburger Senat löste bei vielen beteiligten Jugendlichen eine Radikalisierung aus – einige von ihnen gingen später zur RAF.

Nachdem ich in Hamburg die Proletarische Front kennengelernt hatte, wollte ich mir auch die Gruppe Revolutionärer Kampf in Frankfurt ansehen. Als ich dorthin kam, lud mich Daniel Cohn-Bendit ein, in seiner Wohnung zu wohnen. Ich nahm sein Angebot an und blieb ein paar Tage dort. Er wohnte mit Joschka Fischer und anderen in einer großen Altbauwohnung. Ich frühstückte mit ihnen, und spät abends zogen wir gemeinsam durch die Kneipen. Es war schwierig, mit Cohn-Bendit konzentriert über eine Frage zu diskutieren, weil er für alle, die vorbeikamen und ihn grüßten, eine kleine Show abzog. Er lehnte den bewaffneten Kampf in der Bundesrepublik nicht grundsätzlich ab, er wollte aber eher das Wann und Wie diskutieren. Joschka Fischer war absolut dagegen. Die Freundin von Cohn-Bendit interessierte es mehr, mit mir über sein Mackerverhalten und ihren täglichen Sisyphuskampf dagegen zu reden. Sie fühlte sich von ihm nicht ernst genommen, die großen Diskussionen führte er mit den Männern, und sie war gut fürs Bett und die kleinen Wehwehchen, obwohl sie auch in der Gruppe mitarbeitete.

Ich lernte verschiedene Menschen aus dem Revolutionären Kampf kennen: aus der Opel-Betriebsgruppe und der Frauengruppe – eine der Frauen hatte mir in den Knast geschrieben –, und ich nahm an den Diskussionen um die Hausbesetzungen teil. Es ging um die Frage, ob besetzte Häuser militant zu verteidigen seien und welche Konfrontation mit der Polizei gesucht werden sollte. Es hatte gerade Straßenschlachten um ein besetztes Haus gegeben. In den abendlichen Vollversammlungen prallten die unterschiedlichen Auffassungen aufeinander: sich zurückhalten, keine weiteren Häuser besetzen, sich passiv verteidigen; oder in die Offensive gehen, Häuser militant verteidigen, weitere Häuser besetzen. Wie würden jeweils Stadtregierung und Polizei reagieren?

Es war eine Zeit heftiger Auseinandersetzungen, voller Richtungs- und Profilierungskämpfe der linken Gruppen. Wo und mit wem sollte es weitergehen? Hatten die Häuserkämpfe eine Perspektive? Sollten Linke in die Fabriken gehen zum »wirklichen« Proletariat? Gab es mit den Hafenarbeitern in Hamburg eine Zukunft für eine revolutionäre Organisation? Welche Bedeutung hatte der Kampf der Frauen um eine eigene Organisierung?

Was ich oft erlebte, wenn ich mit Linken zusammenkam, spiegelt sich in einer kleinen, mir unvergeßlichen Begebenheit wider: In Frankfurt kam ich eines Tages in die Wohnung einer Frau vom Revolutionären Kampf, die ich bis dahin noch nicht kannte. An einer Wand hing ein Plakat mit einem Foto von mir. Als die Frau mich plötzlich leibhaftig in ihrer Wohnung vor sich sah, war sie bestürzt. So nah wollte sie die »Politik«, mit der sie ihr Zimmer schmückte, dann doch nicht haben. Das Gespräch mit ihr vergaß ich schnell wieder.

Oft machte ich die Erfahrung, daß ich in linken Gruppen wie ein exotisches Wesen betrachtet wurde. Ohne daß ich es merkte, hatte hier ein Teil der Mythologisierung der RAF bereits begonnen. Ich war die Vorzeige-»Revolutionärin«, eine, die »wirklich« Erfahrungen gemacht hatte, weil ich eine der ersten politischen Gefangenen war. Aber nur noch wenige wollten hören, was jemand wie ich dachte. Viele hatten Angst, waren auf dem Rückzug, gingen auf Abstand zur Guerilla.

Mir wurde jetzt auch bewußt, daß die Verhaftungen der Gründer der RAF, daß die Denunziationen der Personen und der Ideen der Guerilla und daß die Bedingungen der Isolationsfolter im Gefängnis Spuren hinterließen. Angst machte sich breit. Es wurde allen klar: Revolutionärer Kampf konnte persönliche Konsequenzen bis zum Tod bedeuten.

Für viele Linke war das Konzept der Guerilla ein abgeschlossenes, ein gescheitertes Unternehmen. Mit der Verhaftung ihrer Gründer gab es niemanden mehr, der den Kampf vorantrieb. Die Angst um die eigene Haut saß ihnen im Nacken. War das Konzept der Stadtguerilla ein Fehlschlag, der Staat zu stark, um besiegt werden zu können? Die RAF hatte eine Konfrontation gesucht, deren Konsequenzen sie nicht aushalten konnte. Waren deswegen die Ideen falsch? Oder stimmte die Umsetzung nicht?

Viele, und nicht nur Linke, hatten in den Anfangsjahren der Guerilla großen Respekt bis hin zu Bewunderung für diejenigen empfunden, die den Kampf gegen diesen Staatsapparat begonnen, den Schritt von Analyse und Reden zur Praxis unter Einsatz des eigenen Lebens gewagt hatten. Dieser Respekt und diese Bewunderung wurden auch mir entgegengebracht. Aber im Gegensatz zu den Jahren von 1970 bis 1972 sah fast niemand mehr eine Perspektive für sich selbst im Guerillakampf.

Mir selbst ging es anders. Trotz der Gefängniszeit fühlte ich keine Angst vor Konsequenzen. Für mich hieß es, daß der bewaffnete Kampf gerade erst begonnen hatte und die Zeit seit Beginn der RAF noch viel zu kurz war, um zu wissen, ob das Konzept Stadtguerilla in den Metropolen des Kapitalismus wirklich eine Chance hatte. Mir war klar, daß mir noch viele politische Erfahrungen fehlten und daß der bewaffnete Kampf ein Höchstmaß an speziellen Fähigkeiten, Kenntnissen und politischem Bewußtsein erforderte, um erfolgreich zu sein. Aber wer sonst würde in der BRD einen revolutionären Kampf führen? War der Großteil der Arbeiter nicht zu einer Arbeiteraristokratie verkommen, die auch von der Ausbeutung der Dritten Welt profitierte? Welches Interesse konnten sie an der

Vernichtung des Imperialismus haben, wenn der ihnen einen Lebensstandard garantierte, der auf der Kolonisierung riesiger Kontinente beruhte? Wen in Deutschland berührten die Kriege, Massaker, Folterungen und die Verelendung in Asien, Afrika, Lateinamerika? Wer war dafür verantwortlich?

Anfang April 1973 wurde Helmut Pohl aus dem Gefängnis entlassen. Ich hatte Lust, ihn zu treffen. Als ich mit seiner Mutter in Frankfurt telefonierte, sagte sie: »Wie gut, daß du anrufst, er will dich unbedingt sehen!« Ich nahm den nächsten Zug und fuhr nach Frankfurt. Helmut erwartete mich auf dem Bahnsteig. Es war eine sehr intensive Begegnung: Beide hatten wir Knast hinter uns, keiner der Freunde, mit denen wir zwei Jahre vorher zusammen gewesen waren, war mehr in Freiheit. Ich blieb die nächsten Tage in Frankfurt. Er entdeckte die Freiheit wieder und wir sprachen über uns, unsere Gefühle, unsere Pläne. Für ihn war klar, daß er so schnell wie möglich zur Guerilla wollte. Und die Gefangenen müßten rausgeholt werden, die seien entscheidend, und mit denen wollte er weiterkämpfen.

Einige Zeit später traf ich den Genossen aus der RAF wieder. Wieder hatte ich die Fahrt zum Treffpunkt sorgfältig mit Stadtplan, Landkarte und Fahrplänen vorbereitet. Diesmal fuhr mich ein Freund von Kay mit dem Motorrad ein Stück des Weges, damit ich meine ständigen Bewacher abschütteln konnte.

Ich berichtete von meinen Reisen, von Helmut, von den Leuten, die ich kennengelernt hatte. Der Genosse war diesmal etwas offener und gelassener. Er erzählte mir, daß die RAF jetzt eine kleine Gruppe sei, für die es nach den Verhaftungen 1972 sehr schwierig gewesen sei. Sie hätten nicht die politischen und praktischen Erfahrungen der Gründungsmitglieder, und die Linke hätte seitdem auch Angst, etwas mit der RAF zu machen. Ob ich auch denke, daß die Gefangenen raus müßten? Für sie sei klar, daß sie ohne Andreas, Gudrun, Ulrike, Holger und Jan nie die notwendige Kraft entwickeln könnten, die sie für den Kampf in der BRD brauchten. Ich wisse ja vielleicht, daß Andreas meinte, sie sollten mit mir erst mal vorsichtig sein. Aber sie wollten wissen, ob ich ihnen helfen wollte. Es ginge nicht darum, daß ich RAF-Mitglied, Guerillakämpferin werde, sondern ob ich die Infrastruktur mit aufbauen wolle, damit die Gefangenen sich nach einer Befreiung auch bewegen könnten. Damit war ich einverstanden.

Helmut sah ich fast nicht mehr. Ich ging davon aus, daß er sich mit den Genossen aus der RAF traf und den Weg in die Illegalität vorbereitete. Das war auch so.

Als ich den Genossen aus der RAF das dritte- oder viertemal traf, sagte er: »Die Befreiungsaktion läuft bald. Wir rechnen damit, daß danach versucht wird, viele Leute präventiv oder aus Rache festzunehmen. Du wirst bestimmt auch dazu gehören. Auf jeden Fall kann sich dann erstmal niemand mehr frei bewegen, der den Bullen bekannt ist. Wir müssen vorher Wohnungen besorgen und alle, die das betrifft, müssen vorher abtauchen. Willst du?«

Ich hatte keine Ahnung, um was für eine Aktion es sich handelte, und ich fühlte auch nicht das Recht, danach zu fragen. Das war eine Sache der Illegalen, an der ich ja nicht teilnehmen sollte und auch nicht wollte. Aus Sicherheitsgründen und prinzipiellen Überlegungen (»Jeder soll nur das wissen, woran er selbst beteiligt ist«) sollte ich davon nichts erfahren. Aber ich wollte, daß die Gefangenen raus kommen.

Ich hatte nicht gedacht, daß für mich so schnell die Entscheidung kommen würde, wieder »abzutauchen«. Ich hatte mir mehr Zeit für mich, meine Erfahrungssuche, meine Schritte gewünscht. Jetzt sollte ich plötzlich wieder einen Sprung machen. Aber warum eigentlich nicht? In den dreieinhalb Monaten seit meiner Haftentlassung hatte ich keine Gruppe gefunden, der ich mich hätte anschließen wollen. Überall war es anders gewesen, als ich es mir im Knast vorgestellt hatte. Und ich sah mich vor der Entscheidung, entweder die Gefangenen nach ihrer Befreiung zu unterstützen oder vielleicht selbst wieder ins Gefängnis zu kommen.

Neuorganisierung der RAF

Vier Monate nach meiner Freilassung, Anfang Juni 1973, ging ich wieder in die Illegalität. Ich schüttelte die Observation ab, die mir oft auf den Fersen war. Dazu hatte ich einen Plan ausgetüftelt, welche Verkehrsmittel ich benutzen und wann und wo ich sie ohne Wartezeiten wechseln konnte. Damals war das Abschütteln der Verfolger noch relativ einfach. Trotzdem nahm ich mir mehrere Stunden, um sicher zu gehen, daß ich meinen »stillen Begleitern« entkommen war. Dann nahm ich einen Zug nach Berlin und gelangte in eine konspirative Wohnung. Eine Frau, die mir helfen sollte, wartete auf mich. Sie schnitt mir die Haare und bleichte sie. Sie machte ein Foto und fälschte damit einen Paß, der vorher für mich gesucht worden war. Bei meiner Größe gab es da immer Probleme. So ausgerüstet machte ich mich allein auf die Reise nach Holland. Dort sollte ich andere treffen.

In der Wohnung in Rotterdam traf ich Helmut Pohl und zwei andere. Sie warteten auf Nachricht von den Palästinensern. Ich erfuhr hier, daß mit Palästinensern aus der Al-Fatah-Zentrale im Libanon Pläne ausgearbeitet worden waren, die Befreiung der Gefangenen durch eine Flugzeugentführung zu erreichen. In Amsterdam sollte ein israelisches Flugzeug von einem Kommando entführt werden, an dem unter palästinensischer Führung auch RAF-Mitglieder teilnehmen würden.

Für die radikalen Teile innerhalb der palästinensischen Gruppen war zu dieser Zeit klar, daß sie die Unterstützung der radikalen Linken in Europa brauchten, weil aus Europa und den USA die entscheidende materielle Unterstützung für die Existenz Israels kam. Seit den 60er Jahren entwickelte sich der Nahe Osten durch seine Ölquellen zu einem wichtigen Faktor für den Westen. Israel war für uns vor allem die imperialistische Bastion der vom Öl abhängigen Industrienationen. Ulrike erzählte einmal, wie sie sich vor 1967 für Israel und speziell die Kibbuz-Bewegung engagiert hatte. Die Erinnerung an Auschwitz hatte für sie auch die Einforderung materieller Unterstützung Israels bedeutet, die die Bundesregierungen nach 1945 nur widerwillig und schleppend leisteten. Aber als sich während des Sechs-Tage-Kriegs 1967 vor allem die Springer-Presse mit hämischem Rassismus über die fliehenden Araber lustig machte und die Effizienz der israelischen Armee lobte, änderte sich das Verhältnis vieler Linker zu Israel. Wichtig wurde das Schicksal der palästinensischen Bevölkerung, die nach der Vertreibung durch Israel in riesigen Lagern hauste, ohne Zukunft, ohne Land, auch von arabischen Staaten nur als Spielball strategischer Interessen benutzt. 1970 entschlossen sich palästinensische Guerillagruppen zu Flugzeugentführungen, um auf ihre Lage aufmerksam zu machen und mit Hilfe einer weltweiten Öffentlichkeit Druck zu schaffen. Die Flugzeugentführungen erreichten ihr Ziel, und bis 1973 war dabei kein Mensch verletzt worden. Wir verstanden sie als legitime Angriffe gegen einen Staat, der das Lebensrecht eines anderen Volkes mit Füßen trat.

Erst im Laufe der Jahre wurde uns klar, daß dies keine Aktionsform von Revolutionären sein konnte, weil damit von vornherein viele Menschen in Lebensgefahr gebracht werden, die mit dem Kampf nichts zu tun haben. Aber ein Bewußtsein dafür entwickelte sich bei uns erst später.

Als ich nach Rotterdam kam, war die Aktion fertig geplant und vorbereitet. Es waren Palästinenser nach Amsterdam gekommen, um die Einzelheiten festzulegen, und sie hatten Waffen mitgebracht, vor allem Maschinenpistolen. Das israelische Flugzeug, das planmäßig in Amsterdam landete und startete, sollte von einem gemischten Kommando aus zwei Palästinensern und zwei Deutschen in seine Gewalt gebracht werden. Es fehlte nur noch das Startzeichen.

Wochenlang warteten wir auf Nachricht von den Palästinensern. Als nichts kam und wir auch nicht länger warten wollten, flog eine Vertrauensperson von uns in den Libanon zu dem verantwortlichen Palästinenser, Abu Hassan, der uns wissen ließ, daß sich die Lage im Nahen Osten auf allen Ebenen zuspitze und deshalb zur Zeit keine gemeinsamen Aktionen gemacht werden könnten. Abu Hassan war der Sicherheitschef von Yassir Arafat und vertrat die radikale Fraktion innerhalb der Al-Fatah, die für eine Zusammenarbeit mit der RAF eintrat. Arafat selbst war immer dagegen. 1973 verstärkten sich die Angriffe Israels auf den Libanon, die Hauptbasis der Flüchtlingslager und der Al-Fatah. Das provozierte auch intensive Auseinandersetzungen innerhalb der Palästinenser über ihr weiteres Handeln. Wir verstanden die Antwort Abu Hassans nicht. Es hatte schon mehrere Verzögerungen bei den Vorbereitungen der Aktion gegeben. Wir überlegten, ob die Palästinenser vielleicht gar keine Aktion mit uns machen wollten, ohne das direkt zu sagen. Erst als im Oktober der Yom-Kippur-Krieg, der vierte Nahostkrieg, ausbrach, wußten wir, was Abu Hassan gemeint hatte, als er von Zuspitzung auf allen Ebenen gesprochen hatte.

Als ich später wieder im Gefängnis saß, las ich in der Zeitung, daß dieser für uns entscheidende palästinensische Freund in Beirut von einem Kommando des israelischen Geheimdienstes Mossad getötet worden war.

Alle Planungen und Vorstellungen hatten sich auf diese Flugzeugentführung gerichtet. Als die Aktion in ungreifbare Ferne rückte, begannen wir, uns andere Gedanken zu machen. Was konnten wir jetzt tun? Immer wieder wurde uns klar, daß wir mehr Mitglieder brauchten. Wir sprachen über die Menschen, die wir kannten und von denen wir dachten, daß sie mit der RAF zusammenarbeiten wollten. Einer von uns fuhr nach Hamburg, nahm Kontakt zu Genossen auf und besorgte eine Wohnung. So brachen dann auch die anderen nach Hamburg auf. Ich war die bekannteste Person von allen, nach der in der BRD die Fahndung wieder lief, und deshalb am meisten gefährdet. Aus diesem Grund und weil die anderen sehr viel mehr miteinander geredet, sich gemeinsam auf die geplante Flugzeugentführung bezogen hatten und entschlossener waren, bewaffnete Politik als RAF zu machen, blieb ich allein in der Wohnung in Rotterdam zurück. Vielleicht kam ja doch noch das erwartete Signal aus dem Libanon.

Die Ungewißheit und das Warten fielen mir schwer. Ich hatte alle Brücken hinter mir abgebrochen, wie sollte es nun weitergehen? Ich war wieder in die Illegalität gegangen, um die Bedingungen für die Befreiung der gefangenen Genossen mit vorzubereiten, Kontakte zu knüpfen, Wohnungen zu finden, Papiere zu fälschen. Jetzt gab es diese Aktion nicht mehr, und wenn ich wirklich wollte, daß die Gefangenen freikamen, mußte ich selbst die Bedingungen dafür schaffen und selbst die Aktion planen und ausführen. Gut ging es mir nicht bei dieser Vorstellung, aber ich sah keinen anderen Weg.

Nach etwa zwei oder drei Wochen kam jemand und richtete mir aus, ich solle in die Bundesrepublik zurückkehren, es gebe eine neue Wohnung. Ich nahm die Waffe, die ich seit einiger Zeit hatte, mit der ich in Rotterdam aber nie herumgelaufen war, steckte sie unter ein Tuch in meine Handtasche und fuhr mit dem Zug nach Hamburg. Dort erfuhr ich, daß es inzwischen engere Kontakte mit Christa Eckes gab, die ich während meines Prozesses kennengelernt hatte. Sie hatte als Anwaltsgehilfin bei meinem Rechtsanwalt gearbeitet. Sie war lange bei den Trotzkisten gewesen und hatte sich nun von ihnen getrennt. Sie war auf der Suche nach einer politischen Praxis, hatte die Nase voll von theoretischen Streitereien. Über meinen Prozeß hatte sie begonnen, sich für die RAF und die Gefangenen zu interessieren.

Auch mit Kay hatte es weitere Gespräche gegeben, seit ich fort war. Beide, Christa und Kay, wollten sich der Gruppe anschließen. Und Christa hatte noch jemanden mitgebracht, Wolfgang Beer, den sie schon länger kannte. Er war auch bei den Trotzkisten aktiv gewesen und zur selben Zeit wie sie dort weggegangen. Die harte Konfrontation um das Haus in der

Eckhofstraße hatte ihnen den letzten Anstoß gegeben, zur RAF zu gehen.

Wir waren ein unorganisierter Haufen mit den schlechtesten Voraussetzungen. Uns allen fehlte es an politischer Erfahrung und an Wissen über die Organisierung illegaler Arbeit. Wir kannten uns gegenseitig kaum, hatten keine Erfahrung miteinander. Was uns einte und antrieb, war der gemeinsame Wille, die Gefangenen herauszuholen. Wir hatten keinen Zweifel, daß wir ohne sie, die Gründer der RAF, nicht viel zustande bringen würden, daß ihre Präsenz entscheidend war für die Fortsetzung des Konzeptes Stadtguerilla. Uns war klar, daß wir Jahre brauchen würden, um die politische Erfahrung und das Wissen zu gewinnen, das Andreas, Gudrun, Ulrike, Holger und Jan besaßen. Und ob wir jemals die Vorstellungskraft, Initiative und Dynamik wie sie entwickeln könnten, war sehr zweifelhaft.

Es fehlte uns an allem: Es gab kaum politische oder materielle Unterstützung. Es gab keine Infrastruktur, keine Logistik, keine Wohnungen, kaum Waffen, kein Geld, es gab Probleme mit Ausweisen und Pässen. Wir versuchten, alles gleichzeitig anzupacken. Zwei oder drei in Hamburg, zwei oder drei in Frankfurt, einer oder zwei auf Reisen, Autos klauen, Papiere fälschen, Banken auschecken, politische Kontakte suchen, Waffen organisieren, politische Erklärungen und Papiere lesen, Diskussionen über unsere Fehler und Perspektiven führen.

In all dem verhedderten wir uns völlig. Wir spannten all unsere Kräfte an in dem Versuch, uns ganz und gar für die Verwirklichung unserer Vorstellung einzusetzen, praktisch zu werden und nicht nur zu reden. Aber es war einfach zu viel: der Druck vom Staatsapparat, der mit aller Macht nach uns fahndete, der Druck von Linken, die wollten, daß wir aufhörten, und der Druck, den wir an uns nach innen weitergaben.

Wir nahmen uns keine Zeit, uns gegenseitig kennenzulernen und miteinander mehr praktische Erfahrungen zu sammeln. Wir teilten uns sofort: Da ich in Hamburg eine bekannte Person war, ging ich mit Kay nach Frankfurt, um zu versuchen, dort Wohnungen, Geld und Waffen zu beschaffen sowie Kontakte zu Unterstützern herzustellen. Helmut, der aus Frankfurt kam und sich deshalb dort nicht sicher vor Entdeckung fühlte, blieb mit Ilse Stachowiak, die nach den Verhaftungen 1972 von der damaligen RAF-Gruppe übriggeblieben war, in Hamburg. Christa, die noch nicht auf der Fahndungsliste stand und die meisten Kontakte in Hamburg hatte, blieb ebenfalls dort. Ein anderer war bereits, bevor wir überhaupt begonnen hatten, bei einer seiner häufigen Grenzüberfahrten verhaftet worden. Nachdem Wolfgang zur Gruppe gestoßen war, blieb auch er eine Zeitlang in Hamburg, wo er ja herkam und sich auskannte.

Kay und ich machten uns in Frankfurt auf die Suche. Helmut und Ilse kamen öfter zu uns, oder wir fuhren nach Hamburg.

Wir besuchten Menschen, die ich bei meinen Reisen nach der Haftentlassung kennengelernt hatte. Und wir gingen auch zu einigen, mit denen der Kontakt nach den Verhaftungen 1972 abgebrochen war und über die uns die Gefangenen in Kassibern informierten. So standen wir eines Tages vor der Werkstatt von »Pfirsich«, wie Dirk Hoff genannt wurde. Er freute sich, als wir ihm sagten, wer wir seien. »Mensch, was war das für eine Scheiße, als die verhaftet wurden! Ich dachte ja erst, daß ich da vielleicht auch hochgehen würde. Und nachdem ich so lange nichts mehr von euch hörte, dachte ich, daß es euch nicht mehr gibt. Was habt ihr denn jetzt vor? Was braucht ihr?« So begrüßte er uns und rief seine Freundin, eine Nordamerikanerin, klein, mit ganz kurzen blonden Haaren, sehr sympathisch, damit sie uns auch kennenlernen konnte. »Die ist total in Ordnung, mit der mache ich alles zusammen.« Für den Anfang schweißte er uns einige »Korkenzieher« zum Autoklauen. Dann half er uns bei der Reparatur und Veränderung unserer Waffen, darin war er ein Meister. Und immer wollte er auch mit uns über Fehler der Vergangenheit und unsere Perspektiven reden. Als ich später, nachdem er verhaftet worden war, seine

Aussagen in der Zeitung las, konnte ich es kaum fassen. Er sei von Holger Meins mit der Waffe in der Hand zur Zusammenarbeit gezwungen worden. Und er malte all die Bilder der psychologischen Kriegführung, um sich Ablaß zu erkaufen: Andreas Baader, der dumme, großkotzige Bandenboß, der all das macht, was man in seiner Situation gerade nicht machen sollte, Holger, der eiskalte Killer.

Niemand fragte, warum er mit uns weitergemacht hatte, nachdem die, die ihn angeblich zur Zusammenarbeit gezwungen hatten, seit über einem Jahr im Gefängnis waren.

Wir trafen Freunde, die mit Ulrike Meinhof und den anderen Verhafteten viel zusammengearbeitet hatten und die nach den Verhaftungen glaubten, alles sei vorbei. Als wir auftauchten, betrachteten sie uns mißtrauisch, weil sie dachten, daß die Polizei auf sie gestoßen sei und versuchte, ihnen eine Falle zu stellen. Im Gespräch entwickelten sie dann doch Vertrauen, und so halfen sie uns bei der Wohnungsbeschaffung oder der Kontaktaufnahme mit anderen Unterstützern. Wir diskutierten auch gemeinsam, und für Kay und mich waren die Berichte über die Gründerphase der RAF besonders interessant.

Eines Tages fuhr ich nach Karlsruhe. Ich wollte diejenigen suchen, die ich beim Hungerstreik der Anwälte vor dem Bundesgerichtshof im Februar kennengelernt hatte. An ihre vollständigen Namen erinnerte ich mich nicht mehr und an ihre Adressen auch nicht. Nur noch an die Gegend, in der sie gewohnt hatten. Stundenlang lief ich durch die Stadt und versuchte, ihre Wohnung zu finden oder vielleicht ihnen selbst zu begegnen. Irgendwo sagte man mir dann, daß sie verzogen seien. Lange nach meiner zweiten Verhaftung gingen sie zur RAF.

Wir gingen auch zu der Gruppe, die damals die Solidarität für die IRA organisierte. Der Kampf in Irland und im Baskenland hatte sich in den sechziger Jahren mit den Methoden des Guerillakampf neu entfacht. Wir diskutierten mit den Genossen über die politischen Widersprüche innerhalb der IRA und wollten wissen, ob sie mit uns zusammenarbeiten wollten. Sie waren nicht gegen den bewaffneten Kampf, aber auch nicht für uns.

Wir gingen zu Intellektuellen und Schriftstellern, zum Sohn von Heinrich Böll und dessen indischer Ehefrau oder zu Karin Struck. Wir kannten sie nicht persönlich, aber aus Stellungnahmen hatten wir auf ihre Sympathie mit uns geschlossen. Wir wollten sie kennenlernen und sehen, ob sie mit uns zusammenarbeiten würden. Sie behandelten uns freundlich, lehnten aber jede Zusammenarbeit ab.

Wenn Helmut und Ilse nach Frankfurt kamen, verstanden wir uns nicht gut. Sie meinten, Kay und ich würden schlecht arbeiten, keine Ergebnisse bringen, und wir hätten auch nicht die richtige Art, mit den Leuten umzugehen. Kay und ich dachten, daß es die beiden auch nicht besser machten. Es entwickelte sich Distanz und Konkurrenz zwischen uns. Wir fühlten uns im Nachteil, weil wir zu zweit in einer für uns fremden Stadt arbeiten mußten, während die Gruppe in Hamburg aus vier Leuten bestand und zwei sich dort sehr gut auskannten.

Wir führten über verschiedene Kanäle Diskussionen mit Andreas Baader und anderen Gefangenen. Uns fehlten technische Kenntnisse, zu denen wir sie um Rat fragten, zum Beispiel zum Paßfälschen und Autoklauen. Wir suchten den Rat der Gefangenen für unsere Pläne ihrer Befreiung. Ihre Vorschläge überstiegen allerdings unsere Fähigkeiten und Möglichkeiten.

Immer wieder diskutierten wir, wie wir die Gefangenen befreien könnten. Eine wichtige Persönlichkeit entführen? Aber wen? Jemanden aus der Wirtschaft oder einen Politiker? Einen Deutschen oder einen Amerikaner? Bei diesen Fragen blieben wir immer wieder stecken.

Nachdem wir den Plan mit den Palästinensern und der Flugzeugentführung vergessen mußten, arbeitete Andreas selbst einen genauen Plan für seine Befreiung aus. Dafür hätten wir aber eine ganz andere Logistik und Struktur benötigt, die wir nicht aufbauen konnten. Statt diesen Plan zu vernichten, weil wir ihn weder damals noch später hätten realisieren können, bewahrten wir ihn auf, wie vieles andere auch. Bei unserer Verhaftung im Februar 1974 fand ihn die Polizei, und die Bundesanwaltschaft schlachtete ihn als Beweis dafür aus, daß es schon immer Befreiungspläne gegeben habe. Er mußte dann als Grund für die Aufrechterhaltung der unmenschlichen Haftbedingungen in Stammheim herhalten. Mit diesem Fehler hatten wir dem Staatsschutz das in die Hand gegeben, was er seit langem brauchte. Andreas übte heftige Kritik an uns, weil wir keine Ideen, keine Pläne und keine Aktionen zustandebrachten, womit er recht hatte. Aber wir konnten es nicht ändern, und er auch nicht.

Schließlich überzeugte Andreas seinen Anwalt Eberhard Becker, sich uns anzuschließen. Eberhard war unzufrieden mit seiner Arbeit als Rechtsanwalt. Die beiden meinten, daß Eberhard unsere Situation und unsere Möglichkeiten entscheidend verbessern würde. Das war natürlich nicht der Fall. Vielmehr hatten wir jetzt noch einen Typ in der »Gruppe«, den wir kaum kannten und der außerdem vollgepackt war mit den Orientierungslinien von Andreas. Und die hatten zu unserem Gruppenprozeß und unserer Orientierungssuche keinen wirklichen Bezug. Die Konkurrenzgefechte und Konflikte unter uns verschärften sich und führten fast zu einem völligen Auseinanderbrechen unserer Gruppe.

Um unsere Geldprobleme zu lösen, beschlossen wir, einen Bankraub zu organisieren. Bankraub war für uns ein legitimes Mittel, Geld, das dem Volk geklaut worden war, für unseren Kampf einzusetzen. Ulrike hatte dazu mal geschrieben: »Manche sagen: Bankraub ist nicht politisch. Aber seit wann ist die Frage der Finanzierung einer politischen Organisation keine politische Frage. Die Stadtguerillas in Lateinamerika nennen Bankraub ›Enteignungsaktionen‹. Niemand behauptet, daß der Bankraub für sich an der Ausbeuterordnung etwas verändert. Für die revolutionäre Organisation bedeutet er erst mal nur die Lösung ihres Finanzierungsproblems. Er ist logistisch richtig, weil anders das Finanzierungsproblem nicht zu lösen ist. Er ist politisch richtig, weil er eine Enteignungsaktion ist. Er ist taktisch richtig, weil er eine proletarische Aktion ist. Er ist strategisch richtig, weil er der Finanzierung der Guerilla dient.«

Wir mußten also eine geeignete Bank finden und vorher Autos für die Flucht stehlen. Wir klauten Autos auf die Weise, wie ich das aus der Zeit vor meiner Verhaftung kannte. Wir überlegten aber auch andere Methoden. Einmal beobachteten wir über einen bestimmten Zeitraum hinweg den Besitzer eines großen, weißen Mercedes, der immer zur selben Zeit auf seinem Weg nach Hause durch einen wenig einsehbaren Weg fuhr. Wir paßten ihn ab, hielten unter einem Vorwand das Auto an und baten ihn, auszusteigen, um uns zu helfen. Dann sprangen wir in seinen Mercedes und brausten weg. Einer von uns fuhr mit einem zweiten Auto zur Sicherheit hinterher und hörte dabei den Polizeifunk ab. Wir hatten uns vorher eine Garage gemietet, wo wir den Mercedes erst mal abstellten. Dort konnten wir ihn dann in Ruhe umfrisieren.

An die Einzelheiten des Banküberfalls kann ich mich jetzt, mehr als 25 Jahre danach, nicht mehr erinnern. Ich hatte sie tief in meinem Gedächtnis vergraben, um niemanden mit meinen Erinnerungen gefährden zu können. Jetzt, nachdem die Möglichkeit der Gefährdung vorbei ist, kann ich die Erinnerungen nicht mehr zurückrufen.

Ich sehe nur noch diese Szene vor mir: Wir springen alle aus der Bank in den VW-Bus, der mit laufendem Motor auf uns wartet. Der Fahrer gibt Vollgas und rast so schnell um die nächste Ecke, daß wir einen Moment lang nur noch auf zwei Rädern fahren und der Wagen umzukippen droht. Während wir uns alle umziehen und in die bereitliegenden Kleider schlüpfen, sehe ich eine tiefe Schnittwunde in Christas Oberschenkel. Sie bleibt ganz ruhig, reißt in Sekundenschnelle irgendwo einen Stoffstreifen ab, bindet ihn fest um den Oberschenkel und zieht sich wie wir alle um, als sei nichts gewesen. Wegen dieser tiefen Schnittwunde wird sie später in einem Indizienverfahren als einzige von uns für den Bankraub verurteilt. Nach dem Umziehen trennten wir uns planmäßig voneinander, und ich bestieg mit einem aus der Gruppe einen Omnibus. In einer Plastiktüte trugen wir das Geld aus dem Bankraub, als kämen wir gerade vom Einkauf in einem Supermarkt.

In Frankfurt trafen wir uns mehrere Male mit Wilfried Böse, »Bony«, und Brigitte Kuhlmann. Sie waren dabei, eine eigene illegale Struktur zu organisieren und die Revolutionären Zellen (RZ) aufzubauen. Sie hatten andere politische und organisatorische Vorstellungen als die RAF, sie meinten, es sei wichtig, daß alle RZ-Mitglieder so lange wie möglich legal und in ihren gewohnten Zusammenhängen blieben und weiter arbeiten gingen. Schon von weitem waren sie durch ihre Kleidung als Linke zu erkennen. Wir fanden das alles unmöglich, unernst. Wir dachten, sie spielten nur mit dem Gedanken an Revolution, wollten sich jedoch nicht ganz und gar dafür einsetzen. Wir waren überzeugt, daß bei diesem Konzept der Verfassungsschutz viele Chancen hätte, sie zu infiltrieren.

Wir diskutierten mit der RZ über koordinierte Aktionen wegen des Militärputsches in Chile im September 1973. Wir von der RAF wollten getarnte Waffentransporte nach Chile angreifen, die über die Häfen Hamburg und Bremerhaven abgewickelt wurden. Diese Pläne mußten wir aber aufgeben, weil eine solche Aktion die Konzentration aller unserer Kräfte erfordert und uns von unserem Ziel, die Gefangenen zu befreien, noch weiter entfernt hätte. So machten die RZ im November 1973 ihre ersten Aktionen gegen US-amerikanische ITT-Niederlassungen in der BRD wegen deren Unterstützung des Militärputsches.

Brigitte und »Bony« halfen uns auch bei der Beschaffung von Waffen. Knapp drei Jahre später starben beide in Entebbe. Dort stürmte eine israelische Militäreinheit eine Air-France-Maschine, die von einem palästinensischen Kommando entführt worden war, zu dem auch »Bony« und Brigitte gehörten. Mit der Entführung wurde die Freilassung von 53 Gefangenen in verschiedenen Ländern gefordert, darunter auch sechs Gefangene aus der BRD. Alle Mitglieder des Kommandos starben auf dem Flughafen von Entebbe. Als danach die Zeitungen berichteten, daß die Flugzeugpassagiere in Juden und Nichtjuden getrennt worden waren, konnte ich das nicht glauben. Es schienen mir die gewohnten Presselügen. Ich begann erst später, über die schwierige Gratwanderung zwischen Antisemitismus und Antizionismus nachzudenken.

Zur Bewegung 2. Juni, die sich Anfang 1972 als Zusammenschluß verschiedener militanter Gruppen in Berlin gebildet hatte, unterhielten wir keinen Kontakt. Wir selber fuhren nie nach Berlin, aber wir wußten, daß es 1970/71 heftige Auseinandersetzungen zwischen Andreas und Gudrun und Mitgliedern der Bewegung 2. Juni um die politische Bestimmung von Aktionen gegeben hatte, die mit einem Bruch endeten. Die RAF bezeichnete die Bewegung 2. Juni als populistisch. »Sie schielen nur nach dem Beifall der Leute!« Es müsse um strategische Aktionen gehen, die die Machtzentren treffen, vor allem auch um Angriffe gegen die USA, die in der BRD »wie in einer Kolonie« auftraten.

Zwei von uns fuhren nach Italien, um sich mit Genossen der Roten Brigaden zu treffen. Ich fuhr mit einem anderen nach Frankreich, um mit Mitgliedern einer bewaffneten Organisation aus Portugal zu sprechen, die uns um ein Treffen gebeten hatten, weil sie Hilfe beim Fälschen von Papieren brauchten. Wir sprachen französisch miteinander, das konnte ich ziemlich gut. Aber die Verständigung war schwierig, weil das Französisch der beiden Genossen aus Portugal sehr portugiesisch klang und uns auch ihre Ausdrucksweise fremd war. Ihre Sprache bestand aus einer Mischung maoistisch-marxistischer Vokabeln, die wir so nicht benutzten. Und von dem, was sie uns erzählten, wußten wir noch weniger: Sie organisierten sich vor allem innerhalb der portugiesischen Kolonialarmee. Die beiden Genossen hatten schon am Krieg in Afrika teilgenommen, obwohl sie noch jung waren, so alt wie wir, knapp über zwanzig. Sie meinten, von dorther käme die Kraft, das portugiesische Salazar-Regime zu stürzen. Sie arbeiteten mit den afrikanischen Befreiungsbewegungen in Angola, Mosambik und Guinea-Bissau zusammen. »Wir betreiben vor allem Sabotage. Viele Genossen aus unserer Organisation sind gefoltert und getötet worden. Aber der Kampf wird nicht mehr lange dauern: Das faschistische Kolonialregime steht kurz vor dem Zusammenbruch.« Politische Arbeit innerhalb einer Armee, das war für uns unvorstellbar. Armeen waren doch immer Teil der anderen Seite. US-Soldaten hatten bei deutschen Linken Hilfe gefunden, um während des Vietnamkriegs zu desertieren. Aber was wir jetzt von diesen beiden Portugiesen hörten, klang für uns fremd.

Wir hatten uns auf der Straße getroffen und gingen dann in einem Park spazieren. Die beiden beobachteten ständig sehr nervös unsere Umgebung. Ich reichte ihnen die Unterlagen zum Fälschen, nachdem ich ihnen einen Überblick über unsere Methoden gegeben hatte. Mit der Übersetzung ins Portugiesische sei es kein Problem, das hätten sie schon organisiert. »Braucht ihr Waffen?« Eine ihrer wichtigsten Aufgaben sei die Versorgung der afrikanischen Befreiungsbewegungen mit Waffen, die sie aus den portugiesischen Armeebeständen klauten. Da könnten sie auch was für uns besorgen.

Wir verabredeten, uns in einigen Wochen noch einmal zu treffen. Daraus wurde aber nichts mehr.

Noch im Herbst 1973 hatte uns ein Typ in Hamburg denunziert, der für uns eine Wohnung gemietet hatte. Der Hamburger Verfassungsschutz entschied sich, nicht sofort die ersten zu verhaften, die diese Wohnung betraten, sondern eine Langzeitobservation zu starten, um alle Illegalen ausfindig zu machen und in einer großen Aktion alle gleichzeitig zu schnappen. Die Schlinge um uns wurde immer enger.

Einmal war ich mit Kay im Auto in Köln unterwegs. Ich fuhr. Plötzlich sah ich im Rückspiegel ein Auto hinter uns mit zwei Typen drin, bei deren Anblick mir innerlich kalt wurde. Ich wußte, das waren Bullen. Von da an begannen wir systematisch zu checken, ob Wagen wiederholt an uns vorbeifuhren oder in unserer Nähe blieben. Nach kurzer Zeit war klar, daß wir von einem großen Trupp schwerer Autos observiert wurden. Wir überlegten, wie wir entkommen könnten. In Köln waren wir bisher selten gewesen und kannten uns nicht gut aus. Die einzige Möglichkeit, die uns einfiel, war die Tiefgarage am Dom.

Zuerst versuchten wir, die Observationswagen in einen anderen Stadtteil zu locken. Dann fuhren wir, so schnell wir konnten, direkt auf die Tiefgarage zu, parkten den Wagen im ersten Zwischendeck und rannten zum Treppenaufgang, der unmittelbar auf den Domplatz führt. Im Laufen zogen wir die Mäntel aus, ich band mir ein Tuch über die Haare. Als wir im Schnellschritt die Straße überquerten, sahen wir, wie die Observationswagen die Tiefgarage abriegelten. Niemand achtete auf uns, weil sie uns noch in der Tiefgarage vermuteten.

Diesen Festnahmeversuch konnten wir uns bis nach unserer Verhaftung nie erklären. In unseren Prozeßakten entdeckten wir später, daß es sich um eine Konkurrenzaktion des Bundesverfassungsschutzes gehandelt hatte, der selbst die Lorbeeren einer erfolgreichen »Terroristenverhaftung« einheimsen wollte. Das kollidierte mit der Planung des Hamburger Verfassungsschutzes, nach langfristiger abwartender Observation unsere gesamte Gruppe auf einen Schlag zu verhaften.

Der Bankraub hatte geklappt, aber sonst wenig von dem, was wir anpackten. Vor allem nichts von dem, was unser eigentliches Ziel betraf, die Befreiung von Andreas, Ulrike und den anderen. Statt dessen begannen wir, uns untereinander zu streiten, uns gegenseitig zu mißtrauen in dem Maß, wie wir vom Verfassungsschutz observiert wurden, und daraus keine Konsequenzen zogen. Und den Menschen, die mit uns zusammenarbeiten wollten, gaben wir keine Chance. Wir waren nicht fähig, aus den Kontakten tragfähige Beziehungen zu entwickeln. Es war schrecklich.

In dieser Zeit und auch später habe ich andere Menschen

selbstgerecht, überheblich und demütigend behandelt. In meiner Überzeugung, den einzig möglichen und richtigen Weg zu gehen, maß ich alle und alles mit meiner Elle. Eine Frau, zu der ich schon länger Kontakt hatte, arbeitete in einer wichtigen US-amerikanischen Militäreinrichtung. Sie kundschaftete für uns aus, welche Möglichkeiten es dort für einen Sprengstoffanschlag auf das Computerzentrum gab, und schließlich forderte sie von uns, an der Aktion gegen dieses Zentrum beteiligt zu werden. Ich reagierte auf dieses Verlangen mit harter Ablehnung. Ich stempelte ihre Bereitschaft als völlige Selbstüberschätzung ab, kritisierte die Frau in Grund und Boden, und wir brachen auf meine Veranlassung hin jeden Kontakt zu ihr ab.

Im Laufe der Wintermonate hatte jeder von uns Observationen bemerkt, aber zuerst bezogen wir sie nicht auf uns. Wir konnten uns einfach nicht vorstellen, wollten uns nicht eingestehen, daß die Polizei auf unsere Spur gekommen sein könnte. Später, als Zusammenstöße mit Observationstrupps oder auch Verhaftungsversuche zunahmen, begannen wir zu psychologisieren: Wer zivile Polizisten sah, der wollte aus dem Kampf aussteigen; wer sich observiert fühlte, der hatte Identitätsprobleme mit der Illegalität. Wir schufen uns unseren eigenen Hexenkessel, in dem die Realität zur Projektion erklärt wurde.

In der Nacht des 4. Februar 1974 übernachteten wir zu viert – Wolfgang und Eberhard waren auch in Frankfurt – in einer konspirativen Wohnung im Dachgeschoß eines Neubaublocks. Plötzlich wurden wir durch Lärm und gleißendes Licht geweckt. Die Wohnung war umstellt von einem riesigen Polizeiaufgebot, das ganze Gebäude mit starken Scheinwerfern angestrahlt. Wir hörten Hubschrauber über uns. Eine Lautsprecherstimme forderte uns auf, uns zu ergeben und ohne Waffen und unbekleidet mit erhobenen Händen aus der Wohnung zu kommen. Gleichzeitig wurde die Wohnungstür mit lautem Knall aufgesprengt, und durch das Fenster sahen wir schwer bewaffnete Polizisten auf dem Dach.

Zur selben Zeit wurden in Hamburg Christa, Ilse und Helmut verhaftet. Wegen des Datums unserer Festnahme wurden wir von da an »Gruppe vom 4.2.« genannt.

Ich hatte nur einen Gedanken: Das konnte ja nicht anders kommen nach diesem halben Jahr voller Scheiße.

Einer nach dem anderen traten wir vier mit erhobenen Händen und nackt in den Wohnungseingang. Das ganze Treppenhaus war voll mit schwer bewaffneten Polizisten in Schutzkleidung. Ich war die einzige Frau. Auf halber Treppe, umringt von jungen Polizisten, mußte ich nackt stehenbleiben. Als sich die erste Spannung legte, begannen einzelne Bullen um mich herum Bemerkungen über meinen Körper zu machen. Es dauerte etwa eine halbe Stunde, bis mir ein Einsatzleiter einen Mantel umlegte. Ich fühlte mich abgrundtief erniedrigt und gedemütigt.

Im Toten Trakt

Am nächsten Tag kam mein Frankfurter Anwalt Armin Golzem zu mir in das Gefängnis Preungesheim. Ich fühlte mich zerschlagen, unendlich müde, unfähig zu denken, selbst das Gehen fiel mir schwer. Golzem, voller Ironie über unsere Niederlage, hatte Zeitungen mitgebracht. Unsere Verhaftung war natürlich Spitzenmeldung, wieder wurden mein Name und mein Foto veröffentlicht, genauso von Helmut Pohl und Ilse Stachowiak. Ich erfuhr, daß die Radiosender in der Nacht unserer Verhaftung jede Stunde verbreitet hatten: Die RAF droht, die Fußballweltmeisterschaft im Hamburger Volksparkstadion am 22. Juni mit Sam-7-Raketen zu beschießen, wenn nicht am 1. Mai alle politischen Gefangenen amnestiert werden.

In meiner tiefen Niedergeschlagenheit konnte ich kaum reagieren, aber das erinnerte mich an die Meldung zur Vorbereitung der Verhaftung von Holger Meins, Jan-Carl Raspe und Andreas Baader. Wer machte so was? Diesmal war ja ohne Zweifel klar, daß der Staatsschutz unsere Verhaftung lange geplant und vorbereitet hatte. Und da kam diese Sam-7-Raketen-Drohung sicher nicht zufällig. Das waren Methoden, wie sie aus der CIA ausgestiegene Agenten wie Philip Agee berichteten. Ich nahm mir vor, mich damit mehr zu beschäftigen.

Aber im Augenblick war ich nur niedergeschlagen, unfähig, mich auf etwas zu konzentrieren. Ich nahm kaum wahr, was um mich herum passierte. Die anderen Gefangenen konnte ich zwar hören, und wenn man mich zum Anwalt oder zum Duschen brachte, konnte ich auch einige sehen, aber der Kontakt war natürlich verboten, und ich suchte ihn auch nicht. Ich versank immer wieder ins Grübeln über das letzte Jahr. Ich fühlte mich gedemütigt von meiner eigenen Unfähigkeit.

Nach vier Wochen im Preungesheimer Knast in Frankfurt flog man mich im Hubschrauber nach Lübeck und brachte mich dort in den Lazarett-Trakt des Frauengefängnisses. Das Lazarett war ein ebenerdiger Flachbau, völlig abgetrennt vom übrigen Gefängnis, mit einem eigenen, ummauerten Hof außerhalb des übrigen Geländes. Bei meiner Ankunft in diesem Trakt waren alle Lazarettzellen belegt.

In den folgenden Tagen brachten die Schließerinnen jeden Tag Gefangene aus dem Trakt weg. Zum Schluß blieb außer mir nur noch eine Gefangene übrig. Sie war in einer Zelle am anderen Ende des Gebäudes. Eine kranke, resignierte Frau, die auf keinen Kontaktversuch von mir reagierte.

Ich hatte die Verlegungen beobachtet: Wenn diese Frau auch noch verlegt wird, dann bin ich in einem Toten Trakt. Ich wollte nicht wahrhaben, daß ich längst im Toten Trakt war.

Auch wenn in den folgenden Monaten mal eine, mal zwei kranke Gefangene kurzzeitig in den Lazarett-Trakt verlegt wurden, änderte das nichts an meiner Lage, da ich auch von ihnen nie etwas hörte.

Während der Illegalität Ende 1973 hatte ich die Berichte von Ulrike Meinhof aus dem Toten Trakt, auch einem Lazarett-Trakt, in Köln-Ossendorf gelesen. Es hatte gegen dieses Folterinstrument sofort eine breite Mobilisierung gegeben. Der Tote Trakt bildet das Kernstück einer wissenschaftlich ausgeklügelten Folter, die in ihrer Anwendung und ihrer unmittelbaren Wirkung unsichtbar bleibt. Weiße Folter arbeitet nicht mit physischer Gewalt, nicht mit Schlägen oder Elektroschocks, sondern mit absoluter menschlicher Isolation, mit dem Entzug jeder lebendigen Kommunikation. Trotz Radio, Büchern und vielleicht sogar Fernsehern stirbt dabei ein Mensch in seiner seelischen Substanz, während die äußere Hülle unversehrt bleibt.

Die Berichte von Ulrike aus dem Toten Trakt hatten mich zutiefst erschüttert. Trotz aller Grausamkeit hatte der Einsatz dieser spezifischen Folter für mich eine gewisse Logik: Der Feind bekämpfte mit seinen schärfsten Waffen seinen härtesten Gegner. Ulrike besaß eine zentrale Bedeutung für die Guerilla und damit als Staatsfeindin. Sie hatte die Guerilla mitgegründet. Und sie war das Symbol dafür geworden.

Aber warum wurde die Methode des Toten Traktes jetzt gegen mich eingesetzt? Ich war von den Medien zu einer öffentlichen Person gemacht worden, ich selbst maß mich jedoch vor allem an dem, was ich mir vorgenommen und nicht oder falsch gemacht hatte. Ich suchte verzweifelt nach dem Grund, warum diese Folter gegen mich gerichtet wurde und fand ihn nicht. War ich wirklich ein so wichtiger Feind?

Ich fühlte mich als Versagerin. Da ich keinen Grund entdeckte, bildete ich mir ein, ich sei gar nicht in einem Toten Trakt. Ich stellte die Welt auf den Kopf, konnte nicht mehr unterscheiden zwischen meinen inneren Wahrnehmungen und der äußeren Realität. Als auch die letzte Gefangene aus ihrer Zelle entfernt worden war, stürzte ich endgültig ab.

Ich war außerstande zu sehen, daß die gegen wirkliche oder vermeintliche Revolutionäre eingesetzten Mittel nie einfach nur gegen die einzelne Person gerichtet sind. Diese Mittel dienen auch immer zur Abschreckung anderer, damit schon der Gedanke an Revolution erstickt wird und Ohnmacht um sich greift.

Der Tote Trakt war die Konsequenz des in den Medien aufgebauten Bildes einer »supergefährlichen Terroristin«. Ich war in der Presse als Anführerin der »Gruppe vom 4.2.« dargestellt worden. Jetzt setzte der Staatsapparat eines seiner schärfsten Machtinstrumente ein, um mich als angeblichen Kopf der Revolution zu zerstören. Da ich dieses Ziel nicht erkannte, konnte ich mich nicht wehren. Der Tote Trakt tat seine Wirkung.

Während meiner ersten Haftzeit war ich in Isolationshaft gewesen, also abgesondert von den übrigen Gefangenen. Aber ich sah die anderen Gefangenen bei ihrem Hofgang, und sie sahen mich bei meinem. Ich hörte sie 24 Stunden am Tag, weil sie im selben Gebäude lebten wie ich, auch wenn die Zellen neben, über und unter mir leergeräumt worden waren. Ich hörte sie lachen, rufen, streiten und weinen. Und immer wieder versuchten andere Gefangene, trotz Verbots, Kontakt zu mir aufzunehmen, von Fenster zu Fenster mit mir zu sprechen oder mir unbeobachtet Zettel unter meiner Zellentür durchzuschieben. Ich war allein und ausgeschlossen, aber ich befand mich in einem belebten Gebäude.

Der Tote Trakt stellt eine ganz andere Dimension der Isolation dar: Ich war allein, um mich herum nur eine große Leere. Allein in einem völlig abgesonderten Gebäude. Vom übrigen Gefängnis, in dem die anderen Gefangenen lebten, sah und hörte ich nichts. Es gab nur eine endlose Stille. Kein Laut, keine Antwort, kein Lachen, kein Weinen. Nur ich. In dieser Leere wird alles konturlos. Das Körpergefühl schwindet, selbst die Vorstellung des eigenen Daseins; und die Mauern, das eiserne Bettgestell, die wenigen Gegenstände und die eigenen Bewegungen werden zu einem dickflüssigen Brei.

Es ging mir schlecht. Jeden Morgen, wenn ich aufwachte, mußte ich weinen und wußte nicht, wie ich den Tag überstehen sollte. Ich mußte täglich ganz bewußt gegen das Verrücktwerden ankämpfen. Ich freundete mich mit den Spinnen an, studierte diese einzigen Lebewesen außer mir in der Zelle, lernte ihre Farben, ihre Formen, ihre Größen kennen und unterscheiden, um nicht auszurasten. Mit dieser Anstrengung verschloß ich das Loch, durch das sonst der Wahnsinn eingedrungen wäre. Stundenlang betrachtete ich die Spatzen und Amseln im Hof, um etwas Lebendiges zu sehen. Wenn die kleinen Spatzen den großen Amseln das Futter räuberten, war das einer der wenigen freudigen Momente. Es kostete mich enorme Kraft zu lesen, und schreiben war fast unmöglich. Abends um sieben Uhr war ich so erschöpft, daß ich in einen tiefen bleiernen Schlaf fiel bis zum Wecken am nächsten Morgen.

Die einzigen Menschen, die ich sah und hörte, waren die Schließerinnen, wenn sie das Essen brachten oder mich zu meinem Hofgang führten. Ich mußte in meinem Hunger nach menschlichem Kontakt ständig dagegen ankämpfen, eine freundliche Geste von den Wärtern zu erwarten. An einem Tag waren sie freundlich, am nächsten abweisend, und das verunsicherte mich. Es brauchte Zeit, bis mir klar wurde, daß ich auf größte Distanz gehen mußte, um nicht zu ihrem Spielball zu werden. Darauf legten sie es offensichtlich an. Es kam immer dieselbe Schließerin, zusammen mit der stellvertretenden Anstaltsleiterin und einem Schließer. Die zwei Frauen sahen mehr wie Bäuerinnen aus, kräftig, breit, mit roten Backen. Ihre kalten, wachen Augen beobachteten mich genau. Der Anstaltsleiter Greif war ein dürrer Winzling, den ich nicht oft zu sehen bekam, aber ich spürte seine Maßnahmen. Es war noch verdammt kalt Ende Februar, Anfang März 1974. Eins der großen Probleme in der Zelle, mit dem sich jeder Gefangene herumschlagen muß, ist die Kälte. Man wird nie warm. Ich bekam einen Knastkittel und eine dünne kurze Strickjacke. Einen Knastmantel gab es nicht für mich, auch keine wärmere Jacke. Und Greif verweigerte die Erlaubnis für einen eigenen Mantel, »aus Sicherheitsgründen«.

Er und seine Stellvertreterin verlangten von den anderen Gefangenen, sich sofort mit dem Gesicht zur Wand zu stellen, wenn ich auf dem Weg zum wöchentlichen Duschen doch mal einer von ihnen begegnete. Als hätte ich den bösen Blick. Oder eine durch bloßes Ansehen ansteckende Krankheit. Als es zum ersten Mal passierte, daß eine Gefangene, die den Flur putzte, stocksteif wurde und das Gesicht zur Wand drehte, als ich vorbeikam, würgte es mich wie von einem harten Klumpen im Hals.

Alle vierzehn Tage war »Einkauf«, bei dem man bei einem Kaufmann draußen einige Zusatznahrungsmittel kaufen konnte. Ich durfte natürlich nicht selbst hingehen, sondern mußte meine Einkaufsliste der Anstaltsleiterin geben, die mir am nächsten Tag einige der Sachen brachte, die mir eingefallen waren. Ich erwartete die Übergabe immer mit brennendem Hunger, stopfte Früchte, Kekse oder Käse sofort in mich hinein. Nach spätestens einer Stunde hatte ich nicht nur alles verschlungen, sondern auch Bauchschmerzen, einen dumpfen

Kopf und schwere Beine. Aber damit waren Eintönigkeit und Leere der sonstigen Tage gebrochen. Ich konnte mich fühlen, auch wenn es nur wehtat, und ich konnte mich anstrengen, um alles zu verdauen und meine Denkfähigkeit wiederherzustellen. Denn die Eintönigkeit läßt alle Kräfte matt werden.

Ich dachte, daß es mir so schlecht ging, weil ich alles falsch gemacht hatte in dem einen Jahr in Freiheit. Mir kam nie der Gedanke, daß es die Haftbedingungen waren, die meinen elenden Zustand verursachten. Ich wühlte in mir, sah nur nach innen und zurück, statt die Realität wahrzunehmen.

Seit meiner ersten Verhaftung 1971 hatten sich die Haftbedingungen für alle Gefangenen aus der RAF völlig verändert. Viele Besuchswillige wurden von der Justiz abgelehnt, weil sie »Sympathisanten« seien. Viele linke Zeitungen, Broschüren, Stellungnahmen wurden beschlagnahmt »wegen der Befürwortung von kriminellen Straftaten«. Und diese Begründung meinte Widerstand, wo auch immer: ob in Chile gegen die faschistischen Militärs, ob in Südafrika gegen den gewalttätigen Rassismus, ob im Iran gegen den Terror des Schah-Regimes oder den Kampf der Palästinenser um Lebensrecht, gegen Vertreibung und Okkupation durch Israel. Darüber zu lesen verbot die richterliche Zensur, weil sie ausdrücklich davon ausging, daß wir uns durch den Kampf der Befreiungsbewegungen in aller Welt in unserer Überzeugung gestärkt fühlen könnten.

In einem Beschluß meines Hamburger Untersuchungsrichters hieß es zum Beispiel:

»1. Die nachstehend aufgeführten Schriften und Zeitschriften werden von der Beförderung ausgeschlossen und sind zur Habe der Gefangenen zu nehmen.

Informationsdienst Nr. 37, 38 und Nr. 40
Chile Nachrichten Nr. 16
MIR, Chile Dokumentation 1
Informationsdienst Nr. 42
Dokumentation des Chile Komitees

Die aufgeführten Sendungen sind von der weiteren Beförderung auszuschließen ...

Sämtliche Schriften bejahen den bewaffneten Kampf gegen die bestehende Ordnung und vermitteln den Eindruck, er sei richtig, notwendig und führe allein zum Ziel einer Änderung der bestehenden Verhältnisse.

Die Schriften sind geeignet, die Ordnung in der Anstalt zu gefährden. Dies trifft auch dann zu, wenn, wie hier, Einzelhaft angeordnet ist, denn es kann nicht verhindert werden, daß die Schriften in die Hände anderer Gefangenen dadurch gelangen, daß sie z.B. aus dem Fenster getan werden. Diese Gefangenen können dadurch z.B. zum Aufruhr verleitet und ermutigt werden. ...

Die freie Meinungsäußerung wird durch diese Maßnahme nicht beschnitten. Die Schriften rufen zum Rechtsbruch zumindest mittelbar auf und sind damit vom Grundgesetz nicht mehr gedeckt (Art. 5 II GG).

(Isbarn)
Richter am Amtsgericht«

Es gab häufig Zellenrazzien, bei denen alles von unten nach oben gekehrt wurde, die Verteidigerunterlagen durchsucht und jede Art persönlicher Aufzeichnungen beschlagnahmt wurde. Alles war ihrem Zugriff ausgesetzt, auch jeder Gedankenfetzen, den ich zu Papier zu bringen versuchte, um Ordnung in das Chaos in meinem Kopf zu bringen. Jede Lebensäußerung wurde beobachtet, registriert, klassifiziert.

Hungerstreik und Tod

Wir Gefangenen aus der RAF und aus ihrem politischen Zusammenhang waren auf viele verschiedene Gefängnisse in der ganzen Bundesrepublik verteilt. Gegen diese Vereinzelung, gegen die Wirkungen der Isolation schufen die Gefangenen 1973 ein »Info«. Das war der Briefwechsel der Gefangenen untereinander, der über die Verteidigerpost weitergeleitet wurde. Im *Info* diskutierten wir Prozeßstrategien, politische Einschätzungen und vor allem über uns und unsere Situation im Gefängnis.

In dieser Lage war das *Info* die gewaltige Anstrengung, uns auch im Knast zu organisieren und um jeden einzelnen zu kämpfen, damit die Isolation ihn nicht abtrennen und erdrükken konnte.

Es gab in diesen Briefen eine politische Diskussion zwischen den Gründern der RAF, die ich total spannend fand. Sie diskutierten die langfristigen Ziele und Wege einer Revolution. Sie meinten, daß es nicht darum gehe, daß eine neue, revolutionäre Partei die Machtfrage stelle, um dann selbst die Macht zu übernehmen. Es könne nur in der Erstarrung enden wie in der DDR und der Sowjetunion, wenn Bewegung institutionalisiert werde. Auch wenn die RAF immer wieder ihr solidarisches Verhältnis zu diesen Ländern ausdrückte, teilte sie nie deren politische Vorstellungen. Es sei unmöglich, heute konkrete Modelle einer zukünftigen neuen gerechteren Gesellschaft zu entwerfen, weil der Weg dahin so lang und schwer sei und erst die Erfahrungen in diesem Kampf neue Möglichkeiten und Ideen hervorbrächten. Das Ziel hieß auf jeden Fall: das Zusammenbrechen des Imperialismus zu erreichen, indem die Befreiungsbewegungen in der Dritten Welt unter dem Schutz der sozialistischen Staaten mit den Widerstandsbewegungen innerhalb der Metropolen USA und Europa zusammenwirken und jene Erste Welt so paralysieren, daß sie nicht mehr funktionieren kann. Erst nach dem Zusammenbruch des Imperialismus würde sich die Chance für eine wirkliche Befreiung aller Menschen entwickeln. Revolution in nur einem Land schien der RAF unmöglich, weil das ungleiche Kräfteverhältnis dann immer das Rad der Geschichte zurückdrehen würde.

Um ihre Überlegungen zu begründen, studierten alle die Revolutionsklassiker Lenin, Rosa Luxemburg, Lukácz, Bakunin, versuchten die Erfahrungen der Befreiungsbewegungen in der Dritten Welt in den letzten zwanzig Jahren zu analysieren und stritten sich über die neuen Theoretiker wie Regis Debray.

Im April 1974 stürzte das portugiesische Kolonialregime. Nach so langer Zeit des Blutvergießens war die Revolution, die sogenannte Nelkenrevolution, unblutig verlaufen. Ich erinnerte mich an die beiden Genossen, die wir in Frankreich getroffen hatten. Jetzt verstand ich, was sie uns erzählt hatten. Junge Militärs, die in Afrika Krieg geführt hatten, weigerten sich, diesen Krieg fortzusetzen, der auch unter den portugiesischen Soldaten erhebliche Opfer forderte. Die Straßen Portugals wurden zu Festplätzen, auf denen die Menschen tanzten und Major Otelo und den anderen jungen Offizieren mit Nelken in den Händen zujubelten. Die Zeitungen, die ich in meine Zelle bekam, brachten jeden Tag Nachrichten und Berichte über die Entwicklung in Portugal.

Hoffentlich würden nicht die Yankees intervenieren wie ein Jahr zuvor in Chile, wo sie Augusto Pinochet gegen den vom Volk gewählten Präsidenten Allende zum Sieg verholfen hatten. Ich beschloß, mein künftiges »Arbeitsgebiet« in den kommenden Knastjahren sollten die portugiesischen Kolonien in Afrika sein, die jetzt natürlich bald unabhängig würden. Darüber wollte ich mehr wissen. Und ich bestellte Material bei meinem Anwalt, in Buchläden, bei den Genossen, die mir schrieben. Sie sollten mir schicken, was ihnen dazu in die Hände fiel.

Aber je länger ich im Toten Trakt isoliert war, um so mehr verlor ich die Fähigkeit, mich zu konzentrieren und mir das Leben außerhalb der Zelle vorzustellen. Die Welt begann sich auf mich und meinen Überlebenskampf in dieser Zelle zu reduzieren. Es entstand eine Kluft zwischen mir und den anderen Gefangenen aus der RAF. Ich wurde abgetrennt. Ich verlor das Verhältnis zu den anderen und begann, mich nur noch um mich selbst zu drehen.

Wenn ich Post bekam, interessierten mich nicht mehr die Diskussionen zur Entwicklung der Tupamaros in Uruguay oder zum Rücktritt Willy Brandts, sondern ich durchsuchte die Briefe mit zitternden Fingern nach Kritik an mir. Gab es keine, setzte ich mich erleichtert auf den Stuhl. Steckte irgendwo ein Halbsatz, ein Ansatz von Kritik an mir, klopfte mein Herz heftig, und viele Stunden konnte ich nichts anderes lesen oder denken als immer wieder an diesen Satzfetzen.

Meine Reaktion war zwar übersteigert, aber im *Info* selbst ging es auch hart zu. Kritik wurde häufig zum Knüppel und Selbstkritik zur Selbstgeißelung. Die Sprache war oft unerträglich, die Beziehungen nicht solidarisch, sondern Ausdruck der Brutalität der Verhältnisse, in denen wir uns befanden.

Ich weiß nicht mehr, von wem dieser Satz aus einem Brief vom Juli 1974 stammt: »der zweck der fragen ist nicht die inquisition«, von Jan vielleicht oder von Gudrun. Aber dieser Prozeß von Kritik und Selbstkritik bewegte sich, je länger er dauerte, genau dahin. Die Kategorien, die wir für uns selbst benutzten, mit denen wir uns gegenseitig schlugen und uns selbst geißelten, zeigten diese Inquisitionsmethode: Verrat, Kollaboration, Bulle, Sau – Wörter, mit denen wir Gedanken und Gefühle von uns selbst bezeichneten, die nicht vereinbar schienen mit unseren Moral- und Verhaltensvorstellungen. Verrat statt Fehler zu sagen, stellte die ganze Person in Frage, verurteilte ihre Absichten und Anstrengungen insgesamt. Wenn ich heute, nach über 25 Jahren, diese Briefe lese, dann denke ich, daß uns auch im *Info* – genauso wie in den Kleingruppen der politischen Gefangenen in den Trakten – die Folter ihre Sprache aufdrückte und wir uns gegenseitig Daumenschrauben anlegten.

Wir wollten alles geben für den Kampf, aber wir legten uns

auch gegenseitig den Finger in die Wunde bis zur höchsten Qual. Wir wollten uns ganz »zur Funktion machen für diesen Kampf« und fühlten uns so im Recht und in der Pflicht, uns gegenseitig in allen Lebensäußerungen zu kontrollieren und zu bewerten. Wir wollten einen kollektiven Prozeß, aber die Unterschiede an Erfahrung, Wissen, Initiative, Kreativität und Mut schufen auch Machtpositionen, und es war Andreas, der die zentralen Entscheidungen traf und der unangreifbar blieb. Lachend wurde erzählt, wie bei einem der ersten kleineren Hungerstreiks herauskam, daß er ein Hähnchen gegessen hatte – kein anderer aus der Gruppe hätte sich so etwas leisten können, ohne einer vernichtenden Kritik unterzogen zu werden: »Verrat am Hungerstreik und am Kollektiv.« Andreas war ständig auf der Suche nach praktischen Initiativen auch im Knast, in der Isolation; er schaffte es unter den veränderten Bedingungen, systematisch zu studieren, er erarbeitete sich ein enormes Wissen zu den verschiedensten Themen, und er achtete auf jeden in der Gruppe. Aber niemand kritisierte ihn, und er konnte mit dieser Geste »Na – du mußt das mal begreifen« oder seinen schnellen Beurteilungen Menschen auch sehr verletzen und mundtot machen.

Vollständig allein in dem abgetrennten Flügel des Lübecker Gefängnisses verlor ich mich, begann ich, in Projektionen zu leben und war voller Ängste vor den Menschen. Ein Teufelskreis fing an: auf der einen Seite der riesige Hunger nach Menschen und deren Nähe, auf der anderen Seite eine unendlich große Angst vor ihnen. Auf diesen Wahnsinn zielte die Isolation. Die Perversität dieser Folter will durch den Entzug von gelebter Kommunikation »ihr Objekt« kommunikationsunfähig machen. Genau das passierte mir.

Holger Meins bekam das irgendwie mit und schrieb mir einen Brief, in dem er fragte, was mit mir los sei. Er versuchte, mich mitzuziehen, wollte, daß ich mich an gute Erfahrungen erinnerte. Aber mir fiel nichts Gutes mehr ein. Ich war abgeschnitten von meiner Geschichte, ich steckte in einem Loch, in dem es kein Vorher und auch kein Später mehr zu geben schien. Ich war wie das Kaninchen, das auf die Schlange starrt, sich nicht mehr bewegen kann und nichts mehr wahrnimmt außer der Schlange.

Im Mai 1973, also mehr als ein Jahr zuvor, hatte Ulrike über ihre eigenen Erfahrungen im Toten Trakt geschrieben: »Der, der drin sitzt, ist auch von anfang an nicht in der lage, konkret, gezielt, bestimmt zu sagen, was läuft und täuscht sich im zweifel auch selbst ziemlich lange über den grad, das fortschreiten der eigenen vernichtung, zumal einem das ding die gedanken und assoziation wie mit einem beil andauernd zerschlägt und man dauernd den trümmern nachläuft.«

Da ich selbst nicht wußte, daß ich im Toten Trakt war, konnte ich das auch den anderen nicht vermitteln. Deshalb hielt es niemand für notwendig, gegen den Trakt in Lübeck eine öffentliche Kampagne zu starten, so wie gegen den Trakt in Köln, als dort Astrid Proll, Ulrike Meinhof und Gudrun Ensslin waren. Oder wie bei Ronald Augustin in Celle. In meinem verzweifelten Versuch, diese Realität zu verstehen und mich verständlich zu machen, beschrieb ich den Trakt in allen Details und zeichnete ihn auf ein Blatt Papier. Die einzige Reaktion darauf kam von Gudrun: »Na, das kennen wir doch jetzt.« Ich fühlte mich schrecklich allein gelassen.

Als wir im Februar verhaftet worden waren, wurde schon im *Info* eine Diskussion geführt über die Notwendigkeit eines kollektiven Hungerstreiks, um die Haftbedingungen zu verändern. Und diese Diskussion zog sich über den ganzen Sommer hin. Grundlage dieser Überlegungen war die Gewißheit, daß eine jahrelange Isolation die meisten von uns zermürben und das Kollektiv zerstören würde. Wir »redeten« darüber, daß es ein langer, harter Kampf werden würde, bei dem Gefangene sterben könnten. Es war klar, daß der Staatsapparat einen großen Hungerstreik von vielen Gefangenen als Machtprobe betrachten und nicht so einfach nachgeben würde. Jeder einzelne von uns müsse sich über die Folgen im klaren sein und dann entscheiden. Mitmachen solle nur, wer auch bereit sei, in diesem Kampf sein Leben einzusetzen. Wir redeten über die Erfahrungen, die bei den vorhergehenden kleineren Hungerstreiks gemacht worden waren, und wie wir bei dem kommenden großen Streik darauf reagieren wollten. Wenn zum Beispiel bei einem der Gefangenen das Wasser abgestellt würde, wollten wir sofort alle in den Durststreik gehen. Die Raucher sollten sich möglichst vorher das Rauchen abgewöhnen, denn Zigaretten entziehen dem Körper zusätzlich Calcium, und das wird schon nach kurzer Streikdauer aus dem Knochengewebe abgebaut.

Am 10. September 1974 begann in Berlin der Prozeß gegen Ulrike Meinhof und andere wegen der Befreiung von Andreas Baader drei Jahre zuvor. Am 13. September gab Ulrike im Gerichtssaal eine Hungerstreikerklärung ab. Daraufhin begannen vierzig Gefangene einen kollektiven Hungerstreik, dem sich zeitweilig auch andere Gefangene anschlossen und der fünf Monate dauern sollte. Die Hauptforderung war die Aufhebung der Isolation und die Gleichstellung mit allen anderen Gefangenen.

Christa Eckes, die zur selben Zeit wie ich verhaftet worden war und sich seitdem im Hauptgebäude des Lübecker Frauengefängnisses befand, wurde wegen des Streiks in meine Nachbarzelle verlegt. Wir konnten zusammen Hofgang machen und hatten täglich eine Stunde Umschluß. Aber mit unserer gemeinsamen mißratenen Geschichte auf dem Buckel, die uns belastete und die wegen der Haftbedingungen kaum zu klären war, und unter der Anspannung des Hungerstreiks, womit wir bis dahin noch keine Erfahrungen hatten, und wegen meiner Orientierungslosigkeit rieben wir uns heftig aneinander. Christa beobachtete mißtrauisch meinen Zusammenbruch.

Es fiel mir ungeheuer schwer, nicht mehr zu essen. In der Isolation war das Essen eines der wenigen Dinge, die mir noch Leben gaben. Das Essen konnte ich anfassen, es war etwas Sinnliches, und es bewirkte, daß ich mich spürte. Ich zögerte. Ich wollte diesen Streik, ich kämpfte damit verzweifelt um mein Überleben, es gab keine andere Möglichkeit, aber ich hatte auch Angst davor. Wir mußten die Reste vom letzten Einkauf aus der Zelle entfernen, als wir mit dem Streik begannen. Ich behielt die Marmelade als heimliche Rückversicherung in einer Ecke im Regal. Christa entdeckte sie, regte sich fürchterlich darüber auf und schrieb es an alle im *Info*. Das zeige meine Unehrlichkeit, und daß ich nicht kämpfen wolle. Ich hätte mich vor Scham am liebsten in Luft aufgelöst. Die ersten Tage ohne Essen waren hart. Der Magen verlangte Nahrung, der Hunger drückte alles andere in den Hintergrund, der Kopf wollte an nichts anderes als an Essen denken, der fürchterliche Lübecker Knastfraß roch plötzlich verlockend, wenn sie damit vor die Zellentür kamen. Es war unmöglich, etwas zu lesen oder zu schreiben. Die Stunden zogen sich hin wie Ewigkeiten. Nach drei, vier Tagen stellte sich der Körper auf die neue Situation ein. Der Hunger ließ nach, der Magen verstummte. Der Hagebuttentee schmeckte immer gleich scheußlich, mit Süßstoff oder ohne. Der pelzige, unangenehme Geschmack im Mund verließ mich bis zum Ende des Streiks nicht mehr. In den ersten Tagen verweigerte der Körper jede Anstrengung, die Muskeln zitterten und wollten sich nicht anspannen. Aber dann akzeptierte er die neue Diät, und ich konnte wieder Gymnastik machen, fast wie vorher. Wichtig war, sich nicht zu viel abzufordern und sehr viel zu trinken, auch ohne ein Durstgefühl zu haben.

Nach etwa einem Monat Hungerstreik brachte man uns ins Hamburger Untersuchungsgefängnis, weil Lübeck zu dieser Zeit noch nicht für Zwangsernährung eingerichtet war. In dem Augenblick, als wir in Hamburg ankamen, wurde mir mit einem Mal klar, daß ich in Lübeck in einem Toten Trakt gewesen war. Durch die plötzlichen Geräusche, die Anwesenheit vieler Menschen, das normale Knastleben – wenn auch immer noch sehr eingeschränkt – fühlte ich mich wie unter Strom. Mein Blut war wie elektrisiert. Eine große Euphorie erfüllte mich. Drei Tage und drei Nächte konnte ich nicht schlafen. Danach fiel ich wieder in mich zusammen. Die Erkenntnis, tatsächlich im Toten Trakt gewesen zu sein, kam zu spät. Sie half mir nicht mehr, mich gegen die Wirkungen der monatelangen totalen Isolation zu wehren.

Im Hamburger Frauengefängnis befanden sich zu der Zeit noch Irmgard Möller und Ilse Stachowiak, später kam Inga Hochstein dazu. Wir konnten uns gegenseitig beim Hofgang sehen, da unsere Zellen alle zum Hof lagen. Aber wir hatten keinen Umschluß, wir konnten nicht auf der Zelle miteinander reden. Für alle war klar, daß ich taumelte und schwankte. Im *Info* wurde ich deswegen heftig kritisiert, aber ich konnte mich nicht mehr verteidigen, mich auch nicht mehr damit auseinandersetzen. Ich reagierte nur mit mehr Angst und weiterem Rückzug. Daraufhin wurde ich aus dem *Info*-Verteiler ausgeschlossen.

Das verletzte meinen Stolz. Aber ich war auch einverstanden. Ich fühlte mich erleichtert, nicht mehr diese Anstrengung zu einer Auseinandersetzung von mir fordern zu müssen, zu der ich mich längst nicht mehr in der Lage sah und die mich nur immer neu unter Druck setzte.

Nach sechs Wochen Hungerstreik begann in Hamburg wie vorher schon in anderen Gefängnissen die Zwangsernährung. Ein Trupp von etwa sechs Schließern kam zu mir in die Zelle und schleppte mich gewaltsam in den Keller. In der dafür vorbereiteten Zelle wartete der Knastarzt mit einer Sonde. Mit Gewalt drückten die Schließer mich auf eine Art Zahnarztstuhl und hielten mich an allen Gliedern fest. Wenn sie die Sonde nicht in die Nasenlöcher schieben konnten, versuchten sie, mir den Mund mit einem Stück Holz aufzusperren, um die Sonde in den Rachen zu pressen. Gelang das, wurde im Eiltempo die Nährflüssigkeit in den Magen gepumpt. Wie mir erging es auch den anderen Gefangenen. Alle zwei Tage oder sogar täglich dieselbe Prozedur. Es war jedesmal eine Vergewaltigung, nach der ich stundenlang zerschlagen und zu keinem Gedanken fähig auf der Pritsche lag, während ich die anderen, die nach mir mit der Zwangsernährung erniedrigt wurden, schreien hörte.

In den Zeitungen, in Radio und Fernsehen gab es jeden Tag

Berichte über den Stand des Hungerstreiks – voller Lügen und Drohungen. Es wurde der Eindruck erweckt, als sei der Hungerstreik eine bewaffnete Aktion der Stadtguerilla, als handele es sich um eine Entführung oder eine bewaffnete Besetzung. In den Berichten ging es nie um die Haftbedingungen, aber immer um die Denunziation unseres Kampfes und die Herabsetzung von uns als Personen. Es hieß, wir würden essen. Es hieß, wir lebten in den Zellen besser als viele Menschen draußen. Es hieß, wir hielten uns für etwas Besseres als die normalen Gefangenen und wollten Privilegien. Wir seien egoistisch, gewalttätig, machtversessen, unmoralisch und gefährlich. Es ginge uns gar nicht um die Veränderung der Haftbedingungen, die seien ja bestens, sondern um die Fortsetzung des bewaffneten Kampfes und die Zerstörung der Demokratie. Es waren immer wieder dieselben Journalisten im Radio und in den Zeitungen, die über uns berichteten. Und sie widersprachen sich ständig. Der Zweck war einfach, die Pressekampagne gegen uns am Kochen zu halten, egal mit welchen Argumenten. Ich hörte und las das alles und dachte verzweifelt: »Merkt denn niemand, wie sie dauernd lügen? Haben die Leute alle so ein kurzes Gedächtnis, daß sie sich nicht mehr an das erinnern, was man ihnen zwei Wochen vorher erzählt hat?« Diese Berichterstattung traf mich tief. Ich fühlte mich bedroht und wehrlos.

Im Laufe der Wochen wurde mir nach und nach klar, daß wir das Ziel unseres Hungerstreiks, die Aufhebung der Isolation und die Integration in den Normalvollzug, nicht erreichen würden. Als ich den Hungerstreik begonnen hatte, war dieses Ziel für mich eine Überlebensnotwendigkeit gewesen. Die Isolation brachte mich um, und ich wollte mit aller Kraft, die ich noch besaß, da raus. Als ich mehr und mehr zweifelte, dieses Ziel mit meinem Hungerstreik durchsetzen zu können, schwand auch meine Kraft.

Eines Tages lag ich nach der Zwangsernährung wie immer zerschlagen und gedemütigt auf der Pritsche, unfähig zu irgendeinem vernünftigen Gedanken, als die Zellentür aufflog und plötzlich meine Mutter neben mir stand. 1971, vor meiner ersten Verhaftung, hatte ich sie zuletzt gesehen und seitdem jeden Kontakt mit ihr abgelehnt. Jetzt stand sie weinend da und flehte mich an: »Du bist doch meine Tochter, ich will nicht, daß du stirbst, es gibt doch noch so viel zu leben.« Ich war unfähig zu reagieren. Ihr Schluchzen berührte mich. Ich sagte nichts, und meine Mutter weinte still vor sich hin. Nach ein paar Minuten holten die Schließer sie aus der Zelle.

Mich packte kalte Wut, Wut auf die Perfidie dieser Situation. Für Besucher gab es einen besonderen Knastteil, außerhalb des Zellengebäudes, und Besuche bei uns liefen nie ohne Bewachung von mindestens einem Schließer und einem Kripobeamten ab. Und jetzt hatten sie meine Mutter zu mir auf die Zelle gesperrt. Ich hätte sie rausschmeißen müssen, aber das war mir nicht eingefallen. Sofort hatte ich Schuldgefühle: Warum hatte ich falsch reagiert, warum hatte ich sie nicht rausgeschmissen und dem Staatsschutz diesen Trick vermasselt? Nie hatte irgend jemand außer Knastangestellten oder Bullen in eine der Zellen von uns kommen können. Nicht mal als Holger Meins schon im Sterben lag und nicht mehr gehen konnte, hatte ihn sein Anwalt in seiner Zelle sehen können, sondern sie hatten ihn auf einer Trage in die Besucherzelle gebracht. Aber meine Mutter brachten sie in meine Zelle, damit ich den Hungerstreik abbrechen sollte.

Am 9. November 1974 starb Holger. Für uns war klar: Die Regierung hatte ihn ganz gezielt mit der Zwangsernährung umgebracht.

Entscheidend für die Steuerung einer Zwangsernährung ist die Kalorienmenge, die dem Körper täglich zugeführt wird. Ist sie geringer als die Menge, die der Körper braucht, nimmt der Mensch schneller an Gewicht ab als bei einem Hungerstreik ohne diese Kalorienzufuhr. Holger war täglich sehr brutal zwangsernährt worden mit einer Dosis von 400 bis 800 Kalorien. Ein Erwachsener benötigt jedoch mindestens 1.200 bis 1.600 Kalorien zum Überleben. Holger hatte rapide abgenommen, viel schneller als durch den Hungerstreik allein.

In der Woche darauf brachte der *Stern* ein zweiseitiges Foto des zu einem Skelett abgemagerten toten Holger. Sein Tod und dieses Foto entsetzten mich tief und machten mir Angst.

Für alle RAF-Gefangenen war der Tod von Holger die unmißverständliche Demonstration der Regierung, daß unserer Forderung nach Aufhebung der Isolation um keinen Preis nachgegeben würde. Aus dieser Einschätzung entwickelten die hungerstreikenden Gefangenen eine neue Forderung: Zusammenlegung in Gruppen und damit wenigstens das Ende der Einzelisolation. Zusammenlegung mit Genossen, mit anderen politischen Gefangenen, wie es in den meisten Ländern der Welt selbstverständlich ist, wo die politischen Gefangenen auch von den übrigen Gefangenen getrennt werden, aber untereinander Kontakt haben, miteinander diskutieren und ein beschränktes, wenn auch kontrolliertes soziales Leben miteinander führen können. Aber der bundesrepublikanische Staat hatte seine Methode für »die perfekte Lösung«, das Modell Deutschland.

Nach zwei Monaten Hungerstreik und Zwangsernährung und nachdem für mich entschieden war, daß die Regierung die Isolation nicht aufheben wollte, brach ich den Hungerstreik ab. Ich konnte nicht mehr.

Ein paar Tage vor mir hatte Gerhard Müller, der 1972 verhaftet worden war und auch in Hamburg saß, den Streik abgebrochen. Unser Abbruch wurde abends in den Fernsehnachrichten gemeldet. Sie brachten es als Anzeichen, daß die Hungerstreikfront abbröckele und man mit seinem baldigen Ende rechnen könne.

Über die Gefängnisärztin versuchte Gerhard Müller, Kontakt zu mir aufzunehmen. Das lehnte ich ab. Ich wollte mich in meiner Niederlage nicht auch noch mit jemandem verbünden. Die anderen Gefangenen, die den Hungerstreik fortsetzten, hatten eine Riesenwut auf mich. Mit meinem Abbruch hatte ich ihren Kampf geschwächt. Jetzt konnte unter Berufung auf mich lanciert werden, der Hungerstreik sei am Zusammenbrechen. In den Augen der anderen war ich eine Verräterin am politischen Kampf. Und es gab die Befürchtung, ich könne zu einer Zusammenarbeit mit der Polizei bereit sein. Gerhard Müller fing an, seine Genossen zu denunzieren. Mir kam ein solcher Gedanke nicht eine Sekunde. Ich erfuhr, daß Müller seinem bisherigen Verteidiger das Mandat entzogen hatte und mit dem BKA zu sprechen begann. Er machte Aussagen gegen seine ehemaligen Kampfgefährten und erreichte einen Deal mit der Bundesanwaltschaft: Verzicht auf eine Mordanklage wegen der Erschießung des Polizisten Schmid in Hamburg gegen seine Bereitschaft, in den Prozessen gegen die RAF als Kronzeuge der Anklage aufzutreten.

Ich begann wieder zu essen, aber ich fühlte mich nicht gut dabei. Wenn es Zeit für die Ausgabe des Mittag- oder Abendessens war, wurde über den ganzen langen Zellenflur gerufen: »Das Essen für Schiller.« Jeden Tag, drei Monate lang. Inga Hochstein, die während des Hungerstreiks verhaftet worden war und sich dem Streik sofort angeschlossen hatte, Christa, Irmgard und Ilse konnten und sollten es genau hören. Und ich hörte jeden Tag, wie jede einzelne der vier Frauen zur Zwangsernährung geschleppt wurde. Jeden Tag sah ich, wie sie dünner und entkräfteter wurden. Es war die Hölle. Ich wußte nicht mehr vor und nicht zurück. Ich konnte den Hungerstreik nicht wieder aufnehmen, weil ich wußte, ich würde nicht durchhalten. Aber ich wollte auch nichts anderes.

Einige der Schließerinnen und die Anstaltsleiterin Heinemann versuchten, mit mir zu reden und wieder einen Kontakt herzustellen wie während meiner ersten Knastzeit 1972. In der Gruppe vom 4. 2. war ich deswegen kritisiert worden, aber ich hatte diese Kritik nie akzeptiert. Jetzt war die Konfrontation seit dem Toten Trakt in Lübeck und dem Streik so hart geworden, daß es keinen Raum mehr gab für Differenzierungen. Es wurde zu einer Frage meiner Selbstbehauptung, dicht zu machen gegen alles, was mit Justiz und Staatsapparat zu tun hatte.

Heinemann hatte die Rollkommandos angeführt, die uns zur Zwangsernährung holten. Die Schließerinnen hatten nach den Folterungen die Türen verriegelt. Jetzt fragten sie mich, ob ich in ein anderes Stockwerk verlegt werden wollte, weg von den übrigen Hungerstreikenden. Ich sagte NEIN.

Nach fünf Monaten brachen die übrigen Gefangenen am 2. Februar 1975 ihren Hungerstreik ab, ohne ein Ergebnis erreicht zu haben. Draußen hatte sich offensichtlich nach unserer Verhaftung eine neue RAF-Gruppe gebildet, die jetzt eine kurze Erklärung abgab, in der sie die Gefangenen zum Abbruch des Hungerstreiks aufforderte und eigenes Handeln ankündigte.

Es hatte während des Streiks eine große Unterstützung für die Forderungen der Gefangenen gegeben. Ich selbst nahm das in meinem Kampf um Selbstbehauptung kaum wahr, ich kreiste zu sehr um mich. Deswegen kann ich dazu auch nicht viel erzählen, aber zum Beispiel gab es nach dem Tod von Holger überall, selbst in ganz kleinen Städten, Demonstrationen. Es gab in vielen Orten heftige Straßenschlachten und in Berlin eine Demonstration mit über 15.000 Menschen. Die Bewegung 2. Juni versuchte, den obersten Richter Berlins, Günter von Drenkmann, aus seiner Wohnung zu entführen. Als er sich wehrte, wurde er erschossen.

Schon vor dem Beginn des Hungerstreiks hatte es eine breite europäische Öffentlichkeit gegen die Haftbedingungen der politischen Gefangenen, gegen die Isolationsfolter gegeben. Jean-Paul Sartre besuchte während des Streiks am 4. Dezember 1974 Andreas Baader in Stammheim. In Frankreich, Italien und anderen Ländern wandten sich Intellektuelle und linke Gruppen gegen den Versuch des deutschen Staates, die Gefangenen aus der Guerilla zu vernichten. Die Haftbedingungen waren Bestandteil vieler politischer Diskussionen und Aktionen.

Aber weder durch diese politische Mobilisierung noch durch den fünfmonatigen Hungerstreik konnten wir Änderungen in den Haftbedingungen erreichen. Die Bundesregierung war gemeinsam mit den USA zum Vorreiter dafür geworden, wie revolutionäre Bewegungen in allen Nato-Staaten bekämpft werden sollten. Und wieder hatte es auch das gegeben: Im Dezember explodierte in einem Schließfach im Bremer Hauptbahnhof eine Bombe. Müller, der jetzt mit dem Staatsschutz zusammenarbeitete, erklärte, das sei eine Aktion der RAF gewesen. Für mich war klar: Nach den Drohungen mit den Bomben in der Stuttgarter Innenstadt oder den Sam-7-Raketen auf das Volksparkstadion hatte der Staat nun selber gebombt.

Während des Hungerstreiks und besonders nach seinem Abbruch hatten Polizei und Schließer immer darauf gelauert, daß es zwischen mir und den anderen vier Frauen zum Zusammenstoß kommen würde. Etwas mehr als zwei Wochen nach dem Ende des kollektiven Hungerstreiks machte ich Hofgang, als Irmgard Möller ans Zellenfenster kam und in unserer Fingersprache fragte, ob ich mit ihr sprechen und mit ihr Umschluß machen wollte. Ich nickte. Nach dem Ende des Hofgangs verlangte ich, auf die Zelle von Irmgard gebracht zu werden. Es war Freitagmittag. Man sagte mir, daß für mich kein Umschlußbeschluß vorläge, der zuständige Richter sei ins Wochenende gegangen, und ich müsse bis Montag warten.

Für die hungerstreikenden Frauen war in den letzten Wochen die Totalisolation aufgehoben worden. Sie durften sich zu zweit in der Zelle treffen. Dieser Beschluß hatte während des Streiks vor allem eine Kontrollfunktion wegen der hohen Lebensgefahr der Hungerstreikenden, bei denen jeden Moment ein Kreislaufzusammenbruch und das Koma eintreten konnte. Er erleichterte auch die Arbeit der Schließer, die sonst täglich 24 Stunden vor jeder Zelle sitzen mußten, um die Gefangenen zu beobachten. Da ich den Hungerstreik vorher abgebrochen hatte, gab es für mich keinen solchen Beschluß, und ich mußte bis zum Montag warten. Am Montag früh war meine erste Forderung Umschluß mit Irmgard. Sie brachten mich zum Hofgang, dann konnte ich zu Irmgard. Wir umarmten uns und wollten anfangen, miteinander zu reden, als die Tür wieder aufging, und es hieß: »Frau Schiller, packen Sie Ihre Sachen, Sie werden nach Lübeck verlegt.«

Sensorische Deprivation

Der Staatsschutz hatte abgewartet, ob die anderen nach dem Ende des Hungerstreiks über mich herfallen würden. Als sie sahen, daß sie sich getäuscht hatten, fiel ihnen nur noch ein, mich ganz fertigzumachen.

Auf dem Weg nach Lübeck überlegte ich, wohin sie mich jetzt stecken würden. Ich war sicher, daß ich diesmal in den normalen Gefängnisbau kommen würde, vielleicht sogar in den Normalvollzug. In Lübeck angekommen, führten sie mich jedoch direkt in den Toten Trakt. Da war kein Zweifel möglich: Sie wollten das letzte Leben aus mir pressen. Jetzt kannte ich aber das Foltermittel, das sie gegen mich benutzten, und ich war mir über ihre Absicht im klaren. Jetzt konnte ich mich ganz bewußt dagegen wehren und mir ein Stück von dem wiedererkämpfen, was ich verloren hatte.

Gleichzeitig mit meiner Verlegung nach Lübeck erließ das Gericht den Beschluß, daß mich nur noch Verwandte besuchen durften. Das hatte es bis dahin noch nie bei mir gegeben, und die Absicht war so eindeutig wie meine Verlegung. Es sollte mir jede politische Auseinandersetzung unmöglich gemacht werden, man wollte mich zurückwerfen in die alten vorpolitischen Strukturen.

Ich überdachte meine Lage und entschloß mich, Besuch von meinen Eltern, meinem Bruder und meiner Schwester zu akzeptieren. Seit jenem Tag, an dem das BKA meine Mutter während des Hungerstreiks zu mir in die Zelle gebracht und ich sie nicht rausgeschmissen hatte, fühlte ich die Notwendigkeit, mich mit meiner Familie noch einmal direkt auseinanderzusetzen. Ich schrieb meiner Mutter bitterböse, beleidigende Briefe, und bei ihren Besuchen stieg in mir die Wut hoch, wenn ich sah, daß meine Eltern die Schließer und überwachenden BKA-Beamten anlächelten und bei ihnen nach Bestätigung für meine Schilderung der Haftbedingungen suchten.

Bei ihrem zweiten Besuch meinte mein Vater, ich sei doch jetzt ganz allein, es gäbe niemanden mehr, der mir helfen wolle, und deswegen sei ich auf sie angewiesen. Die Haltung und die Worte meiner Eltern bestätigten mir, was ich erwartet hatte: Es existierte nicht die geringste Basis für ein Gespräch, sie wollten mich weiterhin als die unmündige Tochter behandeln, die kein Recht auf eigene Entscheidungen hat und deren Vorstellungen sie nicht zu repektieren brauchen. Da brach ich den Besuch nach fünf Minuten ab und lehnte jeden weiteren Kontakt zu ihnen ab. Mit meiner Schwester lief es ähnlich.

Die Auseinandersetzung, die ich suchte, führte ich dann mit meinem Bruder. Er hatte sein Studium der Betriebswirtschaft wieder aufgenommen und beendete es gerade. Es gefiel ihm nicht mehr, aber es war das, was er kannte. Er sprach langsamer und bedächtiger als früher, ich erlebte ihn, als wäre ein Teil von ihm nicht anwesend. Auch für ihn war es wichtig, mit mir zu sprechen. Und wir knüpften an unsere Gespräche von 1972 im Hamburger Knast an: unsere gemeinsame Geschichte.

Dabei kreisten wir immer wieder um das Thema der Verantwortung jedes Menschen für sich selbst: meine Verantwortung mir selbst und meiner Geschichte, meinen Entscheidungen und Fehlern gegenüber – und die Verantwortung meiner Eltern für ihre Geschichte, für die deutsche Geschichte, für die Konsequenzen ihres Handelns oder Nicht-Handelns. Wir diskutierten die Strukturen unserer Familie, unserer Erziehung. Meine Mutter hatte sich in den entscheidenden Momenten immer meinem Vater untergeordnet, wenn er mit Gewalt drohte oder sie anwendete. In diesen Situationen stellte sie sich nie auf unsere Seite. Sie wagte höchstens heimlich im Kinderzimmer, sich mit uns zu solidarisieren. Wir sprachen darüber, daß unsere Eltern ein Produkt ihrer Zeit waren, im Spannungsverhältnis zwischen gesellschaftlichem Zwang und individueller Entscheidung, aber trotzdem auch verantwortlich für ihr Tun – genauso wie wir selbst.

Ende Februar 1975, zu der Zeit, als ich wieder nach Lübeck

verlegt wurde, hatte die Bewegung 2. Juni mitten im Wahlkampf den Berliner CDU-Vorsitzenden Peter Lorenz entführt und durch ihn die Freilassung von fünf Gefangenen erreicht, die in den Südjemen ausgeflogen wurden.

Ende April 1975 hörte ich eines Abends im Radio die Meldung von der Besetzung der deutschen Botschaft in Stockholm durch das Kommando Holger Meins. Im Laufe der nächsten Stunden und Tage erfuhr ich über Zeitungen und Radio, daß das RAF-Kommando mit der Besetzung der Botschaft die Freilassung und das Ausfliegen von 26 Gefangenen forderte. Auf der Liste stand zu meiner großen Überraschung auch mein Name.

Das Kommando erschoß zwei Botschaftsangehörige, um der Forderung Nachdruck zu verleihen. Zwölf Stunden nach Beginn der Aktion explodierte der vom Kommando in der Botschaft installierte Sprengstoff. Die Sprengung wurde jedoch nicht vom Kommando ausgelöst, sondern vermutlich von außen. Ulrich Wessel wurde während der Aktion getötet, Siegfried Hausner hatte Brandverletzungen, die bei fachärztlicher Behandlung aber nicht lebensgefährlich waren. Auf Druck der Bundesregierung wurde er gegen den Protest der behandelnden schwedischen Ärzte statt in ein Krankenhaus nach Stammheim ins Gefängnis gebracht, wo er elf Tage später ohne ärztliche Versorgung starb.

Ich hatte vor meinen Verhaftungen 1971 und 1974 alle Mitglieder des Kommandos in verschiedenen Zusammenhängen kennengelernt, zum Teil im SPK, zum Teil in Hamburg nach meiner ersten Haftentlassung. Ulrich Wessel war ein sehr bescheidener, genauer und bedachtsamer Mensch. Siegfried war eher das Gegenteil. Als ich ihn im SPK kennenlernte, war er ungefähr siebzehn Jahre alt, stürmisch und schnell und gerade von zu Hause ausgerissen.

Die Aktion war gescheitert. Die Genossen waren tot oder verhaftet. Diese Aktion hätte ich selbst nicht ausführen wollen. Aber sie hatte mir Mut gemacht. »Draußen«, die Welt außerhalb der Knastmauern, existierte wieder. Ich fühlte mich nicht mehr vergraben hinter Mauern, wohin sonst kein Echo des Lebens drang. Saigon, die Hauptstadt Südvietnams, fiel, die Fotos mit dem letzten amerikanischen Hubschrauber, an den sich die zurückgelassenen Kollaborateure zu hängen versuchten, erschienen in allen Zeitungen. Ich jubelte über das Ende dieses langen Krieges und die Niederlage des US-Imperialismus. Und ich studierte das Material über die gerade von Portugal unabhängig werdenden Staaten Angola, Mosambik und Guinea-Bissau. Es hatte sich eine Menge Material darüber in meiner Zelle angesammelt: Zeitschriften, Bücher, Artikelsammlungen.

Wieder stieß ich darauf, daß die Geschichte von 500 Jahren Kolonialismus im Kern überall dieselbe war. Die europäischen Kolonialmächte behaupteten, sie hätten den Wilden die Zivilisation gebracht, aber die Realität sah ganz anders aus. In Guinea-Bissau wurden 1960 vor allem Erdnüsse exportiert und Alkohol importiert, 99 Prozent der Bevölkerung waren Analphabeten. Die Menschen dort interessierten die Europäer einen Dreck. Aber Portugal schickte 40.000 Soldaten in dieses kleine Land, nachdem dort Anfang der 60er Jahre der Befreiungskampf begonnen hatte. Ich las und las, und in mir wuchs wieder dieser Haß, dieser Wille, etwas gegen das Elend in der Dritten Welt zu tun. Ich bestellte mir einen Atlas, um mir eine möglichst genaue Vorstellung von diesen Ländern machen zu können. Wir hatten von der Justiz die Genehmigung bekommen, einen Plattenspieler zu benutzen, und ich hörte Platten mit Liedern aus Angola und Guinea-Bissau. Der Rhythmus, die dunklen Stimmen, die traurigen Melodien gefielen mir sehr, ich versuchte mitzusingen, aber ich konnte ja kein Portugiesisch. Ich ließ mir einen Portugiesisch-Kurs schicken und begann, diese Sprache zu lernen. Aber es war aussichtslos. Ich hörte die fremden Klänge, die mit den geschriebenen Buchstaben so gar nichts zu tun hatten, und fand nicht heraus, wie der Mund bewegt werden mußte, um diese Laute zu formen. Auf den Plattenhüllen und in den Büchern betrachtete ich die Gesichter der schwarzen Menschen, die Schönheit der Landschaft. Dahin wäre ich gern einmal gefahren. Und immer wieder hörte ich ihre Musik. Oder die zum Weinen traurigen Lieder aus Chile.

Ein knappes halbes Jahr blieb ich noch einmal allein im Toten Trakt. Es gab kein *Info* mehr. Das war Anfang 1975 mit den Gesetzesänderungen zur Beschränkung der Verteidigerrechte – im allgemeinen Baader-Meinhof-Gesetze genannt – auf der Strecke geblieben. Aber ab und zu brachte mir mein Anwalt einen kleinen Brief von den Hamburger Frauen mit, in denen sie mir erzählten, woran sie arbeiteten, und nach mir fragten.

Ich las Papiere und Materialien über das Forschungsprojekt des Hamburger Psychiaters Jan Gross in der Eppendorfer Universitätsklinik über sensorische Deprivation, also den Entzug sämtlicher Sinnesreize, und die damit geschaffenen Möglichkeiten der Manipulation von Menschen. Offensichtlich standen diese Forschungen im Zusammenhang mit unseren Haftbedingungen. Die Bundesrepublik und die USA waren Vorreiter bei diesen Forschungen und der architektonischen Umsetzung ihrer Ergebnisse in Gefängnissen. Ich versuchte, Unterlagen über die Wirkungen der Isolation zu bekommen, um besser zu verstehen, was mit mir im Toten Trakt passiert war und wogegen ich mich jetzt wappnen mußte.

Ich wußte zwar jetzt schon mehr darüber, aber das nahm der totalen Isolation natürlich nicht ihre Wirkung. Ich fror ständig, obwohl Sommer war. Ich fühlte ein Gewicht auf der Brust, das mir die Luft nahm und mich zu der Überzeugung brachte, Lungenkrebs zu bekommen. Der Druck auf den Ohren hörte nie auf. Jede Gymnastikübung kostete eine riesige Anstrengung, genauso wie das Lesen einer einzigen Buchseite. Ich mußte alle Kraft zusammennehmen, um nicht in den Wechselbädern zwischen Apathie und wilden Aggressionen unterzugehen.

Als ich eines Tages aus einem großen Briefumschlag ein leuchtend blaues Tuch herauszog, kamen mir beim Anblick der

Farbe die Tränen. Dieses klare, intensive Blau wühlte in mir tiefe Gefühle auf. In der Zelle, im Trakt war alles weiß, grau, verwaschen grün, die Kittel der Schließer dunkelblau. Farben gab es so wenig wie lebendige Töne.

Nach fünf oder sechs Monaten allein im Toten Trakt brachten sie wieder Christa Eckes zu mir. Uns beiden war bewußt, was zwischen uns im Jahr vorher gelaufen war, und so half mir diesmal das Zusammensein mit ihr, Reaktionen zu verstehen, die die Isolation produziert und die ich auch an mir selbst wahrgenommen hatte, ohne die Ursache zu begreifen. Es erleichterte mich sehr zu erfahren, daß es den anderen Gefangenen oft genauso ging wie mir.

Kleinigkeiten konnten in der Zelle allein schreckliche Dimensionen annehmen, wenn man keinen Weg fand, darüber zu lachen und gelassen damit umzugehen: Seit dem großen Hungerstreik war es mir unmöglich, Essen in der Zelle aufzubewahren. Alles, was ich beim wöchentlichen Einkauf gekauft hatte, verschlang ich immer noch am selben Tag. Als ich Helmas Geburtstagspaket voller Süßigkeiten bekommen hatte, stopfte ich zwei Tage lang ununterbrochen diese Kostbarkeiten in mich rein, bis mir nur noch schlecht war. Am dritten Tag warf ich alles, was noch übrig geblieben war, ins Klo, weil ich nicht mehr wußte, wie ich sonst damit umgehen sollte. Ich selbst verurteilte mich als disziplinlos, kritisierte meinen Mangel an Selbstkontrolle, und ich sah das als Ausdruck meiner zerfallenen politischen Identität. Als Christa zu mir kam, erzählte sie mir, daß es in Hamburg allen anderen politischen Gefangenen genauso gehe, und daß deswegen alle ihre Lebensmittel bei Christa in der Zelle aufbewahrten, der einzigen, die seit dem Streik das umgekehrte Problem hatte, daß sie nämlich kaum noch aß. Als ich das von Christa hörte, mußte ich aus Erleichterung, daß es mir nicht allein so ging, eine Viertelstunde so lachen, daß mir die Tränen kamen.

Wir lasen jeden Tag zusammen die Zeitungen und diskutierten darüber. Seit Ende Mai lief der Prozeß gegen Gudrun Ensslin, Ulrike Meinhof, Jan-Carl Raspe und Andreas Baader in Stuttgart-Stammheim. Noch während des Hungerstreiks hatte die Regierung Ende 1974 durch Gesetzesänderungen ihre Prozeßvorbereitung begonnen. Es gab jetzt ein Verbot der Mehrfachverteidigung: Jeder nach Paragraph 129 Angeklagte mußte einen anderen Anwalt haben. Aber so viele Anwälte, die bereit gewesen wären, einen von uns unter dieser enormen öffentlichen Anfeindung zu verteidigen, gab es gar nicht. Außerdem war es jetzt möglich, die Gerichtsverhandlung auch in Abwesenheit der Angeklagten zu führen. Das Gesetz ging von der Voraussetzung aus, daß »Hungerstreiks die bewußte Herbeiführung eines Zustands der Verhandlungsunfähigkeit« seien. Vor Prozeßbeginn waren dann die drei Anwälte von Andreas Baaders Verteidigung ausgeschlossen worden, die uns am längsten im Gefängnis besucht hatten und sich am besten mit unseren Haftbedingungen und den Prozeßunterlagen auskannten: Klaus Croissant, Christian Ströbele und Kurt Groenewold. Generalbundesanwalt Buback beschuldigte sie, »Sprachrohr« und »Mitglieder in der kriminellen Vereinigung ihrer Mandanten« zu sein, weil sie die »Terminologie des Linksextremismus wie Isolationsfolter, Vernichtungshaft, Gehirnwäschetrakt« benutzten.

Der Prozeß fand in einem extra dafür gebauten Bunker statt, einem in Zement gegossenen Symbol für die Methode, mit der der Staatsapparat das Phänomen RAF zu bewältigen vorhatte. Eine gewaltige Menge von Zeitungsartikeln über diesen Schauprozeß prasselte in unsere Zellen, und die Realitäten wurden mit enormem Aufwand auf den Kopf gestellt: Jeder Antrag zu den Haftbedingungen galt als eine Prozeßverschleppung, die vier Angeklagten wurden als teuflische kaputte Ungeheuer dargestellt. Springers *Welt* brachte es auf den Begriff: »Verantwortungslos und unintelligent ist jede vermenschlichende Darstellung der Terroristen.«

Christa und ich studierten die Anträge der Anwälte und der vier Genossen im Stammheimer Prozeß, und wir suchten selbst sämtliches Material über die Haftbedingungen und das Ziel der Isolationsfolter zusammen. Dabei stießen wir auch auf die Erklärung für eine Erfahrung, die wir selbst schon gemacht hatten: Nach Jahren der Einzelisolation potenziert eine Zweierkonstellation die Wirkung der Isolation. Wir kämpften jetzt darum, dieses Wissen in unserem täglichen Zusammensein nicht zu vergessen. Und für eine Zeit gelang es uns.

Zur Begleitung des Prozesses erschienen in der Presse großaufgemachte Meldungen, daß die RAF Senfgas gestohlen habe, daß die RAF den Bodensee mit Atommüll verseuchen wolle. Und im September explodierte eine Bombe im Hamburger Hauptbahnhof. Christa und ich versuchten, uns an alle Drohungen und Aktionen dieser Art seit dem Beginn des bewaffneten Kampfes in der BRD zu erinnern. Da wir schon seit einer Weile Bücher von Anti-Aufstands-Spezialisten und ehemaligen CIA-Agenten lasen, wußten wir, daß solche Kampagnen typische Geheimdienstmethoden waren. Für die Verfechter der bestehenden Ordnung waren das ganz entscheidende Schlachtfelder. Das Ziel: Entsolidarisierung, Angst, Verunsicherung. Jeder normale Staatsbürger sollte überzeugt werden, daß er der nächste sein konnte, den es traf, und daß den Guerillakämpfern das Leben der Bevölkerung einen Dreck wert sei.

Nach ungefähr vier oder sechs Wochen, in denen Christa und ich zusammen im Toten Trakt gefangen waren, wurden wir nach Hamburg verlegt, denn im November sollte der Prozeß gegen die »Gruppe vom 4.2.« beginnen.

Der Tod von Ulrike Meinhof und eine Morddrohung

Unsere Verlegung nach Hamburg brachte eine Überraschung. Wir konnten jeweils zu zweit in eine Zelle ziehen. Zwei medizinische Gutachter hatten die Verhandlungsunfähigkeit von Irmgard Möller prognostiziert, wenn sich nicht sofort etwas an ihren Isolationshaftbedingungen ändern würde. Wir waren begeistert. Nach so langer Zeit totaler Isolation, in der letzten Zeit mit der kleinen Auflockerung von einer oder zwei Stunden Umschluß zu zweit, schien uns das die völlige Aufhebung der Isolation, das Ende der Folter. Ich zog mit Christa Eckes in eine Zelle, Irmgard zog mit Ilse Stachowiak zusammen. Und da saßen wir nun in einer neuen Falle. Jetzt war es nämlich für keine von uns mehr möglich, auch nur für kurze Zeit allein zu sein. Diese absolute Umkehrung der Situation nach dem ständigen Alleinsein schaffte eine unerträgliche Situation, eine enorme emotionale Spannung. Die erste, die unter dieser totalen Anspannung zusammenbrach, war ich. Schon nach ganz kurzer Zeit begann ich, in der Zelle auf alle Bewegungen von Christa zu starren, sie nur noch zu beobachten. Ich war unfähig, irgend etwas für mich selbst zu denken oder zu tun. Und Christa reagierte aggressiv und mit Ablehnung, sie ertrug das genauso wenig wie ich. Es blieb für uns beide kein Raum zum Atmen.

Nach knapp einem Monat beantragte ich, wieder allein auf eine Zelle gelegt zu werden. Von da ab ging es mir schlechter als jemals vorher. Ich konnte nicht mehr lesen, nicht schreiben, ich war für mehr als ein Jahr nicht in der Lage, einen vollständigen Satz zu formulieren.

Die anderen drei Frauen mußten um sich selbst kämpfen, so daß sie mir auch nicht mehr helfen konnten. Sie machten keinen Umschluß mehr mit mir. Nur ab und zu kam eine von ihnen in meine Zelle, um nachzuehen, ob ich immer noch erstarrt sei. Angesichts meiner Hilflosigkeit, gegen die sie nichts tun konnten, verließen sie mich nach ein paar Minuten wieder.

Nur Inga machte Hofgang mit mir. Sie hatte nie zur RAF gehört, und es gab auch keine andere Organisation, der gegenüber sie sich zu irgendeinem Verhalten verpflichtet gefühlt hätte.

Allein in der Zelle lief ich stundenlang auf und ab. Zwei Schritte von einer Seite zur anderen. Vier große oder sechs normale Schritte von der Tür zum Fenster. Wie lange ich das aushalten würde, davon hatte ich keine Vorstellung. Hauptsache, ich würde den nächsten Morgen noch schaffen. Ich versuchte, ein Buch zu lesen, aber nach einem Absatz gab ich auf, ich verstand nicht, was ich las. Manchmal drang ein Satz zu mir durch, einer aus den Folterlagern in Vietnam zum Beispiel, und ich fühlte: Doch, ich lebe noch, und ich werde auch wieder aufstehen. Aber danach war wieder alles dumpf.

Ich brach meinen letzten Kontakt nach draußen ab, den zu Helma. Sie hatte als meine »Adoptivmutter« in der Verwandtengruppe mitgearbeitet, in der die Familienangehörigen der politischen Gefangenen regelmäßig zusammentrafen, die den Kampf der Guerilla und der Gefangenen respektierten, auch wenn sie selbst jeweils unterschiedliche politische Überzeugungen hatten. Seit meinem Hungerstreik-Abbruch hatten für Helma Probleme in der Verwandtengruppe begonnen, weil ich nicht mehr dazu gehörte.

In dieser Zeit, in der der Staatsapparat die Bekämpfung der Gefangenen aus der Guerilla verschärfte, der Hungerstreik mit dem Tod von Holger Meins die Härte der Konfrontation für jeden sichtbar gemacht hatte und jetzt der Prozeß in Stammheim lief, wurden auch die politischen Auseinandersetzungen über den richtigen Weg innerhalb der mit uns solidarischen Gruppen heftiger geführt, bis sie 1977 ihre größte Schärfe erreichten. Oft verboten die Gerichte Besuche. Wir sollten so wenig wie möglich politische Auseinandersetzungen führen, und draußen sollte uns niemand mehr kennen, damit die Bilder der psychologischen Kriegführung von uns als harte, unsensible, politisch ahnungslose, egoistische Desperados greifen konnten. Weil ich in dieser zugespitzten Lage nicht mehr fähig war, zu diesen Auseinandersetzungen Stellung zu nehmen, brach ich auch meine letzte Brücke ab. Ich sagte Helma, daß sie mich nicht mehr besuchen und mir auch nicht mehr schreiben solle.

Meine Zähne gingen einer nach dem anderen kaputt. Da ich kurz nach dem Krieg geboren war, hatten mir immer Calcium und die sonst notwendigen Bedingungen, um stabile Knochen und Zähne zu entwickeln, gefehlt. Im Knast fehlte wieder alles: keine Sonne, Essen ohne genügend Mineralien und Vitamine. Der Zahnarzt kam nur für die Notversorgung. Ende Dezember 1975 bekam ich fürchterliche Schmerzen. Das Zahnfleisch hatte sich vom Nerv eines Backenzahns gelöst, und der lag nun offen. Ich konnte kaum mehr essen. Jedes Getränk, egal ob warm oder kalt, jeder Luftzug brannte wie Feuer. Der Knastzahnarzt hatte Urlaub. Ich dachte, mir würde der Kopf platzen vor Schmerzen. In der Zelle gab es nichts, womit ich mich ablenken konnte. Da waren nur ich und der Schmerz. Aus zehn Tagen wurde eine Ewigkeit. Dann hörte der Schmerz plötzlich auf. War der Nerv abgestorben? Ich wußte es nicht. Aber seitdem kenne ich keine Zahnschmerzen mehr. Mein Unterbewußtsein läßt kein derartiges Schmerzgefühl mehr an mein Bewußtsein gelangen. Seit dieser Zeit ertrage ich stoisch jede Zahnarztbehandlung ohne Betäubung.

Im November 1975 hätte der Prozeß gegen uns, die wir am 4. Februar 1974 verhaftet worden waren, beginnen sollen. Zwischen den Anwälten und den Gefangenen aus der RAF gab es heftige Auseinandersetzungen über die Prozeßstrategie in den Gerichtsverfahren, die in diesem Jahr an mehreren Orten gleichzeitig laufen würden. Die meisten Gefangenen wollten, daß sich alle Kräfte auf Stammheim konzentrierten: Dort fuhr der Staatsapparat die schärfsten Geschütze auf, dort gab es die größte Presseöffentlichkeit, und dort waren die RAF-Gründer angeklagt. Die Diskussion war auch durch das Verbot der

Mehrfachverteidigung notwendig geworden. Und wir vom 4.2. hatten wegen unserer mißratenen Geschichte auch kein Interesse daran, überhaupt einen Prozeß zu führen. Ich selbst beteiligte mich nicht an dieser Auseinandersetzung. Der Prozeß interessierte mich nicht. Für mich stand fest, daß das Urteil eine politische Entscheidung war, die durch die Auswahl des Gerichts, der Staatsanwaltschaft und der Abfassung der Anklageschrift schon gefällt war. Und ich wollte auf keinen Fall schon wieder in der Presse begutachtet werden, wie schon in all den Jahren seit 1971. Der vorsitzende Richter war derselbe wie beim ersten Prozeß gegen mich: Ziegler. Er gehörte nicht zu denen, die auf Teufel komm raus ein Exempel statuieren wollten und sich selbst als Teil einer kriegführenden »Demokratie« verstanden. Die Anklageschrift war im wesentlichen eine Kollektivanklage, gegen mich als Einzelperson gab es keine besonderen Anklagepunkte. Im Gegensatz zu Stammheim war gegen uns kein Terrorurteil zu erwarten.

Als der Prozeß schließlich Anfang 1976 begann, lasen Helmut Pohl, Wolfgang Beer, Ilse Stachowiak und Christa Eckes eine Prozeßerklärung vor. Eberhard und ich saßen teilnahmslos dabei. Eberhard hatte sich seit einiger Zeit von den anderen getrennt. Kay war wegen einer lebensgefährlichen Krankheit aus dem Knast entlassen worden. Danach ließen wir uns von der Verhandlung ausschließen, indem wir aufstanden und Lärm machten. Gleichzeitig entzogen wir unseren Vertrauensverteidigern das Mandat, damit sie nicht zur Prozeßführung gezwungen werden konnten. Übrig blieben die vom Gericht bestellten Pflichtverteidiger, die wir Zwangsverteidiger nannten. Mit der Einführung solcher »Verteidiger«, die nicht das Vertrauen der Gefangenen besaßen, hatte das Stammheimer Gericht begonnen. Das war eine Maßnahme, um den Prozeß auch dann zu Ende bringen zu können, wenn sie alle unsere Vertrauensanwälte abgelehnt hatten. Ulrike, Gudrun, Andreas und Jan wollten ihren Prozeß führen, und die Regierung versuchte mit allen Mitteln, das zu verhindern. Wir wollten den

Prozeß nicht führen, aber zumindest zeigen, worauf die Gesetzesänderungen hinausliefen: auf ein Geisterverfahren, in dem die Angeklagten in keiner Weise vertreten waren. Die Zwangsverteidiger waren gegen unseren Willen vom Gericht ausgesucht und vom Staat bezahlt worden. Wir weigerten uns, mit ihnen auch nur ein Wort zu sprechen. Der Prozeß dauerte acht Monate.

Damals betrug die Höchststrafe für Mitgliedschaft in einer kriminellen Vereinigung noch fünf Jahre. Weil das Gericht uns keine konkreten Taten nachweisen konnte und die Bundesanwaltschaft auch kein politisches Interesse an der Konstruktion solcher Taten hatte, bekamen wir alle im Vergleich zu vielen anderen relativ geringe Haftstrafen zwischen vier und fünf Jahren. Nur Christa erhielt wegen Banküberfalls eine höhere Strafe. Ich wurde zu vier Jahren und drei Monaten Haft verurteilt.

Der Prozeß gegen uns lief noch, ohne unsere Beteiligung, der in Stammheim stand mitten in der Beweisaufnahme, die vier Gefangenen dort arbeiteten intensiv an den Vietnam-Anträgen zu den Aktionen der RAF 1972 gegen die US-Militäranlagen in Heidelberg und Frankfurt. Ich war wie immer allein in meiner Zelle und hörte Radio. Plötzlich wurde die Sendung unterbrochen: Ulrike Meinhof war am Morgen tot in ihrer Zelle aufgefunden worden, sie habe Selbstmord begangen. Es war der 9. Mai 1976.

Alles in mir spannte sich an, meine Uhr blieb stehen, weil sich das Magnetfeld meines Körpers total veränderte, mein Herz begann zu rasen, und in meinem Kopf dröhnte es: Was war passiert? Selbstmord? Konnte das sein? Ulrike? Ich kniete mich wie so oft vor mein Bett, stützte Ellbogen und Oberkörper auf der Matratze ab und versuchte, Ordnung in das Chaos meines Kopfes zu bekommen. Selbstmord? Mir ging es schon seit Monaten dreckig, aber Gedanken an Selbstmord hatte ich immer wieder verworfen. Es schien mir, daß ich damit mein Leben dem Staat und den Medien zum Fraß vorwürfe, die einen Selbstmord immer als Verzweiflungsakt gegen die Genossen ausschlachten würden. Wenn ich schon nicht mehr wußte, wie ich weiterkämpfen sollte, so wollte ich ihnen doch zumindest das nicht schenken. Sollte Ulrike anders entschieden haben?

Das konnte ich mir einfach nicht vorstellen. Sie war nie verstummt. Sie hatte bis zu diesem Tag immer um alles gekämpft. Es hatte im vergangenen Jahr heftige Auseinandersetzungen in Stammheim zwischen Gudrun und Ulrike gegeben, das wußte ich. Aber das war auch Teil des Kampfes um das Überleben unter den Bedingungen der jahrelangen Isolation, die darauf angelegt ist, Aggressionen zu produzieren. Das hatte ich ja selbst erlebt. Und beide, Gudrun und Ulrike, waren sehr emotionale Frauen. Ich hätte es mir vielleicht vorstellen können, wenn sie verstummt wäre, aber das war sie nicht.

Und gerade jetzt ging es im Stammheimer Prozeß um eine entscheidende Phase, an der sie aktiv beteiligt war. Trotz der vielen Gesetzesänderungen zur Einschränkung der Rechte der Verteidigung und trotz des Mediendauerfeuers gegen die Stammheimer Gefangenen war dieser Prozeß zu einem Tribunal mit internationalem Echo geworden, wo Ulrike, Andreas, Gudrun und Jan viele Erklärungen abgaben. Es war nicht die Stille der Isolation, in der jeder Satz, jeder Schrei ohne Antwort bleibt. Im Prozeß konnte sie ihre Stimme erheben, und es gab eine Wirkung. Weshalb sollte Ulrike sich gerade jetzt umbringen?

Ich lief in der Zelle auf und ab und dachte: Es kann nur Mord gewesen sein. Wie haben sie das gemacht? Ich erinnerte mich, daß die Nazis den Dichter Erich Mühsam nach der Methode »Selbstmord durch Erhängen« umgebracht hatten. Auf der ganzen Welt wurde diese Methode gegen politische Gefangene eingesetzt, die sich nicht brechen ließen. Und jetzt war es auch in der so »demokratischen« BRD passiert. Immer war es ihr Ziel, die Führer von Widerstandsbewegungen umzubringen: In Guinea-Bissau wurde 1973 Amilcar Cabral ermordet, in Mosambik 1969 Mondlane, 1967 Che Guevara. Ich erinnerte mich: Als Ulrike noch illegal kämpfte, war 1972 die Meldung verbreitet worden, sie habe wegen Differenzen in der Gruppe Selbstmord verübt…

Ein paar Tage später, als ich gerade in meiner Zelle auf- und abging, öffnete eine Schließerin die Tür: »Kommen Sie mit, es ist Besuch für Sie da.« Besuch? Ich bekam von niemandem Besuch, ich schrieb auch niemandem mehr. Wer sollte das also sein? »Wer ist das? Ich erwarte keinen Besuch. Wenn ich nicht weiß, wer kommt, dann geh ich auch nicht aus der Zelle.«

Nach zehn Minuten wurde die Zellentür wieder aufgeschlossen, und es traten zwei BKA-Beamte in die Tür, die ich seit meiner ersten Verhaftung kannte. Einer der beiden fragte: »Frau Schiller, haben Sie immer noch nicht genug?« Da stieg eine wilde Wut in mir hoch. Sie hatten die ganze Zeit genau beobachtet, wie es mir Tag für Tag schlechter ging. Sie dachten, daß ich jetzt nach dem Tod von Ulrike am Ende sei und mit ihnen kollaborieren würde. Ich schrie: »Raus!« und suchte nach einem Gegenstand, den ich nach ihnen schmeißen könnte. Fluchtartig verließen sie die Zelle.

Von dem Moment an ging es mir besser. Ich hatte wieder vor Augen, was die Haftbedingungen bezwecken sollten. Ich sah wieder, wer sie gegen mich anordnete und einsetzte. In der Isolation verliert man mit der Zeit die sinnliche Vorstellung von allem. Und da öffnet sich genau das Loch, in dem man sich selbst verliert. Weil nichts mehr konkret ist. Nichts mehr faßbar. Nur noch das eigene Selbst und die Mauern. Alles andere muß man sich über das Denken heranholen.

Ich teilte den anderen mit, daß die Bullen bei mir gewesen seien. Ihnen wurde klar, daß sie sich geirrt und sich mir gegenüber falsch verhalten hatten. Daß sie mich dem Staatsschutz überlassen und mich nicht mehr als Genossin gesehen hatten, die Hilfe brauchte. Von da an begannen wir wieder, Umschluß zu machen und miteinander zu reden. Wir lasen zusammen die Prozeßerklärungen der Stammheimer. Wir tauschten Zeitschriften aus, und ich las wieder intensiver Zeitung. Darin stieß ich auf Interviews mit Gerhard Müller über die RAF. Er nutzte die Presseberichte über Gruppendifferenzen nach dem Tod von Ulrike, um seinen Deal mit der Bundesanwaltschaft vorzubereiten: Aussage in Stammheim gegen die Nichtverurteilung wegen Polizistenmordes. Ich las, wie er über Andreas, Gudrun und die Struktur in der RAF redete, und ich fand es nur obszön. Niemand aus der RAF war »der neue Mensch« oder ein Heiliger, niemand hielt dem Vergleich mit unserer Zielvorstellung neuer menschlicher Beziehungen stand, wir stolperten im Alltäglichen immer wieder über die alten Fallen, aber mit Müllers Klischees hatte es nichts zu tun. Dagegen müßten wir doch was unternehmen. Ich überlegte, daß ich in Stammheim eine Erklärung abgeben könnte zu seinem Deal. Ich könnte den Inhalt seines Geschäfts mit dem Staatsschutz beweisen, weil ich wußte, daß er in der Nacht meiner Verhaftung in Hamburg geschossen hatte. Er war deswegen angeklagt, aber nicht verurteilt worden. Er hatte schon vor Prozeßbeginn beim Staatsschutz ausgepackt, aber erst nach dem Urteil war er bereit, öffentlich den Kronzeugen zu spielen.

Ich ging zu Irmgard in die Zelle, um ihr von meiner Überlegung zu erzählen. Sie fand meine Idee gut und meinte, wir sollten das über die Anwälte den Stammheimer Gefangenen mitteilen und fragen, ob sie damit einverstanden seien.

Etwa eine Woche später, es war ein Freitag, wurde morgens früh um acht Uhr – bestimmte Sachen vergißt man sein ganzes Leben lang auch in den kleinsten Einzelheiten nicht – meine Zelle von einer Schließerin geöffnet. Sie hatte einen Brief in der Hand, den sie mir geben wollte. Es war ein ungeöffneter weißer Umschlag, auf dem nur mein Name stand – ganz ohne jeden Stempel. Normalerweise hatten die Briefe, die mir übergeben wurden, mindestens zwei Stempel, einen vom Gericht und einen vom Gefängnis. Außerdem waren die Briefe geöffnet und danach mit einem Siegel sichtbar wieder verschlossen worden. Alle diese üblichen Kennzeichen fehlten. Im Augenblick der

Übergabe wurde das der Schließerin bewußt. Sie zog den Umschlag zurück: »Da muß ich erst noch nachfragen, ob ich Ihnen diesen Brief wirklich übergeben kann, da stimmt doch was nicht.«

Eine halbe Stunde später wurde ich zu meiner Anwältin gerufen. Man führte mich durch mehrere Flure, über Treppen und an Gittern vorbei zu dem Gebäudeteil, in dem sich die Anwaltssprechzellen befanden. Plötzlich stand Gerhard Müller vor mir. Ich kannte ihn schon aus der SPK-Zeit 1971, er war dort auch Mitglied gewesen. Sie hatten ihn für dieses Zusammentreffen mit mir nach Hamburg gebracht, um mich durch das persönliche Wiedersehen möglicherweise von meiner Absicht einer Erklärung gegen ihn abzubringen. Ich schob ihn beiseite und ging zu meiner Anwältin, der ich von diesem Vorfall berichtete.

Nach einer knappen dreiviertel Stunde kehrte ich in meine Zelle zurück. Fünf Minuten später brachte dieselbe Schließerin den Brief, den sie mir morgens nicht hatte aushändigen wollen. Der Brief war noch immer ungeöffnet und ohne jeden Stempel. Es war ein Brief von Gerhard Müller, den mir der Staatsschutz unter Umgehung jeglicher Kontrolle übergeben ließ.

Der Brief hatte folgenden Inhalt: Zuerst erinnerte mich Müller an unsere gemeinsame SPK-Geschichte und daß ich ihm als Frau schon immer gefallen hätte; dann machte er mich für das Scheitern der Gruppe verantwortlich, die im Februar 1974 verhaftet worden war; ich würde für ihre Mitglieder auch im Gefängnis die politische Verantwortung tragen, und es sei meine Aufgabe, sie auf den realen Boden zu bringen, das heißt, den Kampf zu beenden; zum Schluß drohte er mir, daß es mir so ergehen würde wie Ulrike, falls ich etwas gegen ihn unternähme.

Das war eine direkte Morddrohung im Falle meiner Aussage gegen Müller. Sie konnten von meinem Plan, gegen Müller auszusagen, nur durch Abhören unserer Zellen erfahren haben. Mit Müllers Brief ging ich sofort in die Zelle von Irmgard. Wir beschlossen, ihn als Beweisstück schnell in Sicherheit zu bringen. Glücklicherweise kam noch am selben Tag ihr Anwalt, dem sie den Brief mitgab.

Am Nachmittag desselben Tages, es war der 19. Juni 1976, hörten wir im Radio, daß ein Bombenanschlag gegen das Büro meines Zwangsverteidigers verübt worden sei, bei dem eine Büroangestellte ums Leben kam. Wir hielten das für eine Staatsschutzaktion. An jenem Freitagnachmittag war damit für uns alle klar, daß die Drohung gegen mich ernstzunehmen war. Wir kamen zu dem Ergebnis, daß ich nicht mehr allein in der Zelle bleiben dürfe. Am Samstagmorgen, während ich Hofgang machte, wurde meine Zelle auf den Kopf gestellt: Der Staatsschutz suchte den Brief von Müller.

Ich zog wieder mit Christa in eine Zelle. Irmgard und Ilse waren die ganze Zeit zusammen geblieben.

Ich schwankte nicht einen Augenblick, eine Aussage in Stammheim zu machen. Im Gegenteil bestärkte mich die Reaktion auf meine Ankündigung in meiner Überzeugung, daß die Aussage wichtig war. Zuerst verfaßte ich in meiner Zelle eine schriftliche Erklärung über den Verlauf der Schießerei in der Nacht vom 21. auf den 22. Oktober 1971. Das war Grundlage für den Beweisantrag der Anwälte, mich als Zeugin nach Stammheim zu laden. Jan ließ mich fragen, ob ich nicht auch etwas über Holger und meine Erfahrungen mit ihm sagen wolle. Ich versuchte, etwas aufzuschreiben. Aber es ging nicht. Holger war für mich wichtig gewesen, aber ich konnte ihn mir nicht lebend vorstellen. Mir fiel nichts Gutes mehr zu der Zeit vor der ersten Verhaftung ein, und ich konnte mich auch an kein konkretes Ereignis mit ihm erinnern. Alles war abstrakt geworden, abgeschnitten von mir. Daß ich durch die Isolation unfähig zur Erinnerung geworden war, tat weh und verunsicherte mich.

Ende Juli wurde ich mit dem Hubschrauber nach Stuttgart geflogen. Ich haßte diese großen lärmenden Bundesgrenzschutz-Hubschrauber, in denen ich mit Handschellen gefesselt zwischen den BKA-Beamten eingekeilt saß und in denen ich immer kotzen mußte, weil ich den Lärm der Rotoren und das Schütteln beim Flug nicht ertrug. In Stammheim brachten sie mich zuerst irgendwo in einen der großen modernen Betonklötze, ins Erdgeschoß oder in den ersten Stock. Überall waren nur Männer: männliche Gefangene und die Schließer. Die Fenster hatten Sichtblenden, damit man nicht raussehen konnte. Ein Gefühl großer Beklemmung packte mich. Hier also war Ulrike umgebracht worden, dachte ich. Hier lief der Prozeß gegen Andreas, Gudrun und Jan, und hier sollte ich morgen aussagen. Ich rief aus dem Fenster: »Gudrun!« Keine Antwort. Ich schrie lauter: »Andreas! Gudrun! Jan!« Da rief mir ein unbekannter Gefangener zu, daß die drei nicht in diesem Flügel seien und mich nicht hören können. Aber Helmut Pohl war irgendwo in der Nähe, er war am selben Tag nach Stammheim geflogen worden und sollte ebenfalls aussagen. Wir konnten uns durch Rufe verständigen. Er wurde vor mir geholt, und als er zurückkam, rief er: »Ich weiß überhaupt nicht mehr, was ich gesagt habe, ich glaub', ich hab' nur Scheiße geredet. Der Bunker da und die ganze Situation hauen einem einfach den Kopf zu!«

Dann führten sie mich zum »Bunker«. So wurde das Gebäude genannt, das extra für diesen Prozeß gebaut worden war. Ich mußte einen Moment im Keller in einer kleinen Zelle ohne Fenster warten, dann brachten sie mich nach oben: Ich betrat eine große, grell ausgeleuchtete Bühne, auf der am Kopfende die Richterbänke, auf der rechten Seite, von der ich kam, die Bänke der Rechtsanwälte und der Gefangenen und links hinten die Bänke der Bundesanwälte standen. Alle Bänke mit Mikrofonen. Überall Uniformierte. Als mich zwei Schließer zur Zeugenbank in der Mitte an der Bühnenrampe führten, sah ich wie im Nebel unten einen riesigen Saal, in dem Presse und Publikum saßen. Nach der langen Isolation und dem Hubschraubertransport zerriß mich fast die Anspannung, plötzlich auf dieser öffentlichen Bühne stehen und mit Mikrofon reden zu sollen.

Richter Prinzing fragte nach Namen, Alter, Beruf, Wohnsitz. Ob ich bereit sei, auf Fragen zu antworten. Ich hatte mir vorher überlegt, daß ich für die Glaubwürdigkeit meiner Aussage, die ja keine politische Erklärung, sondern eine Zeugenaussage war, auch auf Fragen würde antworten müssen. Also bejahte ich. Ich konzentrierte mich ganz auf die Nacht am Heegbarg und begann langsam, vielleicht auch stockend, aber sicher den Ablauf an diesem Abend zu erzählen, ohne zu sagen, daß es sich bei der anderen Frau um Ulrike Meinhof gehandelt hatte. Um sie ging es ja hier nicht. Als ich geendet hatte, stellte mir zuerst Prinzing ein paar Fragen zu meiner Aussage, dann die Anwälte und die Bundesanwaltschaft. Es dauerte alles nicht lange, und schließlich fragten mich die Anwälte, ob ich auch bereit sei, Aussagen über die Struktur der RAF zu machen. Gerhard Müller hatte die Gefangenen aus der RAF nicht nur konkreter Taten beschuldigt, sondern vor allem auch mit breiter Medienunterstützung über die angebliche Hierarchie, Brutalität und Repression in der Gruppe berichtet. Dagegen hatten Gudrun, Andreas und Jan zusammen mit den Anwälten besprochen, selbst Gefangene aus der RAF zu laden, die in Stammheim über die Struktur in der Gruppe aussagen sollten. So hatten vor und nach mir Helmut Pohl, Irmgard Möller, Werner Hoppe und viele andere auf demselben Stuhl wie ich hier gesessen. Als ich jetzt etwas dazu sagen wollte, verschwand das kleine Gedankengerüst, das ich mir im Kopf gemacht hatte, in unsichtbare Ferne; ich begann einen halben Satz und verlor den Faden. Stockend brachte ich ein paar hölzerne Sätze hervor. Wie sollte ich über etwas reden, das mir selbst so abstrakt geworden war? Als Prinzing meinte, ich wiederholte nur, was Helmut schon gesagt hätte, konnte ich gerade noch kontern: »Gleiche Erfahrungen führen eben auch zu den gleichen Ergebnissen.«

Da nahm Bundesanwalt Zeis das Mikrofon und fragte mit süffisantem Lächeln: »Können Sie dem Gericht sagen, wann Sie das erste Mal mit der Polizei zusammengearbeitet haben?« Im selben Moment wurden alle Mikrofone ausgeschaltet, BAW und Gericht erhoben sich, niemand von ihnen wollte natürlich eine Antwort hören auf diese öffentliche Unterstellung, ich kollaboriere mit der Polizei. Voll ohnmächtigem Haß konnte ich nur noch in den Lärm brüllen: »Schweine!« Dann wurde ich hinausgeführt.

Mein Kopf und mein Körper schmerzten, als wäre ich mit Knüppeln geschlagen worden. Gedemütigt, klein und erbärmlich saß ich wieder in der Zelle. Gudrun, Jan und Andreas hatte ich nicht gesehen. Seit dem Tod von Ulrike erschienen sie nur noch selten im Gerichtssaal. Wie schafften sie es, in so einem Gefängnis und so einem Bunker, in dem ständigen Wechsel zwischen Zelle und Bühne vor vollbesetztem Zuschauerraum so viel Initiative zu behalten? Sie hatten eine Menge Erklärungen im Prozeß abgegeben, sie hatten ständig neue Ideen, sie waren unaufhörlich in Bewegung. Ich versuchte, sie mir vorzustellen, als ich auf den Abtransport mit dem Hubschrauber wartete. Aber die Geschichte und der Knast hatten Mauern zwischen uns aufgebaut, die ich nicht mehr einreißen konnte. Es war nicht mehr so wie 1971, wo ich Andreas mit einem »Na, komm doch da mal runter!« angrinsen konnte, wenn er etwas sagte, was ich blöd fand. Es gab nicht mehr diese Leichtigkeit und Lebendigkeit der Kommunikation, wo Blicke, Gesten, unausgesprochene und unsichtbare Beziehungen Worte begleiteten.

Jetzt war alles in Beton gegossen.

Nach knapp vierundzwanzig Stunden in Stammheim wurde ich zurück nach Hamburg geflogen. Die Diskussionen um meine Aussage und die Konfrontation damit hatten mir trotz aller Widersprüche Kraft gegeben und wieder ein bewußteres Verhältnis zu mir selbst geschaffen. Jetzt konnte ich mit Irmgard, Christa, Ilse und Inga diskutieren, streiten, lachen. Aber nie konnten sich mehrere von uns treffen, nur Umschluß zu zweit war erlaubt.

Als Ende September 1976 das Urteil gegen uns gefällt wurde, beschäftigten wir uns kaum damit, da wir nicht am Prozeß teilgenommen hatten und die Urteile auch nicht besonders hoch ausgefallen waren. Wir diskutierten lieber und lasen viel. Besonders die Texte und Kritiken, die von den Stammheimern kamen. Jede besaß auch eine Menge Bücher, die wir gegenseitig austauschten: über die Veränderungen der internationalen Kapitalstruktur, über die Auswirkungen des Kolonialismus und Imperialismus auf die Länder der Dritten Welt, über die Veränderungen der Kontrollmechanismen in den Metropolen, über Konsumstrukturen. Es wurden viele Bücher veröffentlicht über die Arbeit der CIA und des nordamerikanischen Militärs zur Unterdrückung von Widerstand in den USA und auf der ganzen Welt. Der Vietnamkrieg war zu Ende, wichtige CIA-Agenten stiegen aus und schrieben Bücher über ihre Erfahrungen und Informationen, in den USA begann eine Neustrukturierung der Machteliten, in deren Verlauf viele bis dahin geheimgehaltene Materialien veröffentlicht wurden. Das war eine Fundgrube für uns, wir verschlangen alles, was wir in die Finger bekommen konnten. Nach unserer Auffassung bestätigte vieles davon die Analyse und Praxis der RAF.

Buback, Ponto, Schleyer

Im Winter 1976/77 rissen sie plötzlich unsere kleine Gruppe auseinander. Christa Eckes, Irmgard Möller und Ilse Stachowiak wurden nach Lübeck verlegt, Inga Hochstein und ich blieben in Hamburg. Die Haftentlassung von Irmgard stand kurz bevor. Warum jetzt diese Verlegung? Inga und ich setzten uns zusammen: Diese Maßnahme der Justiz wollten wir nicht einfach hinnehmen. Das einzige Mittel, das uns sinnvoll erschien, war ein Hungerstreik von uns fünf Frauen. Ich zögerte. Innerhalb der Gruppe der Gefangenen aus der RAF hatte es im letzten Jahr immer wieder Diskussionen um die Notwendigkeit eines neuen großen Hungerstreiks gegeben, und ich überlegte, ob ich mir das zutrauen konnte. Der Gedanke daran machte mir Angst. Aber mir war auch klar, daß sich für die Mehrheit der politischen Gefangenen nichts an den Haftbedingungen der Isolation geändert hatte, im Gegenteil: Die Zensur des Brief- und Informationsaustauschs wurde weiter verschärft, die Isolation nach draußen und drinnen verstärkt. Als ich jetzt trotzdem unvorbereitet vor der Frage stand, ob wir morgen einen Hungerstreik mit der Forderung nach Rückverlegung der drei Frauen aus Lübeck nach Hamburg beginnen sollten, war ich unsicher. Aber dann entschied ich mich dafür, mitzumachen. Das war jetzt kein »großer« Hungerstreik, es würde nicht die Konfrontation bedeuten wie 1974, es ging um ein begrenztes Ziel, und wir waren nur fünf Frauen.

Die drei Frauen in Lübeck waren zum selben Ergebnis gekommen: Hungerstreik. Und so begannen wir. Mich überfielen die Erinnerungen an die Zeit vor und nach meinem Hungerstreikabbruch, aber ich konnte mit Inga darüber reden, ich blieb nicht allein damit. Es war Winter. Ich fror immer, ob Sommer oder Winter. Mit dem Hungerstreik wurde das Frieren unerträglich, die Füße, die Hände wurden überhaupt nicht mehr warm, ich zitterte vor Kälte, es halfen keine drei Pullover, keine Decke. Ich hatte das Gefühl, Beine und Arme würden mir absterben.

Es hatte gerade eine riesige Demonstration und harte Zusammenstöße mit der Polizei wegen des Atomkraftwerks Brokdorf gegeben. Die Stärke des Widerstands gegen die AKWs überraschte uns. Würde sich in diesen Auseinandersetzungen eine Perspektive für einen revolutionären Kampf eröffnen? Wir freuten uns über diese Entwicklung, aber welche politische Bedeutung hatten solche Bewegungen, die sich für ein begrenztes konkretes Ziel spontan mobilisierten? Und natürlich wurde auch jene Art von »Meldungen« wieder lanciert: Seit Januar 1976 hieß es, die RAF plane Anschläge auf AKWs, Einsätze mit Nuklearmaterial, mit chemischen und bakteriologischen Waffen.

Nach vierzehn Tagen Hungerstreik erreichten wir, daß Ilse und Christa nach Hamburg zurückverlegt wurden. Irmgard brachten sie nach Stammheim, statt sie in die Freiheit zu entlassen. Nachdem sie ihre Haftstrafe vollständig abgesessen hatte, präsentierten sie ihr einen neuen Haftbefehl wegen der Teilnahme am Bombenanschlag auf das Heidelberger US-Hauptquartier. Der einzige Belastungszeuge war Gerhard Müller.

Anfang März 1977 veröffentlichte der *Spiegel* eine Titelgeschichte über den Atomwissenschaftler Klaus Traube, der vom BND illegal abgehört worden war, weil er verdächtigt wurde, einen Illegalen aus einer Guerillagruppe zu kennen. In der Folge wurden weitere illegale Abhöraktionen gegen die Gefangenen aus der RAF, ihre Anwälte und gegen ausländische Gruppen in der BRD bekannt. Alle Medien beschäftigten sich täglich mit diesen Enthüllungen. Innenminister Maihofer wurde zum Sündenbock erklärt, seine Absetzung erwogen. Die Tatsache, daß wir und unsere Anwälte abgehört wurden, war für uns nicht neu, und wir hatten das auch immer wieder öffentlich erklärt. Für uns war die ganze Angelegenheit eine Inszenierung. Hinter dem Getöse verbarg sich ein Machtkampf zwischen politischen und geheimdienstlichen Fraktionen, es ging um die Zentralisierung der Geheimdienste unter Kontrolle des Bundeskanzleramtes. Die zivilen und militärischen Geheimdienste sollten zukünftig vom Kanzleramtschef koordiniert werden, Innen- und Verteidigungsministerium sollten Macht abgeben müssen.

Diese Situation schien uns ideal für den Beginn eines neuen großen Hungerstreiks. Wir rechneten damit, daß die Regierung wegen ihrer internen Machtkämpfe nicht sofort mit Gegenmaßnahmen auf unseren Streik reagieren könnte. Wir gingen davon aus, daß unsere Haftbedingungen öffentlich diskutiert würden, weil die Abhöraktion gegen uns auch Thema war. So gab es vielleicht die Möglichkeit, unsere Forderung nach Zusammenlegung der politischen Gefangenen in größere Gruppen durchzusetzen. Am 19. März 1977 begannen wir mit dem Hungerstreik.

Von einem Tag auf den anderen verschwanden die Veröffentlichungen über Geheimdienstaktionen aus den täglichen Schlagzeilen. Das bedeutete auch, daß die Fraktionskämpfe der politischen Apparate zurückgestellt wurden. Maihofer blieb auf seinem Posten, und die Geheimdienste wurden zu diesem Zeitpunkt nicht umstrukturiert.

Der kleine Hungerstreik für die Rückverlegung der Frauen aus Lübeck war für mich eine Art Probelauf gewesen. Er hatte mir Vertrauen gegeben, jetzt auch diesen neuen großen Streik zu wagen. Die Erfahrung, täglich mit Inga reden zu können, gab mir eine ganz andere Kraft. 1974 hatte ich mit niemandem über meine Fragen, Zweifel oder die Erniedrigung nach jeder Zwangsernährung reden können. Jetzt hatten wir in Hamburg Zweierumschluß. Jeden Tag konnte ich mit einer der Frauen reden. Deswegen erinnerte ich mich auch später immer am genausten an diesen Streik. Noch während des Streiks kamen Annerose Reiche und Brigitte Asdonk, die schon jahrelang in Berlin und danach in Lübeck gewesen waren, so daß wir schließlich sechs Frauen in Hamburg waren.

Knapp drei Wochen nach Beginn unseres Hungerstreiks wurde am 7. April 1977 der Generalbundesanwalt Buback durch das RAF-Kommando Ulrike Meinhof erschossen. In der Erklärung hieß es:

»buback war direkt verantwortlich für die ermordung von holger meins, siegfried hausner und ulrike meinhof. er hat in seiner funktion als generalbundesanwalt – als zentrale schalt- und koordinationsstelle zwischen justiz und den westdeutschen nachrichtendiensten in enger kooperation mit der cia und dem nato-security-committee – ihre ermordung inszeniert und geleitet.«

Nach der Aktion gegen Buback zögerte ich einen Augenblick: War es richtig, unter diesen Bedingungen den Streik fortzusetzen? Würden sie jetzt nicht Rache nehmen und den Hungerstreik benutzen, um mehrere von uns sterben zu lassen wie Holger? Aber dann wurde mir klar, daß wir im Gegenteil in dieser politischen Lage durch die Aktion des Kommandos Ulrike Meinhof Unterstützung bekommen hatten. Die Bundesanwaltschaft versuchte als unmittelbare Reaktion eine Kontaktsperre gegen die Stammheimer Gefangenen durchzusetzen, für die es noch keine gesetzliche Grundlage gab. Das bedeutete, daß niemand sie mehr sehen durfte, auch die Anwälte nicht. Nach drei Tagen mußte diese Anordnung zurückgezogen werden. Die kollektive Antwort aller hungerstreikenden Gefangenen auf den Kontaktsperreversuch in Stammheim war ein zusätzlicher Durststreik, den wir erst beendeten, nachdem die Bundesanwaltschaft ihren Versuch aufgegeben hatte.

Diese Generalprobe der Kontaktsperre war für uns alle eine eindeutige Morddrohung gegen die Stammheimer: In einer Haftsituation, in der jede Art von äußerer Kontrolle fehlt, kann der Staat alles machen. Niemand kann es nachprüfen.

Am 20. April 1977, genau einen Monat nach Beginn des Streiks, als wir uns alle noch in relativ guter Verfassung befanden, setzte in Hamburg eine ungeheuer brutale Zwangsernährung ein. In keinem anderen Gefängnis wurde sonst zwangsernährt. Jeden Tag stürzte ein Trupp von Schließern in unsere Zellen, zerrte und schleifte uns in den Keller und brach uns bei der Zwangsernährung fast die Knochen, durchstieß mir mit dem Schlauchende die Nasenwand, Werner wurde ein Zahn ausgeschlagen, alle hatten wir Prellungen und blutende Lippen. Aber nach jeder dieser Foltermaßnahmen, wenn ich zerschlagen und gedemütigt in der Zelle saß, kam Inga und verlangte von mir, ihr den Ablauf zu schildern. Während des Redens merkte ich, wie ich Luft bekam. In der Möglichkeit, die schreckliche Erfahrung mitzuteilen und so auch zu teilen, verlor sie ihren Schrecken und ihre Macht. Obwohl dieser Hungerstreik von der physischen Konfrontation her härter war als der von 1974, fiel er mir viel leichter, weil ich nicht allein war.

Es gab viele Unterstützungserklärungen für unsere Forderungen: von amnesty international, von Anwaltsgruppen aus den USA und von unterschiedlichsten Gruppen und Personen aus vielen Ländern Europas.

Das waren die Bedingungen, unter denen wir schließlich am 30. April zum ersten Mal einen großen Hungerstreik mit einer Zusage beendeten: Im Auftrag des baden-württembergischen Justizministers gab der spätere Generalbundesanwalt Rebmann schriftlich die Zusage für eine Gruppenzusammenführung in Stammheim. Zwei Tage vorher hatte das Stammheimer Gericht wie erwartet Andreas, Gudrun und Jan zu mehrmals lebenslänglicher Haft verurteilt.

Es dauerte zwei Monate, bis sie in Stammheim ihrer Zusage teilweise nachkamen: Anfang Juli wurden Helmut Pohl, Wolfgang Beer und Werner Hoppe aus Hamburg nach Stammheim geflogen, Ingrid Schubert schon einige Monate vorher aus Berlin. Damit bestand die Gruppe dort aus acht Gefangenen: Irmgard, Gudrun und Ingrid, Andreas, Jan, Helmut, Wolfgang und Werner. Die auf ärztlichen Gutachten gegründete Mindestforderung waren Gruppen von nicht weniger als 15 Gefangenen. Aber bis dahin hatten auch noch nie acht Gefangene von uns die Möglichkeit gehabt, zusammen zu arbeiten, zusammen zu lachen, sich täglich zu sehen und zu tun, was ihnen wichtig und in diesem Rahmen möglich war. Diese Gruppe in Stammheim entwickelte trotz der kurzen Zeit, in der sie bestand, eine große Stärke, obwohl der siebte Stock eine Art Glaskasten war, in dem die Gefangenen vierundzwanzig Stunden am Tag mit Kameras, mit Mikrofonen und mit ständig anwesenden Sicherheitsbeamten bewacht, observiert, ausgeforscht wurden.

Am 30. Juli 1977 versuchte ein RAF-Kommando, den Chef der Dresdner Bank, Jürgen Ponto, zu entführen. Er wurde bei der Aktion erschossen. Sein Tod wurde mit einer staatlichen Offensive gegen die Gefangenen und ihre letzten Anwälte beantwortet.

Gegen die Verteidiger hatte es im Laufe der letzten Jahre Ehrengerichtsverfahren, Strafverfahren, Ausschlüsse, Berufsverbote, Diffamierungen in der Presse und Morddrohungen gegeben. Rechtsanwalt Klaus Croissant war bei der dritten ihm drohenden Verhaftung nach Frankreich geflohen. Übriggebliebenen waren nur noch zwei Anwälte unseres Vertrauens: Armin Newerla und Arndt Müller. Nach dem Tode Jürgen Pontos sollte die Gefangenengruppe in Stammheim zerschlagen werden.

Unsere geschlossene Reaktion darauf war ein sofortiger Hunger- und Durststreik, der am 9. August begann. Drei Tage später wurden Helmut, Wolfgang und Werner nach Hamburg zurücktransportiert. Es war für uns alle das erste Mal, daß wir von Anfang an einen Hungerstreik mit einem Durststreik verknüpften. Es ist das schwierigste und letzte Mittel eines Gefangenen, sich zu wehren. Im Gegensatz zu einem Hungerstreik, bei dem man sich bewegen kann und soll, schränkt der Durststreik schon vom ersten Tag an die Bewegungs- und Denkmöglichkeiten stark ein. Mein Mund wurde pelzig, jedes Wort fiel mir schwer, meine Stimme versagte, weil ich Feuchtigkeit brauchte. Ich konnte nur noch unverständlich flüstern. In dieser Situation verboten sie uns auch den Umschluß, so daß wir kaum noch eine Möglichkeit zur Kommunikation untereinander hatten, denn die Stimme reichte nicht, um von Zellenfenster zu Zellenfenster zu rufen.

Wissenschaftliche medizinische Untersuchungen gingen bis zu unserem Durststreik davon aus, daß ein Mensch nach drei bis vier Tagen ohne Essen und ohne Flüssigkeit stirbt. Die Gefängnisärzte und Polizeiwissenschaftler sahen mit Überraschung, daß wir noch am fünften, am sechsten, sogar am siebten Tag Hofgang machten, zwar beschwerlich und langsam, aber wir gingen aufrecht. In der ersten Zeit ließen die Schließer noch zu, daß wir uns beim Hofgang unter eines der Zellenfenster stellten und per Fingerzeichen eine kurze Diskussion führten. Um den Mikrofonen zu entkommen, hatten wir die Fingersprache gelernt, oft unterhielten wir uns so auch in der Zelle. Je länger der Streik dauerte, um so mehr versuchten sie, jede Kommunikation unter uns zu verhindern. Dann mußten wir heimlich unsere Fingerbotschaften zwischen Hof und Zellenfenstern austauschen, manchmal reichte es gerade für einen Buchstaben in jeder Runde. Die Verständigung wurde fast unmöglich.

Der Staat zeigte eine harte Haltung: massive Medienpropaganda, Hausdurchsuchungen, Festnahmen von Menschen, die sich mit dem Hungerstreik gegen die Haftbedingungen solidarisierten.

Es war wirklich ein harter Kampf. Wie fast alle anderen war ich unfähig zu lesen. Die meiste Zeit lag ich bewegungslos auf dem Bett, und die Stunden verstrichen unendlich langsam. Am siebten Tag des Durststreiks ordneten die Knastärzte in Hamburg eine zwangsweise Blutentnahme an. Die Blutanalyse ergab, daß sich die Blutzucker- und Dialysewerte an der absoluten Mindestgrenze befanden, bei deren Unterschreiten eine Rettung nicht mehr möglich war. Das galt für alle durststreikenden Gefangenen. Zwei Stunden später wurde ich im Eiltempo auf einer fahrbaren Liege quer durch das ganze Gefängnisgebäude ins Lazarett gefahren. Dort schnallte man mich bewegungsunfähig auf ein Krankenbett und legte mir einen Infusionstropf an. Ich fühlte jeden einzelnen Tropfen in meinen Körper fließen. Sieben Stunden lang lag ich an Armen, Beinen, Bauch und Brust festgeschnallt, bis mein Körper die vorgesehene Menge an Flüssigkeit aufgenommen hatte. Ich sah, wie sie auch andere von uns ins Lazarett brachten, aber es war nicht möglich, sich zu verständigen. Als mich die Krankenwärter nach sieben Stunden losbanden, fing mein ganzer Körper an, unkontrolliert zu zittern, und mich überfiel ein hemmungsloses Schluchzen. Ich hatte meine Glieder und Nerven nicht mehr unter Kontrolle. Eine Woche lang bekamen alle zwölf Gefangenen in Hamburg Infusionen. Die nächsten liefen zwar etwas schneller, aber es dauerte immer noch vier bis fünf Stunden.

Das Gefängnislazarett war nicht für die Aufnahme so vieler Gefangener unter solchen Bedingungen ausgerüstet. Wir mußten eine nach der anderen durch das ganze Gefängnisgebäude gefahren werden. Bei den gefangenen Genossen waren die Schließer darauf aus, sie während der Fahrt zu verletzen, indem sie die Liegen mit Wucht gegen Gitter oder Ecken lenkten. Da gegen uns weiter spezielle Sicherheitsvorkehrungen angeordnet waren und wir keine anderen Gefangenen sehen oder sprechen sollten, wurde eine Woche lang der gesamte Gefängnisbetrieb lahmgelegt. Im Untersuchungsgefängnis Holstenglacis, in dem damals ungefähr 1.400 Gefangene untergebracht waren, konnte kaum noch ein Anwaltsbesuch stattfinden. Eine Woche lang mußten alle anderen Besuche und die Hofgänge der Gefangenen vollständig gestrichen werden.

Um diese totale Blockierung des Gefängnisses aufzuheben, beschlossen die Gefängnisärzte eine andere Art der zwangsweisen Flüssigkeitszufuhr: Mit einer dicken Kanüle wurde uns täglich bis zu einem Liter Glukoselösung innerhalb einer Stunde in den Oberschenkel gedrückt. Das bedeutete jedesmal die unmittelbare Gefahr eines Kreislaufzusammenbruchs, da es für einen derart geschwächten Körper eine ungeheure Anstrengung bedeutet, in so kurzer Zeit eine so große Menge Flüssigkeit aus dem Oberschenkelmuskel zu absorbieren. Das Bein war danach stundenlang so angeschwollen, daß ich meine Hose nicht mehr anziehen konnte.

Am 10. August wurde Armin Newerla zum ersten Mal festgenommen. Am 14. August explodierte eine Bombe im Anwaltsbüro von Müller und Newerla in Stuttgart, die den größten Teil des Büros zerstörte. Dieses Büro war in der Presse immer wieder als »Rekrutierungsort« für die RAF bezeichnet worden. Seitdem hatten wir keinen Kontakt mehr zu den Gefangenen im siebten Stock in Stammheim. Wir wußten nicht, wie es ihnen ging, wir wußten nicht, ob wir den Streik fortsetzen sollten. Die Propagandamaschine lief auf vollen Touren gegen uns, und der Kampf war extrem hart, jede allein in ihrer Zelle.

Da verlor ich wie im Streik 1974 den Mut und die Kraft. Es wurde mir wie allen anderen klar, daß wir mit diesem Streik nicht wieder die vorherigen Bedingungen zurückerobern konnten. Von dem Moment an schwand meine Fähigkeit, für das Kollektiv mit allen bis zu einer gemeinsamen Entscheidung durchzuhalten. Wie beim Abbruch des damaligen Streiks brach auch bei diesem Streik in einer entscheidenden Kampfsituation ein für mich unaufhebbarer Widerspruch zwischen meiner persönlichen Entscheidung und der Kollektiventscheidung auf: Ein paar Tage vor den anderen beendete ich den Streik, Ilse genauso. Die übrigen Gefangenen brachen ihn am 2. September ab. Es war klar, daß die Fortsetzung des Streiks nur Tote bedeutet hätte, aber keine Veränderung der Haftsituation.

Nachdem ich damit zum zweitenmal einen Hungerstreik vor seiner kollektiven Beendigung allein abgebrochen hatte, fühlte ich die absolute Notwendigkeit, meine Fähigkeiten und Vorstellungen noch einmal zu überprüfen und neu zu definieren. Eine Voraussetzung, um mir den Raum für diesen Weg zu schaffen, war in dieser Situation und nach diesen Erfahrungen die Trennung von den anderen Gefangenen, von der Gruppe. Ich brauchte Abstand, um mich selbst und meinen Weg finden zu können. So stellte ich nach dem Abbruch des Hungerstreiks den Antrag auf Verlegung in den Normalvollzug nach Frankfurt. Als es mir 1975 nach dem Abbruch des großen Hungerstreiks und dann noch einmal 1976 so schlecht gegangen war, hatte mir die Knastleitung jedes Mal die Verlegung in den Frankfurter Knast im Rahmen der »Familienzusammenführung« angeboten, weil meine Eltern in Bonn lebten und der nächste große Frauenknast in Frankfurt war. Damals hatte ich jede Diskussion darüber abgelehnt. Jetzt sah ich darin eine Chance für mich. Für die übrigen Gefangenen aus der RAF kam diese Entscheidung wieder einem politischen Verrat gleich. Inga versuchte noch, mit mir darüber zu reden. Aber ich wollte keine Auseinandersetzung mehr mit ihnen. Es blieb dafür auch keine Zeit: Drei Tage nach dem Ende des Streiks, am 5. September 1977, entführte das Kommando Siegfried Hausner den Arbeitgeberpräsidenten Hanns-Martin Schleyer. Das Kommando erschoß dabei drei Polizisten und den Fahrer. Für den Austausch Schleyers wurde die Freilassung von elf Gefangenen aus der RAF gefordert.

Bundeskanzler Helmut Schmidt reagierte auf diese Aktion mit der Bildung eines »Kleinen Krisenstabs«, der bis zum Tod von Schleyer alle Entscheidungsbefugnisse an sich riß. Es herrschte Ausnahmezustand, Krieg. Eineinhalb Jahre später erklärte Schmidt dazu: »Ich kann nur nachträglich den deutschen Juristen danken, daß sie das alles nicht verfassungsrechtlich untersucht haben.« Zum ersten Mal in der Geschichte der BRD wurde eine absolute Nachrichtensperre verhängt. Die Presse durfte nur noch offizielle Stellungnahmen abdrucken. Damit wurde jede öffentliche Kontrolle ausgeschaltet.

Gleichzeitig begann eine bis dahin unbekannte Dimension der Hexenjagd auf alle Linken, um die Unterwerfung unter diesen Notstandsstaat und die Distanzierung von der Guerilla zu erzwingen. Und viele beugten sich.

Im Krisenstab und in der Presse wurde die Wiedereinführung der Todesstrafe oder die Methode der staatlichen Geiselerschießung diskutiert.

Uns Gefangenen schnitt man jeden Kontakt nach draußen und innerhalb des Gefängnisses ab. Ohne jede gesetzliche Grundlage wurde eine Kontaktsperre gegen alle etwa hundert Gefangenen verhängt, die im Zusammenhang mit dem Paragraphen 129 in Haft saßen. Das traf die Gefangenen aus anderen Guerillagruppen genauso wie die aus der RAF, das traf Gefangene, die sich von ihren Gruppen getrennt hatten genauso wie diejenigen, die weiter ihre Perspektive im bewaffneten Kampf sahen. Kontaktsperre bedeutete, daß wir keinen Umschluß mehr machen konnten, man nahm uns die Radios weg, wir konnten keine Zeitungen und keine Briefe mehr empfangen, wir durften keinen Anwalt oder sonstigen Besucher mehr sehen. Wir waren totalisoliert: Es drang kein Laut mehr von der Außenwelt zu uns, und niemand draußen erfuhr noch irgend etwas von uns. Das schaffte den staatlichen Freiraum für jede Art von Maßnahmen.

Es war die Stunde des BKA-Chefs Herold. Gegen die Auffassungen von Bundesrichtern und Bundesanwälten drückte er mit Hilfe von Regierung und Länderjustizbehörden das Verbot von Verteidigerbesuchen durch. So entstand die groteske Situation, daß Rechtsanwälte mit ausdrücklicher richterlicher Genehmigung und bestätigt durch die BAW in den Besuchszellen auf ihre Mandanten warteten, aber die Gefängnisleitung sich weigerte, die Gefangenen zu ihnen zu bringen: Das BKA setzte sich unter Berufung auf den »übergesetzlichen Notstand« durch. Das Parlament folgte: Innerhalb von drei Tagen wurde das Kontaktsperregesetz durch alle Instanzen gepaukt und verabschiedet und damit im Nachhinein die längst praktizierte Kontaktsperre legalisiert. Als Begründung für dieses Gesetz mußte die »Zellensteuerung« herhalten. Ein halbes Jahr später antwortete Justizminister Vogel im italienischen Fernsehen auf die Frage, ob die Schleyer-Entführung von den Zellen aus geplant und gelenkt worden sei: »Nein. Das haben wir seinerzeit schon nicht angenommen, und es hat sich keine Bestätigung dafür gefunden.« Der Krisenstab nahm uns Gefangene in staatliche Geiselhaft, so wie man das von Militärdiktaturen kennt.

Es ging mir wie allen anderen politischen Gefangenen: Fast mein gesamter persönlicher Besitz war mir abgenommen worden, Notizen, Bücher, Schreibutensilien, Kleidung, Radio, Materialsammlungen. Ein paar Bücher durfte ich behalten. Ich bekam abgezähltes liniertes Anstaltspapier, Anstaltskuli, Anstaltskittel und Anstaltsunterhosen. Es gab auch keine Musik mehr. Obwohl fast nichts mehr in der Zelle war, wurde sie täglich während meines Einzelhofgangs oder auch in meiner Gegenwart durchsucht. Mindestens einmal die Woche mußte ich in eine leere Zelle, mich vor zwei Schließerinnen nackt ausziehen und die Kleidung wechseln. Meine paar Habseligkeiten wurden in einen Karton gepackt, damit zog ich in eine andere leere Zelle. Nach vier, fünf Tagen dieselbe Prozedur. Mehrmals tauchte ein ganzer Trupp von BKA-Beamten auf, um alles zu durchsuchen und zu überprüfen.

Stundenlang stand ich auf dem Stuhl am Gitterfenster, sah auf die Mauer. Manchmal träumte ich davon, eine ganz normale Frau mit einem ganz normalen Beruf zu sein. Ich wollte diesem Druck entkommen, der einfach nie aufhörte. Jetzt war ich seit knapp fünf Jahren im Knast, mit einem beschissenen Jahr Unterbrechung draußen. Die Konfrontation drinnen und draußen hatte sich immer weiter verschärft, und ich hielt sie immer weniger aus. Ich wünschte, daß die elf Gefangenen rauskämen, aber ich war auch zum Zuschauer geworden. Und es war der Staatsapparat, der mich wieder dazugepackt hatte. Warum gab es eine Kontaktsperre gegen mich? Ich war eine Staatsgeisel. Ihnen ging es nie um Menschen. Ihnen ging es um ihre Macht: entweder Kollaboration oder Rache und Plattwalzen. Der Druck war enorm. Ganz selten mal wagte es eine der sozialen Gefangenen, uns eine Nachricht aus dem Radio zuzurufen, aber die Schließer gingen sofort dazwischen. Meine Nerven waren zum Zerreißen angespannt. In dieser Situation konnte alles passieren.

Am 30. September wurde Rechtsanwalt Arndt Müller verhaftet. Die Begründung für seinen Haftbefehl war, daß er mit dem gleichzeitig in Paris verhafteten Klaus Croissant und dem am 30. August in Haft genommenen Armin Newerla in einem Anwaltsbüro gearbeitet hatte und dort auch untergetauchte Sympathisanten ein- und ausgegangen seien. Müller und Newerla wurden also aus politischen Gründen und vor dem Tod der Stammheimer Gefangenen verhaftet. Sie wurden später zu vier Jahren und acht Monaten bzw. zu drei Jahren und sechs Monaten Haft verurteilt, weil sie angeblich Waffen in den Hochsicherheitstrakt von Stammheim geschmuggelt hätten, mit denen sich die Gefangenen dann umgebracht hätten.

Am 13. Oktober 1977 entführte ein palästinensisches Kommando das deutsche Passagierflugzeug Landshut auf dem Weg von Mallorca in die BRD. Das Kommando forderte mit dieser Entführung die Freilassung von elf RAF-Gefangenen und außerdem die Freilassung von palästinensischen Gefangenen in der Türkei und in Israel.

Nach der Intervention des US-Präsidenten Carter in Somalia stürmte am 18. Oktober in der ersten Morgenstunde eine deutsche GSG-9-Einheit mit Hilfe britischer Aufstandsbekämpfungsspezialisten die Landshut und tötete das palästinensische Kommando bis auf die Palästinenserin Souhaila Andrawes, die schwer verletzt überlebte.

Einige Stunden später wurden Andreas Baader und Jan-Carl Raspe erschossen in ihren Zellen aufgefunden, Gudrun Ensslin erhängt und Irmgard Möller mit vier Messerstichen durch ein stumpfes Knastmesser schwer verletzt.

Und sofort begann die Propagandamaschine zu rollen: Selbstmord. Sie waren verzweifelt. Sie haben sich selbst einem gerechten Ende zugeführt.

Ich erfuhr es, als morgens die Anstaltsleiterin zusammen

mit einem BKA-Beamten die Zellentür aufschloß: »Die Gefangenen Baader, Ensslin, Raspe und Möller haben in Stammheim Selbstmord begangen. Das BKA hat deswegen angeordnet, alle der Kontaktsperre unterliegenden Gefangenen unter besondere Beobachtung zu stellen, um weitere Selbstmorde zu verhindern.« Damit öffneten sie wieder mal die Klappe in der Zellentür, durch die sie mich jede Minute rund um die Uhr beobachten konnten.

Ich stieg auf den Stuhl am Gitterfenster und sah auf die Mauer. In mir war nichts als eine endlose, tiefe Traurigkeit. Die Aktion hatte zu lange gedauert, um gut ausgehen zu können. Aber Selbstmord? Nein, das sicher nicht. Die Regierung hatte sich doch alle Bedingungen geschaffen, um handeln zu können. Der Kleine Krisenstab hatte alle Mittel in der Hand, und er hatte sie auch angewandt. Und jetzt wurde bei denen, die nicht tot waren, mit der Dauerbeobachtung der Druck verstärkt. Sie wollten erreichen, daß irgendeiner von uns es nicht mehr aushielte und tatsächlich Selbstmord beging.

War jetzt der Versuch beendet, in der BRD das Konzept Stadtguerilla in die Praxis umzusetzen? Wie ging es weiter? Ich hatte mich vorher getrennt und entschieden, für mich meinen eigenen Weg zu suchen. Die Entwicklung in den letzten Wochen hatte daran nichts geändert. Aber sie hatte mir noch einmal klar gezeigt, daß ich mit diesem Staatsapparat nichts zu tun haben wollte. Mit ihm würde ich keinen Frieden schließen, auch wenn ich vielleicht nicht mehr kämpfen konnte. Und ich hatte Zweifel an der Entwicklung der Aktionen der RAF in diesem Jahr: Die Guerilla hatte eine Härte der Konfrontation gesucht, bei der ich nicht mehr folgen konnte.

Als Schleyer am 19. Oktober 1977 tot im Kofferraum eines Autos gefunden wurde, überraschte mich das nicht. Welche Möglichkeiten hätte es in dieser Situation gegeben? Ihn nach der Erstürmung des Flugzeugs in Mogadischu und dem Tod der RAF-Mitglieder in Stammheim freizulassen? Hätte das den staatlichen Sieg nicht absolut gemacht? Was für ein

Mensch war Schleyer gewesen? Gab es jetzt seine Geschichte, seine Verantwortung für eine Kontinuität von Politik nicht mehr, in der die unzähligen Toten nie gezählt wurden? Aber sein Tod machte auch keinen Sinn.

Am 12. November fand man Ingrid Schubert tot in ihrer Zelle im bayerischen Stadelheim. Als die Stammheimer Gruppe, zu der sie auch gehörte, im August auseinandergerissen worden war, hatte man sie in den Stadelheimer Knast gebracht. Dort blieb sie bis zu ihrem ungeklärten Tod unter extremen Isolationsbedingungen. Hatten sie es bei ihr schließlich geschafft, sie in Verzweiflung und Selbstmord zu treiben? Ich wußte keine Antwort.

Nachdem Schleyer tot war, wurde zwar formal die Kontaktsperre aufgehoben, aber wir Gefangenen blieben weiter in verschärfter Isolation. Ende November machten wir deshalb einen kurzen Hungerstreik, an dem ich teilnahm. Ich sah auch kein anderes Mittel, gegen die faktische Verlängerung der Kontaktsperre zu protestieren. Genauso wie die anderen mußte ich da raus, auch wenn ich woandershin wollte. Dieser Hungerstreik löste bei mir tagelange Krämpfe und wahnsinnige Kopfschmerzen aus. Und die sind mir seitdem als körperliche Reaktionen auf Erschöpfung und fehlende Nahrung geblieben.

Anfang 1978 wurde ich in den Normalvollzug nach Frankfurt-Preungesheim verlegt.

Im Normalvollzug

In Preungesheim stand plötzlich die Zellentür offen. Neben und in den drei Stockwerken über mir lachten andere Gefangene, redeten miteinander oder schimpften und betrachteten mich, die Neuangekommene, neugierig. Ich mußte allen Mut zusammennehmen, um meine Zelle zu verlassen und mich den Blicken und Fragen auszusetzen. Nach den Jahren der Isolation und Kontaktsperre erschreckten mich so viele unbekannte Menschen und ließen mich schüchtern werden. Mit großer Anstrengung und durch die Hilfe der anderen Frauen lernte ich neu, mich Menschen gegenüber zu öffnen, wieder zu lachen, nicht mehr nur im Telegrammstil zu sprechen, sondern mich auch für andere Menschen verständlich auszudrücken.

Ich begann zu arbeiten. In einem großen Saal mit einfachen Maschinen klebten dreißig Frauen Tüten und falteten Kartons. Das stumpfsinnige, eintönige Tütenkleben war für mich in den ersten Wochen eine Abwechslung. Nach den Jahren allein in der Zelle konnte ich mich jetzt in einem großen Saal bewegen. Innerhalb der Arbeitseinheiten von drei Frauen und zwischen den verschiedenen Gruppen gab es immer Gespräche. Abends war ich total erschöpft von der ungewohnten Arbeit und dem Zusammensein mit anderen Menschen. Ich lernte nach und nach die Welt der gefangenen Frauen kennen. Ihre Geschichten, ihre Überlebensstrategien. Es war eine besondere Welt mit einer eigenen Sprache und eigenen Verhaltensregeln.

Besonders zu ein paar Gefangenen, die wegen Heroindelikten verurteilt waren, entwickelte ich schnell einen Draht. Kaum eine von ihnen hatte bewußte politische Erfahrungen, aber wir verstanden uns in unserer Ablehnung der »normalen« Werte der Gesellschaft. Meistens hatten sie aus Verzweiflung darüber, keinen Weg für sich zu finden und den vorgegebenen nicht zu wollen, zu fixen begonnen. Sie kamen aus unterschiedlichen Familien, mit Arbeiter- oder Angestelltenvätern, viele waren ohne Abschluß von der Schule gegangen, manche hatten eine Ausbildung beendet. Unabhängig von diesen Unterschieden waren sie alle besonders wach, wenn sie nicht an der Nadel hingen. Dann sahen sie die Unterdrückungs- und Ausbeutungsverhältnisse sehr deutlich und lehnten sich dagegen auf. Sie nahmen mich als eine von ihnen auf und wollten, daß ich mit ihnen über die Artikel der Gefangenenzeitung diskutierte, die sie schrieben.

Christine war ausgebildete Arzthelferin, klein, schmal, zog sich gern auffällig bunt an und schminkte sich sorgfältig. Darin unterschied sie sich von Ingrid und den anderen Ex-Fixerinnen, denen ihr Aussehen meistens ziemlich gleichgültig war. Es machte ihr Spaß, aber nie war es ihr so wichtig, daß sie nicht im nächsten Augenblick alles verschenken konnte. Sie war großzügig und freute sich, wenn sie mit Ingrid oder mir eine Tafel Schokolade oder einen selbstgebackenen Kuchen aus Mutters Geburtstagspäckchen teilen konnte.

Ingrid bekam von niemandem ein Päckchen. Sie fixte, seit sie dreizehn war, genauso wie ihre Schwester, die auf einem anderen Stockwerk in Preungesheim mit einer akuten Leberzirrhose lag. Sie hatte keinen Schulabschluß. Jetzt machte es ihr zu ihrem eigenen Erstaunen plötzlich Spaß, mit uns in Zeitungen und Büchern Informationen zu suchen, Geschichten zu lesen und sogar Artikel für die Knastzeitung zu schreiben.

Mit Ingrid und Christine entdeckte ich vergessene Bedürfnisse neu: etwas Leckeres zu essen; eine Seife, die gut roch; Creme für die Haut, die immer trocken war und riß; gemeinsam Musik hören.

Eines Tages saßen wir im Gruppenraum. Ich war gerade sechs Wochen in Preungesheim. Ich bemerkte, daß eine der Frauen mich schweigend beobachtete. Sie war fast so groß wie ich, jung, im »Getto« aufgewachsen, so nannte sie die Barakkensiedlung. Über Beziehungen zu GIs, die in der Nähe ihrer Siedlung in einer US-Militärgarnison stationiert waren, war sie an Drogen gekommen und wurde zur Fixerin. Nach einer Weile sagte sie erschrocken zu mir: »Ich wußte die ganze Zeit nicht, wer du bist, aber du warst mir von Anfang an sympathisch, ich mochte dich gleich und alles, was ich danach von dir gesehen habe. Vor einer halben Stunde hat mir jemand gesagt, warum du im Knast sitzt, daß du eine von den Terroristen bist. Da hab' ich plötzlich kapiert, was ich für ein Ding im Kopf hatte. Bevor ich dich kennenlernte, wollte ich Leute wie dich immer aufhängen. Ich hatte einen totalen Haß auf euch, fand, daß ihr die schlimmsten und gemeinsten Mörder seid. Ich wußte von euch nur aus der *Bild*-Zeitung und dem Fernsehen. Ich kannte ja niemanden von euch. Für mich wart ihr Schweine, die übelsten Verbrecher. Jetzt wird mir ganz schlecht, wenn ich mir vorstelle, daß ich dich aufhängen wollte, daß ich auf euch richtigen Haß geschoben habe. Jetzt ist mir deswegen zum Heulen zumute.«

Es gab »Kino«, das erste Mal seit mehr als fünf Jahren für mich. In unregelmäßigen Abständen wurde ein Film vorgeführt, den die Sozialarbeiterin aussuchte. Eine Leinwand wurde in dem größten Raum aufgehängt, der sonntags auch als Kirche diente. Auf mehreren Stuhlreihen saßen wir dicht zusammengedrängt, neben mir Ingrid und Christine. Der Film begann. *Der unsichtbare Aufstand* von Peter Lilienthal. Die Bilder packten mich und ließen mich nicht mehr los. Es ging um den Kampf der Tupamaros in Uruguay. Aktionen der Stadtguerilla, Repression von Militär und Polizei. Die Entführung des CIA-Agenten Mitrione durch die Tupamaros, sein Aufenthalt in einem »Volksgefängnis«. Ich konnte es nicht fassen, daß ich so einen Film im Gefängnis sehen konnte. Er rief plötzlich in mir Erinnerungen wach, die der Knast zugeschüttet hatte. Ich merkte, daß die Welt draußen und besonders die Zeit vor meiner Verhaftung in meinem Bewußtsein kaum mehr existierten. Vergessen war jenes Gefühl, den Stier bei den Hörnern packen und in die Knie zwingen zu können, das es ja auch gegeben hatte.

Christine hatte den Film schon früher einmal gesehen. Mitte der siebziger Jahre hatte sie auch an Diskussionen innerhalb der Linken und an Häuserkämpfen teilgenommen, bis sie an Heroin geriet. Jetzt erinnerte sie sich und erzählte uns aus dieser Zeit.

Und ich verliebte mich. In den Jahren der Isolation hatte ich vergessen, was das ist – sich verlieben. So überraschte es mich völlig und riß mich in einen Wirbelsturm von Gefühlen.

Karin war älter als ich, immer unterwegs, schillernd, voller Geschichten und schon ihr ganzes Leben lang lesbisch. Sie kam aus einer anderen, mir bis dahin unbekannten Welt, der Welt der »Sub«-Lesben, in der sich die von der Gesellschaft diskriminierten lesbischen Frauen ihre eigene »Unter«-Welt – den Sub – geschaffen haben.

Im Gefängnis beginnen viele Frauen, sexuelle Beziehungen zu anderen Frauen zu entwickeln. Unter dem Druck des Verlusts aller vorherigen Beziehungen und der Einsamkeit suchen sich die Frauen im Knast den einzigen für sie dort möglichen Ersatz: die Beziehung zu einer Mitgefangenen. Und es entsteht eine seltsame Doppelmoral, ein Leben in zwei Welten, die ganz unvermittelt nebeneinander stehen: Diese Frauen haben dieselben Moralvorstellungen wie die Welt draußen, sie lehnen aufs heftigste lesbische Beziehungen ab und verachten alle Gefangenen, die tatsächlich lesbisch sind, Frauen auch außerhalb des Gefängnisses lieben. Gleichzeitig haben sie sexuelle Verhältnisse mit anderen Gefangenen, die sie nicht als lesbische Beziehungen begreifen, sondern als Ersatz für Männerbeziehungen. Die Ersatzbeziehung wird außerdem verheimlicht, darüber wird nicht gesprochen, obwohl jede es weiß.

Diese Doppelbödigkeit wurde mir erst bewußt, als sich mein Gefühl zu Karin verstärkte. Ich erlebte die Bedrohung, die diese Diskriminierung bedeutet. Bis dahin hatte ich erfahren, was es heißt, wegen seiner politischen Überzeugung diskriminiert zu werden. Jetzt entdeckte ich, daß die gesellschaftliche Verachtung, die nicht das Denken, sondern das So-Sein meint, viel tiefer trifft und die Existenz und das Selbstverständnis im Innersten bedroht. Ich mußte ganz bewußt dagegen ankämpfen, nicht der Angst vor dieser Bedrohung, vor der Verachtung nachzugeben, sondern offen zu meinen Gefühlen zu stehen. Gleichzeitig erzählte mir Karin von ihrem Leben, von der Härte der gesellschaftlichen Diskriminierung, die gegen Schwule und Lesben in den sechziger Jahren geherrscht und wie sie darin zu überleben versucht hatte. Als Reaktion auf die Verachtung hatte sie eine Ablehnung aller heterosexuellen Beziehungen und Wut auf Männer entwickelt. Ich konnte das gut verstehen. Und aus meiner Erfahrung der Bedrohung im Gefängnis und meinem Gefühl zu Karin beschloß ich, mich mit allen lesbischen Frauen zu solidarisieren, offen dafür einzutreten und – anders wäre es mir als Verrat erschienen – keine Beziehungen mehr zu Männern einzugehen.

Karin hatte Krebs. Ein Jahr zuvor war sie operiert worden. Der Gebärmuttertumor konnte nicht vollständig entfernt werden, und innerhalb von sechs Monaten hätte sie sich einer zweiten Operation unterziehen müssen. Aber da war sie schon im Gefängnis. Jetzt begannen wieder Schmerzen, und die verdrängte Angst kehrte als Panik zurück. Sie war zu sechs Monaten Haft wegen Steuerbetrugs verurteilt worden, mehr als die Hälfte hatte sie schon abgesessen. Die normalen Justizwege zur Aussetzung der Strafvollstreckung dauerten Ewigkeiten: Antrag an den Richter in München, wo Karin verurteilt worden war, Stellungnahme der Staatsanwaltschaft, Entscheidung der Strafvollstreckungskammer. Karin ging nicht mehr aus der Zelle, aß nichts mehr, weinte nur noch. Die Anstaltsleitung hätte handeln, die Strafvollstreckung außer Vollzug setzen und Karin wegen Lebensgefahr ins Krankenhaus bringen können, aber es passierte nichts. Mit Christine, Ingrid und einer kleinen Gruppe von Gefangenen diskutierte ich, was wir tun konnten. Wir organisierten eine Unterschriftenliste mit der Forderung nach sofortiger Haftaussetzung. Mit dieser Liste ging ich zur Anstaltsleiterin und sagte ihr: »Wenn Karin nicht in den nächsten Tagen rauskommt, werden wir hier im Knast Ärger machen!« Ich wußte, daß die Konsequenz einer solchen Drohung die Verlegung in einen anderen Knast und die erneute Isolation für mich bedeuten könnte. Aber es schien mir unwichtig angesichts der Möglichkeit, Karin vor dem sicheren Krebstod zu retten. Einen Tag später wurde sie ins Krankenhaus gebracht und operiert. Sie brauchte auch nicht wieder zurück in den Knast. Bis zu meiner Entlassung besuchte sie mich regelmäßig. Der Krebs kam nie wieder. Und ich blieb im Normalvollzug in Preungesheim.

Im April 1978 wurde Verena Becker nach Preungesheim verlegt. Seit dem offiziellen Ende der Kontaktsperre waren die Haftbedingungen der meisten politischen Gefangenen unverändert geblieben, das heißt, sie kamen fast den Bedingungen der Kontaktsperre gleich. Deshalb hatten die Gefangenen aus der RAF erneut einen Hungerstreik begonnen, der damit endete, daß die alte Methode der Differenzierung bei den Haftbedingungen wieder eingeführt wurde. Einige Gefangene blieben weiter total isoliert, andere wurden in Kleinstgruppen zusammengelegt, und Verena wurde nach Frankfurt in den Normalvollzug gebracht.

Damit unser Kontakt auf möglichst kurze Zeit beschränkt blieb, bekam ich einen Maleranzug, Pinsel und Farbe und sollte Zellen streichen, während Verena in den Saal zum Tütenkleben mußte. Ihre Zelle lag im selben Flügel wie meine, ein Stockwerk über mir. Da es zwischen den Stockwerken keine Mauern gab, sondern nur jeweils halbhohe Gitterbrüstungen und meist offene Gittertüren zu den Treppen, stand dem Kontakt zwischen uns nicht viel im Wege. Außerdem hatten wir täglich gemeinsam Hofgang.

Nur wollte Verena gar keinen Kontakt zu mir. Sie machte gegenüber den anderen Gefangenen deutlich, daß zwischen uns ein Abstand und ein Unterschied bestand. Für Verena wie für die übrigen Gefangenen aus der RAF war ich eine, die umgefallen war, die nicht mehr kämpfen wollte, eine, der man nicht mehr trauen und auf die man sich nicht verlassen konnte.

Es war mir zwar klar gewesen, daß die anderen so von mir dachten, aber ich hatte mich trotzdem gefreut, als ich hörte, daß Verena nach Preungesheim gekommen war. So schmerzte mich ihre Reaktion. Aber ich biß die Zähne zusammen und kam zu dem Ergebnis, daß es so vielleicht sogar besser war. Jetzt mußte ich nicht mehr mit der Versuchung kämpfen, aus Solidarität oder weil sie das von mir erwartete oder weil ich nicht mit ihr aufeinanderprallen wollte, etwas zu tun, was nicht ganz und gar von mir kam. Die Ablehnung durch Verena machte es schwieriger, aber es war auch die Möglichkeit, die ich gesucht hatte, als ich Normalvollzug beantragte, nämlich bei jedem Schritt nach meiner Einschätzung und meinem Willen noch mal alles neu zu entscheiden. Und auf diesem Weg bin ich ihr dann doch noch nähergekommen. Es wurde klar, daß wir in bestimmten Situationen gleich dachten, daß wir uns zu bestimmten Problemen im Knast gleich verhielten und uns mit denselben Gefangenen gut verstanden. Es wurde im Konkreten klar, daß meine Entscheidung für die Trennung nicht bedeutete, daß ich mir den bequemsten Weg ohne Kampf suchte und Anpassung wollte, sondern daß aus den Zweifeln an mir selbst der Versuch einer Neudefinition entstanden war.

Während der ganzen Jahre im Gefängnis hatte meine Mutter nie aufgehört, mir zu schreiben, und irgendwann überzeugte mich das. Es wurde mir klar, daß sie mich auf ihre Art liebte und nie aufhörte, mich zu suchen. Mein Vater hatte im Gegensatz dazu nie eine Anstrengung gemacht. Er war unfähig, einen Schritt auf mich zuzugehen, obwohl er mich auch auf seine Weise liebte. In Preungesheim stand ich nicht mehr unter ständigem Druck wie vorher in der Isolationshaft, und so konnte ich mich dazu entschließen, Besuche meiner Familie zu akzeptieren. Vorher fand Besuch in einer Sonderzelle statt, wo der Besucher am anderen Ende des Tisches saß, während an der Längsseite ein BKA-Beamter alles mitschrieb und mindestens eine Schließerin hinter mir hockte. Jetzt konnte ich Besuche wie die übrigen Gefangenen in einem großen Saal empfangen, wo viele Gefangene und Besucher an vielen kleinen Tischen saßen und redeten, Mitgebrachtes aßen. Alles war voller Geräusche. Nur in der Tür stand eine Schließerin, die den Saal beobachtete. Unter diesen Bedingungen war es möglich, wirklich miteinander zu reden.

Wir alle hatten gelernt. Meine Eltern wußten nach all den abgebrochenen Kontaktversuchen, daß sie sich nicht in meine Entscheidungen einmischen konnten, und sie versuchten es auch nie mehr. Meine Mutter rief inzwischen bei Zeitungen an, wenn dort das Wort Isolationsfolter in Anführungszeichen gedruckt wurde, um sich zu beschweren: Es sei tatsächlich Folter durch Isolation. Als sie von mir erfuhr, daß ich eine Frau liebte, schrieb sie mir, daß sie mich gut verstehe, weil es ihr selbst auch einmal so gegangen sei. Sie habe sich dann aber für meinen Vater und eine Familie entschieden. Diese Offenheit rechnete ich ihr hoch an, weil ich wußte, wie sehr das in ihrem Umfeld verachtet wurde. Sie blieb die einzige aus meiner Familie, mit der ich wieder ein engeres Verhältnis herstellen konnte. Ein Jahr nach meiner Haftentlassung starb sie.

Mein Bruder Dieter hatte sich inzwischen einer indischen Sekte angeschlossen. Zum Ende der Studentenbewegung waren verschiedene religiöse Sekten aus Asien nach Europa und Nordamerika gekommen. Viele, die ihre Orientierung verloren hatten, oder ganz junge Menschen, die sich nicht in die kapitalistische Konkurrenz- und Konsumwelt integrieren wollten, liefen diesen Sekten zu. Sie wurden angezogen von den paradiesischen Lebensvorstellungen, die die Sektenführer predigten und die eine Fluchtmöglichkeit aus dem unerträglichen Druck der Leistungsgesellschaft versprachen. Diese Sekten waren meist autoritär-patriarchalisch strukturiert, und das Hauptinteresse der »Gurus« lag in der finanziellen Ausbeutung ihrer Anhänger. So hatte Dieter bei meiner Haftentlassung eine halbe Million Mark Schulden, Geld, das er der Sekte gespendet hatte. Im ersten Jahr machte er täglich bis zu acht Stunden transzendentale Meditation. Das brannte ihn so aus, daß unsere Eltern ihn auf der Straße nicht mehr erkannten. So hatte sich sein Gesicht verändert. Er wurde im Laufe der Jahre zu einer brutalen, geldgierigen Person, und ich brach jeden Kontakt zu ihm ab. Er blieb in dieser Sekte, bis er zehn Jahre später gegen einen Baum fuhr und starb.

Je länger ich im Normalvollzug war, je mehr ich wieder Selbstbewußtsein entwickelte, um so deutlicher nahm ich auch die Folgen des Normalvollzugs wahr. Ich beschäftigte mich ununterbrochen mit den täglichen Problemen der Gefangenen, ständig kam irgendeine Gefangene mit ihren Sorgen zu mir, oder es flippte irgendwo eine aus, die die Situation nicht mehr aushielt, und wir mußten ihr auf die Beine helfen. Es gab Auseinandersetzungen, Konfrontationen mit Schließern und der Gefängnisverwaltung. Ich hatte kaum noch Zeit, eine Tageszeitung zu lesen. Das Studieren eines schwierigen Buches wurde völlig unmöglich.

Die Gefangenen, mit denen ich am meisten zu tun hatte, Christine und Ingrid, wurden entlassen. Kurz danach hingen beide wieder an der Spritze. Neue Gefangene kamen. Es war ein ständiger Wechsel.

Wie würde es mit meiner Entlassung werden? Im Herbst 1979 wäre auch meine Strafzeit zu Ende. Würden sie mich wirklich freilassen? Wie konnte ich sicher sein, daß sie nicht ein neues Verfahren gegen mich einleiteten wie bei Irmgard Möller und Bernhard Braun? Irmgard war am Ende ihrer Strafzeit nach Stammheim verlegt worden, das neue Strafverfahren gegen sie endete mit »lebenslänglich«. Ich ging jetzt meinen besonderen Weg, aber das schloß mich in keiner Weise von dieser Willkür aus. Bernhard zum Beispiel hatte sich längst von der Gruppe getrennt, als sie ihn am Tag seiner Entlassung mit einem neuen Haftbefehl konfrontierten. Meine Erfahrungen in Lübeck hatten mich gelehrt, wachsam und auf alles Schlechte von seiten des Staatsschutzes vorbereitet zu sein.

Und wenn sie mich doch entließen – was konnte ich danach machen?

Ich versuchte, mir ein Leben draußen vorzustellen: Ich wollte mich nicht distanzieren, nicht denunzieren, ich wollte keine bewaffnete Politik mehr machen, aber ich wollte mich auch nicht mit den Verhältnissen abfinden. Mit meinen Knasterfahrungen seit 1971 sah ich mich draußen in einer Art Falle, bei der es nur zwei Möglichkeiten gab: auf der einen Seite abstumpfen oder denunzieren, das war für mich dasselbe, oder auf der anderen Seite sich frontal gegen den Staat stellen, also weiter mit der Guerilla zusammenarbeiten. Beides wollte ich nicht.

Über diese Befürchtungen und Überlegungen sprach ich mit Verena. Und mit der für mich zuständigen Sozialarbeiterin Monika. Zu Anfang hatte ich ihr mißtraut: Sozialarbeiterin im Knast, das konnte ja nichts Gutes sein. Ich hatte aber ihre Arbeit mit den anderen Gefangenen auf der Station beobachtet und sie dadurch achten gelernt. Bei unserer Forderung nach Haftentlassung für Karin und in anderen Konflikten mit der Anstaltsleitung hatte sie uns unterstützt. Sie war jünger als ich und einfach sympathisch. Jetzt schlug sie mir vor, einen Zweidrittelantrag zu stellen. Das war bei allen Gefangenen üblich, nur bei denen aus der RAF nicht. Wir hatten das immer abgelehnt, denn Voraussetzung dafür war eine günstige Sozialprognose, in unserem Fall also abschwören. Sollte ich mich darauf einlassen? Was konnte ich sagen, ohne meine Genossen zu denunzieren? Und was wollte ich überhaupt danach machen? Monika brachte mir verschiedene Infos über Projekte in Ländern der Dritten Welt mit, nachdem ich entschieden hatte, nicht in Deutschland zu bleiben. Ich wollte nach Afrika: nach Guinea-Bissau, Mosambik oder Angola. Aber dort war die Situation nach der Befreiung vom portugiesischen Kolonialismus nicht besser geworden. Die Portugiesen hatten nach 500 Jahren Ausplünderung Länder hinterlassen, denen jede Infrastruktur fehlte, es gab nur ein paar Militärkasernen und Militärflughäfen, aber keine Schulen, keine Universitäten, keine Straßen, keine Arbeitsplätze, keine Ärzte. Und das Interesse der großen Konzerne und ihrer Regierungen an den Rohstoffen dort hatte nicht aufgehört. Bewaffnete Gruppen kämpften mit Unterstützung aus den USA oder Südafrika gegen die neuen Regierungen in Mosambik und Angola. Die von den Portugiesen benutzten Stammesdifferenzen wurden weiter geschürt. Der Krieg hatte nicht aufgehört. Hunger, Elend und Verzweiflung auch nicht. Da konnte ich also nicht hin.

Monika wußte von einem Entwicklungsprojekt in Tansania. Aber für eine Arbeit dort mußte ich auch irgend etwas Praktisches können, was sollte ich sonst in so einem Land. Ich beschloß, Schreinern zu lernen und Architektur zu studieren. Monika knüpfte Kontakte zu einem Professor der Frankfurter Universität, der sich auf Architektur in tropischen Dritte-Welt-Ländern spezialisiert hatte, und der kam zu mir in den Knast.

Schließlich stellte ich den Antrag auf Zweidrittelentlassung. Bei der Anhörung vor der Strafvollstreckungskammer Ende Herbst 1978 erklärte ich, daß ich persönlich nicht mehr zur Guerilla gehen werde, aber ich verweigerte jede politische Stellungnahme zur Politik der Guerilla.

Anfang November bekamen wir Verstärkung: Helga, Rosi, Ingrid und Simone hatten zusammen mit anderen das Frankfurter dpa-Büro besetzt, um auf die lebensgefährliche Situation von Werner Hoppe und Karl-Heinz Dellwo aufmerksam zu machen. Werner, mit dem ich während meiner ersten Haftzeit so viele intensive Briefe gewechselt hatte, war nach siebenjähriger Isolationshaft auf 44 kg abgemagert und konnte kein Essen mehr bei sich behalten. Er lag in einem Hamburger Krankenhaus und war nach ärztlichen Gutachten haftunfähig, aber der Haftbefehl wurde nicht aufgehoben. Die Presse schwieg trotz aller Versuche seiner Anwälte und der Familienangehörigen, etwas darüber zu veröffentlichen. Seit Schleyers Tod wurden die Situation der politischen Gefangenen und ihre Haftbedingungen totgeschwiegen. Karl-Heinz aus dem Kommando, das die

Botschaft in Stockholm besetzt hatte, befand sich seit sechs Wochen in einem Hunger- und Durststreik gegen die Schikanen und Isolationsbedingungen.

Die vier Frauen kamen in den Flügel der Untersuchungsgefangenen und blieben dort isoliert. Aber sie duschten zusammen mit den anderen Gefangenen und kauften gemeinsam mit ihnen ein. Da konnten auch Verena und ich sie sehen. Wir waren jetzt sechs politische Gefangene, mitten zwischen den sozialen Gefangenen. Es gab überall heftige Diskussionen, nie mehr diese lastende Stille, die aus der Ohnmacht kommt. Die Reaktion waren verschärfte Kontrollen und Repression. War es vorher kein Problem, von einer Station zur nächsten zu klettern, unerlaubt natürlich, wurden jetzt auch zwischen die Stationen Gitter gezogen. Die Knastzeitung bekam Probleme: Es wurden Artikel zensiert, verboten. Die Gefängnisleitung wollte den Inhalt der Zeitung bestimmen, der ihr aus den Fingern geglitten war. Zum Schluß wurde die Zeitung eingestellt. Wir organisierten Diskussionen und Versammlungen für die Wahl eines Gefangenenrates, der in der Gefängnisordnung vorgesehen, aber bis dahin immer von der Gefängnisleitung eingesetzt worden war.

Und es gab einen neuen Anstaltsleiter, Kuhlenkampf, ein schneidiger junger Typ, direkt aus dem Ministerium.

Mein Antrag auf Zweidrittelentlassung, den die Strafvollstreckungskammer angenommen hatte, wurde von der höheren Instanz, dem Oberlandesgericht, abgelehnt: Es fehle die tätige Reue.

Die Temperatur im Frauenknast stieg deutlich an, als Günter Sonnenberg am 24. Januar 1979 mit einem Hungerstreik gegen seine Trennung von zwei anderen politischen Gefangenen und gegen seine Verlegung von Stammheim nach Bruchsal protestierte. Die übrigen Gefangenen aus der RAF hatten sich diesem Streik angeschlossen. Günter war bei seiner Verhaftung im Mai 1977 durch einen Kopfschuß schwer verletzt worden. Seitdem litt er an Amnesie. Er hatte sein Wortgedächtnis verloren, konnte nicht mehr schreiben, nicht lesen, kaum noch reden. Er war von Anfang an haftunfähig, aber man steckte ihn in totale Isolationshaft. Mit ungeheurer Willensanstrengung begann er, sich sein Gedächtnis zurückzuerobern. Nach einem Jahr genehmigte man ihm täglich Hofgang mit zwei Gefangenen aus der RAF, was jetzt durch die Verlegung wieder zurückgenommen wurde.

Günter war zusammen mit Verena verhaftet worden. Sie konnte uns mehr von ihm erzählen. Und viele der gefangenen Frauen empörten sich darüber, wie Justiz und Staatsschutz Günter trotz seiner Kopfverletzung isolierten und schikanierten. Wir diskutierten, ob wir uns auch dem Hungerstreik anschließen wollten. Es gab mehrere soziale Gefangene, die am liebsten gleich angefangen hätten. Aber Verena und die dpa-Besetzerinnen wollten zuerst über die Konsequenzen eines Streiks für jede einzelne reden. Ende Februar 1979 schlossen sich die vier »dpa-Frauen« dem Hungerstreik an. Als sie deswegen isoliert wurden, organisierten wir eine Unterschriftenaktion. 60 Gefangene protestierten gegen den Einschluß der vier, und einige Frauen, darunter Verena und ich, gingen in den Hungerstreik. Der Streik eskalierte im März mit einem kurzen Durststreik, und weitere Gefangene schlossen sich uns an. Da machte das Justizministerium die Zusage, Günter wieder mit den beiden RAF-Gefangenen zusammenzulegen.

Die Gefängnisleitung reagierte mit Drohung: schärfere Kontrollen, Streichung von Hafturlaub und sonstigen »Vergünstigungen«, Zelleneinschluss, Einzelhofgang. Dieser Druck polarisierte die Gefangenen: Ein Teil bekam Angst und stellte sich auf die Seite der Anstaltsleitung. Sie begannen, Haß gegen uns zu schüren, weil wir die anderen Gefangenen »aufwiegelten« und »für unsere Interessen einspannten«. Der andere Teil der Frauen kämpfte mit uns gemeinsam für unsere Rechte und unsere Würde. Es entwickelte sich zwischen uns eine für die meisten ganz unbekannte Solidarität, Nähe und Stärke. Sie entdeckten, daß es Spaß machen kann, zusammen zu kämpfen.

An einem Mittwoch Anfang April wurden Helga, Rosi, Ingrid und Simone von einem Rollkommando im Frauenknast zusammengeschlagen, als sie von dem Prozeß zurückkamen, der wegen der dpa-Besetzung gegen sie lief. Die Schließer prügelten dabei so brutal auf sie ein, daß Rosi das Zungenbein gebrochen wurde. Dieser Einsatz des Rollkommandos fand nicht im Zellenbau statt, aber wir anderen Gefangenen erfuhren sofort davon, und wir sahen, daß der Zellentrakt über der Verwaltung in Eile leergeräumt wurde, offensichtlich mit dem Ziel, die vier Frauen dort zu isolieren. Es war früher Nachmittag. Wir versammelten uns auf der Plattform, dem kleinen »Platz« im Schnittpunkt der vier Gebäudeflügel, unter der Zentrale, so nannten wir den Glaskasten in Höhe des ersten Stocks, von wo aus die Schließer alle vier Flügel kontrollierten. Was konnten wir machen, um gegen den Rollkommandoeinsatz zu protestieren und um die Verlegung der vier Frauen auf die Isolationsstation zu verhindern? Wir, eine kleinere Gruppe von Gefangenen, darunter Verena und ich, blieben auf der Plattform, um alle Frauen zu informieren. Jede, die von der Arbeit, vom Prozeß oder Besuch kam, mußte über die Plattform. Unsere Gruppe wurde langsam größer. Die kleinen metallenen Essenswagen fuhren durch die Stationen, und die Schließerinnen riefen: »Essen fassen! Wer nicht auf seiner Zelle ist, kriegt kein Essen!« Das war uns egal, wir blieben auf der Plattform. Auf Befehl der Oberschließerin wurden die Stationstüren geschlossen. Wir konnten nicht mehr rein und die Gefangenen auf den Stationen nicht mehr zu uns.

Der Sicherheitsinspektor erschien: »Wenn Sie nicht sofort auf Ihre Zellen gehen, leiten wir gegen Sie Verfahren wegen Aufwiegelung und Meuterei ein. Da können Sie alle nicht nur Ihr Zweidrittel vergessen, sondern dann droht Ihnen noch eine zusätzliche Strafe! Ich verlange, daß Sie jetzt sofort die Plattform räumen!« Er stand da, breit und sicher, daß wir uns vor seiner Drohung beugten. Aber es waren nur wenige Frauen, die sich entschlossen, auf ihre Zellen zurückzugehen. Wir anderen, vielleicht fünfzehn oder zwanzig Gefangene, rückten zusammen. Es war inzwischen Abend. Man hatte alle anderen Frauen vorzeitig eingeschlossen. Einige von ihnen klopften aus Solidarität gegen die Türen. Plötzlich hörten wir eine rufen: »Die Bullen! Draußen sind die Bullen!« Die Anstaltsleitung hatte also das Rollkommando gerufen. Und schon öffneten sich die Türen zur Verwaltung und zum Hof, durch die sich die Schließer auf die Plattform drängten. Jetzt begannen viele Gefangene gegen die Türen zu trommeln, der ganze Knast dröhnte davon. Wir verlangten, unter uns reden zu können, und wir beschlossen, der Schließerübermacht zu weichen und auf unsere Stationen zu gehen. Mit Schließerbegleit»schutz« wurden wir bis zur Zelle geführt. Stundenlang schlugen wir danach mit solcher Wucht gegen die hölzernen Türen, daß die Schließer aufgeregt in den Gängen hin- und herrannten, weil sie befürchteten, daß wir sie zerschlagen könnten. Eine Tür ging tatsächlich zu Bruch. Es war ein Höllenlärm.

Letztlich erreichten wir, daß Helga, Ingrid, Rosi und Simone nicht in den freigeräumten Trakt verlegt wurden.

Seit meiner Ankunft im Preungesheimer Gefängnis hatte ich immer wieder gesehen, wie es einzelne Gefangene möglich machten, trotz der tausend Kontrollen, Drogen nach drinnen zu schmuggeln. Aber nachdem wir begonnen hatten, uns zu organisieren, Solidarität unter uns Frauen entstanden war, gab es plötzlich Drogen in großen Mengen, und niemand wußte, woher sie kamen. Ein großer Teil der mit uns befreundeten Frauen waren ehemalige Fixerinnen. Als ihnen auf einmal so leicht Heroin angeboten wurde, konnten viele nicht widerstehen. Damit brach dieser Teil der Solidarität weg. Die Gefangenen, die wieder zu fixen anfingen, fielen im selben Moment zurück in die alten Strukturen von Einsamkeit, Egoismus, Mißtrauen und Denunziation. Es war schrecklich, sehen zu müssen, wie sich durch die Droge Menschen von einem Tag auf den nächsten veränderten. Aber wir konnten dem kaum etwas entgegensetzen, die Droge war unter diesen so schwierigen Bedingungen stärker als wir.

Einen Monat nach der Bambule wurde ich am 11. Mai 1979 entlassen. Die Beschwerde gegen den Widerspruch des Oberlandesgerichts hatte Erfolg gehabt, wenige Monate vor dem Ende meiner Strafhaft kam ich auf Bewährung frei.

Ich zog zu meiner Freundin Karin. Ganz schnell wurde mir klar, daß ich nicht nach Afrika gehen mußte, sondern daß es viele Möglichkeiten für mich gab.

Ich war 31 Jahre alt und hatte seit 1971 fünfundsiebzig Monate wegen Paßfälschung, Besitz von nie benutzten Waffen, aber vor allem wegen Unterstützung und Mitgliedschaft in der RAF in verschiedenen Gefängnissen verbracht.

Und ich begann noch einmal »von vorn«.

Nachwort

Als ich 1979 aus dem Gefängnis entlassen wurde, begann ich zusammen mit ein paar anderen, Solidaritätsaktionen für die politischen Gefangenen neu zu organisieren. Besuche bei den Gefangenen waren weitgehend verboten, und es gab kaum eine öffentliche Auseinandersetzung über die Haftbedingungen.

Ich gründete zusammen mit anderen Frauen eine antiimperialistische Frauengruppe, und in den folgenden Jahren beteiligte ich mich aktiv an verschiedenen Diskussionen und Gruppen.

Im August 1985 ging ich nach Kuba. Ich beantragte und erhielt politisches Asyl.

Auf Kuba überlegte ich, meine Geschichte aufzuschreiben.

Schon im Knast hatten wir darüber diskutiert, daß es irgendwann einmal auch Autobiographien über unsere Geschichte geben müsse, nicht nur Dokumentationen mit politischen Erklärungen oder mehr oder weniger »objektiven« Analysen der gesellschaftlichen Situation und Auseinandersetzungen. Aber wer schreibt es auf? Die Gefangenen konnten es nicht, die Bedingungen der Isolation machten es unmöglich. Außerdem wurden uns andauernd alle Unterlagen aus der Zelle geklaut.

In den Jahren von 1979 bis 1985 habe ich die Erfahrung gemacht, daß die jungen Menschen, die vor allem durch die Anti-Nato-Bewegung 1980 politisiert worden waren, nichts über die 70er Jahre, nichts über die Studentenbewegung, nichts über die RAF und ihre Entstehung, nichts über unsere Erfahrungen im Gefängnis und die Härte der Auseinandersetzung mit dem Staat wußten. Ich wurde immer wieder danach gefragt und sollte erzählen.

In Kuba kam mir der Gedanke, daß es nun meine Aufgabe sein sollte, wenigstens einen Teil der Geschichte der RAF aufzuschreiben. Während meiner ersten Zeit dort fiel mir das Schreiben schwer – ich mußte mich erst an das Leben in Kuba gewöhnen und die Sprache lernen. Und die Genossen in Deutschland fanden es nicht wichtig.

1991 machte ich mich dann doch ans Schreiben. Es war ein harter Kampf um meine Erinnerung. Über diese Geschichte hatte ich fünfzehn bis zwanzig Jahre kaum gesprochen. In Kuba konnte ich niemandem davon erzählen. Und andauernd verlangten meine Kinder meine Aufmerksamkeit, so daß ich mich nicht konzentrieren konnte. Ich brauchte mehr als ein halbes Jahr für hundert Seiten.

Ich gab meinen Text ein paar deutschen Freunden zu lesen, die ihn zum großen Teil unmöglich fanden: »So kann es doch nicht gewesen sein!«, »Das kommt politisch zum falschen Zeitpunkt«, »Das kannst du so nicht schreiben«. Da ich mir selber unsicher war, verschloß ich das Manuskript in der untersten Schublade.

Ich dachte, ich könnte es in Deutschland noch mal neu damit versuchen. 1992 wollte ich mit meiner Familie zurück. Aber die Überfälle auf Flüchtlinge in Rostock und die Behandlung der Gefangenen ließen mich meinen Wunsch revidieren, und wir zogen 1993 nach Uruguay.

Dort begann ich mit ehemaligen Tupamaro-Gefangenen über mein Projekt zu sprechen, und ich machte einen neuen Anlauf, mit Genossen in Deutschland über unsere Geschichte zu diskutieren. Aber ich bekam auf meine Briefe keine Antwort. Nach langem Hin- und Herüberlegen überarbeitete ich das alte Manuskript noch einmal.

Für mich war von Anfang an klar, daß ich nur über die Zeit bis zu meiner zweiten Haftentlassung schreiben würde. Bis 1979 war ich die meiste Zeit allein, vor allem eben im Gefängnis, nur für Momente war ich aktiver Teil einer Gruppe, aus der viele heute nicht mehr leben. Nach 1979 war ich Teil verschiedener Gruppen, in denen es gemeinsame intensive Diskussionen gab, und ich fühle mich unfähig, diesen Prozeß allein zu rekonstruieren.

Aber die Diskussion über die Geschichte der Guerilla, über

den Knast, über die Situation der 70er Jahre will ich mit diesem Buch beeinflussen. Ich bin mir im klaren darüber, daß dieses nur ein beschränkter Versuch ist.

Um der Wirklichkeit näher zu kommen, müßte es viele Berichte geben. Ich denke, daß wir so offen wie möglich über unsere Erfahrungen reden sollten, sonst bleibt die Diskussion über die RAF zwischen Mythen und psychologischer Kriegsführung in der Luft hängen.

Ich bin unsicher, ob ich von den Jungen heute verstanden werde. Mein »Deutsch« ist noch auf dem Stand von 1985 – meine Sprache und meine Vorstellung von dort. Denn seitdem bin ich nie wieder in Europa gewesen. Zu denken gab mir ein Interview, daß ich in der *taz* las: Vier junge Frauen zwischen 18 und 20 Jahren wurden nach ihrer Meinung zu Ulrike Meinhof und zur RAF befragt. Eine von ihnen sagte: »Diese RAF-Frauen waren ja schon ziemlich seltsam, auf der einen Seite hielten sie sich für total emanzipiert, auf der anderen Seite waren sie so abhängig von Männern, daß sie Andreas Baader nicht mit einer Frauengruppe befreien konnten, sondern noch einen Typen dafür brauchten.« Ihr Unverständnis bezog sich auf die Tatsache, daß die Frauen, die 1970 Andreas befreiten, in letzter Minute entschieden, noch einen Mann in das bewaffnete Kommando zu integrieren, weil sie befürchteten, von Andreas Baaders Bewachern nicht ernstgenommen zu werden und vielleicht nur deshalb gezwungen zu sein zu schießen. Für eine 18jährige ist demnach heute kaum mehr vorstellbar, daß die Frauenbewegung in den 70ern gerade in den Anfängen steckte und Männer noch keine Erfahrungen mit kollektivem Selbstbewußtsein und aktiver Gegenwehr von Frauen hatten.

Die Jahre der Isolationsfolter haben mich verändert und Schäden in mir verursacht: Ein Jahr nach meiner Haftentlassung 1980 mußte ich an der Schilddrüse operiert werden, weil sich durch die Daueranspannung ein kalter Knoten gebildet hatte; ein Hautarzt stellte Hautschäden fest, die normalerweise erst Menschen haben, die mindestens fünfzehn Jahre älter sind als ich; mein Metabolismus veränderte sich im Gefängnis so grundlegend, daß ich seitdem nur noch ganz wenig zu essen brauche; mein Körper reagiert seit meiner Haft im Toten Trakt auf große Veränderungen mit hohem Blutdruck, dadurch starb zwei Wochen vor der Geburt mein erstes Kind; seit meiner Haftentlassung bekomme ich schon bei geringen Höhen starke Schwindelgefühle, die ich vorher nicht kannte; die Isolationsfolter und speziell der Tote Trakt haben sehr stark meine Gedächtnisfähigkeiten verringert: Ich mußte mir in Freiheit ganz systematisch ein Kurzzeitgedächtnis neu antrainieren, und das gelang mir auch, aber mein Zahlengedächtnis, das vor der Knastzeit außerordentlich gut funktionierte, konnte ich nie wieder zurückgewinnen.

Diese Erfahrungen haben mich verändert, ich versuche immer noch, sie zu verstehen, vielleicht lebe ich deshalb heute lieber und intensiver als vorher.

Und ich will nicht vergessen, daß es in Deutschland noch immer politische Gefangene gibt, die nie mehr aus dem Gefängnis entlassen werden, an denen Rache und Vergeltung geübt und die Allmacht des Staates demonstriert werden sollen. Ich hoffe, daß eine Diskussion über unsere Geschichte und ihre Bedingungen hilft, ihre Freilassung zu bewirken.

Osvaldo Bayer

Nachbetrachtung

Das Buch von Margrit Schiller hat mich in die sechziger und siebziger Jahre versetzt und mich wieder vor die vielen unbeantwortet gebliebenen Fragen gestellt. Allerdings nicht in bezug auf Deutschland, sondern auf Argentinien, mein Land. Hier herrschte das gleiche Problem. Die Umstände waren andere, aber die Fragen waren und sind, trotz der Unterschiede zwischen der sogenannten Ersten und der Dritten Welt, die gleichen geblieben.

Es ist seltsam, daß Margrit Schiller gerade mich gebeten hat, ein Nachwort für ihr Buch zu schreiben, mich, der ich nie ein Verfechter der Guerilla war, sondern eher ein hilfloser Prophet des zu Erwartenden und Kommentator des Geschehenen.

Damals war sie noch sehr jung und ich ein Mann in den Vierzigern, der heftige Diskussionen mit jungen Lateinamerikanern führte, die als einzige Lösung im Kampf gegen eine ungerechte und korrupte Gesellschaft den Weg der Guerilla sahen. Wenn Margrit Schiller damals in Buenos Aires gelebt hätte, dann hätte sie womöglich mit mir diskutiert, aber meine Argumente verworfen und mich einen »Spießbürger« genannt, wie mich damals die jungen Montoneros bezeichneten.

Das taten sie nicht, weil ich etwa auf seiten des Militärregimes oder der damals vom Volk gewählten korrupten Politiker stand, sondern weil jene jungen Menschen mich zwar einerseits als einen revolutionären Linken betrachteten, andererseits aber nicht verstehen konnten, daß ich sie vom Weg der Guerilla abbringen wollte, der unweigerlich in einer Niederlage enden mußte. Er würde zum Verlust der Besten führen und eine ausbeutende und korrupte Gesellschaft in ihren Fundamenten festigen. So geschah es dann leider auch.

Alles fing 1960 in Havanna an, knapp ein Jahr nach dem Sieg der kubanischen Revolution, als wir, eine Gruppe junger

Argentinier, die Möglichkeit bekamen, Che Guevara zu treffen. Auf diesem Treffen versuchte er uns zu überzeugen, daß der einzige Weg zur Veränderung des argentinischen Regimes eine Guerilla wäre und diese in den Bergen von Córdoba, im Zentrum Argentiniens, entstehen sollte. Daraufhin habe ich Che in Erinnerung gerufen, daß die Repressionskräfte in Argentinien viel besser ausgebildet seien als die von Batista in Kuba. Ich zählte ihm sämtliche staatlichen Organisationen auf, die jeden Aufstand von links unterdrücken würden. Che hat mich schmerzvoll angeschaut und auf meinen Einwand mit nur drei Worten geantwortet: »Es sind Söldner.« Nach einer langen Pause zollten die Argentinier Che großen Beifall.

Daraufhin habe ich alles verstanden, und diese Einsicht half mir, alles danach Geschehene zu deuten. Ich sagte mir: Man darf als Revolutionär nicht die Hindernisse analysieren, sondern muß auf eigene Überzeugungen bauen; man muß der Ungerechtigkeit mit Rebellion – diesem Geschenk der Götter an diejenigen, die an Altruismus und Solidarität glauben – begegnen. Doch ich konnte nicht gegen meine Überzeugung handeln, und als die Theorien Ches in den Straßen von Argentinien Wirklichkeit wurden, warnte ich weiterhin, daß dieser Weg in den Tod und zu einem Rückschlag führen mußte. Ich brachte aber auch mehr und mehr Verständnis und Solidarität für die Verfolgten auf.

Eine dieser Verfolgten war Margrit Schiller. Zwar war ihre Situation für mich viel schwieriger zu verstehen, da sie aus anderen geographischen Breiten, aus der Ersten Welt kam, aber ich gehöre nicht zu denen, die ihre Gruppe, die RAF, als eine Terrororganisation bezeichnen. Ich frage mich vielmehr, weshalb sie eine »Terroristin« war, was sie dazu brachte, eine »Terroristin« zu werden. Dazu muß man sich in die Geschichte und die Umstände versetzen. Man kann nicht von der RAF sprechen, ohne vorher die ganze damalige Szenerie zu beschreiben. Ich studierte von 1952 bis 1956 in Hamburg und wurde Mitglied des SDS, des Sozialistischen Deutschen Studentenbundes, der sich links von der Sozialdemokratie bewegte. Ich kann mich noch daran erinnern, wie Willy Brandt aus Berlin kam, um uns ein politisches Referat zu halten. Nun, wie waren diese jungen Menschen zehn Jahre nach dem Nationalsozialismus und dem grausamsten Krieg aller Zeiten? Es war eine Jugend, die etwas bewirken wollte. Obwohl in den Schulen der Geschichtsunterricht mit dem Jahr 1913 endete, wollten die Jugendlichen mehr über die deutsche Vergangenheit wissen. Ich weiß noch, daß die Mitglieder des SDS sich nicht mit dem damals üblichen Schlagwort der »Kollektivschuld« abspeisen ließen. Sie entzogen sich zwar nicht der Verantwortung, fanden sich aber nicht mit der Aussage »Wir sind alle schuldig, bitten wir die Juden um Vergebung und bekämpfen wir den Kommunismus« ab. Die jungen Leute im SDS wollten wissen, welche Rolle die Mächtigen 1933 gespielt hatten: das deutsche Industriekapital, die Kirchen, die rechten politischen Parteien, von der katholischen Zentrumspartei bis zu den Liberalen. Sie fragten sich, weshalb die Schergen der Konzentrationslager verurteilt wurden, während die nationalsozialistischen Schreibtischtäter problemlos eine neue politische Karriere beginnen konnten, wie z.B. Bundeskanzler Kurt Georg Kiesinger, Bundespräsident Heinrich Lübke, der baden-württembergische Ministerpräsident Hans Filbinger mit seiner grausamen Vergangenheit als Militärrichter, der spätere Bundespräsident Karl Carstens usw. Man sprach von Freiheit, von Demokratie und von der westlichen Welt, doch europäische Länder hatten immer noch Kolonien oder griffen – wie die Franzosen – militärisch in Vietnam oder Algerien ein. Ich erinnere mich an lange Diskussionen, Diskussionen, die gerade erst begannen und Ende der sechziger und siebziger Jahre mit drastischen Stellungnahmen zur Explosion kommen sollten. Ich erinnere mich an die Suche nach Alternativen für das ungerechte kapitalistische System und an den Traum von einer sozialistischen Welt ohne Stalinismus. In jenen Jahren war es im SDS Mode, das jugoslawische System von Tito – der sich vom Block der realsozialistischen Staaten getrennt und einen Versuch gestartet hatte, neue Formen von Genossenschaftsproduktion zu erproben – als Modell zu sehen.

Es fand eine Art Doppelspiel im öffentlichen Leben Deutschlands statt: Man lehrte das Individuum, selbst für sich zu bestimmen und nicht dem Vorbild vergangener Generationen zu folgen, die sich leicht von Demagogen leiten ließen; der Mensch sollte lernen, sich gegen jede Einmischung des Staates in sein Leben zu wehren, um nicht noch einmal betrogen zu werden. Daher nicht anderen die Verantwortung zu überlassen (das wurde später sehr wichtig, weil ein Teil der Jugend diesen Ausspruch sehr ernst genommen hat), aber gleichzeitig an die USA zu glauben, an den Westen im Kampf gegen das Böse, das aus dem Osten kam. Das hieß also, daß es zwar Selbstbestimmung geben sollte, aber nur innerhalb des Systems.

Margrit Schillers Generation wurde, gerade zu Jugendlichen herangereift, in eine Kette von nicht aufhaltbaren Ereignissen verwickelt: der Studentenaufstand der 68er (»die Phantasie an die Macht«), die Ermordung des Studenten Benno Ohnesorg in den Straßen Berlins, Sartre in den ersten Reihen der Demonstranten (»die Kommunisten haben Angst vor der Revolution«), das Attentat auf Rudi Dutschke (Biermann: »Drei Kugeln auf Rudi Dutschke/ ein blutiges Attentat/ wir haben genau gesehen/ wer da geschossen hat/ ach Deutschland deine Mörder!«), der Kampf der Vietnamesen gegen die Macht des Imperiums (Erich Fried: »Vietnam ist Deutschland/ sein Schicksal ist unser Schicksal/ die Bomben für seine Freiheit/ sind Bomben für unsere Freiheit«). Außerdem fand ein öffentlicher Kampf gegen die Medien des Kapitalismus, vor allem gegen die Springerpresse, statt, der Prager Frühling verkörperte das Aufbäumen der ganzen Welt gegen Autoritarismus und Unrecht, während Mao immer mehr zum nachahmenswerten Symbol für die Dritte Welt wurde. Lateinamerika brachte seinen epischen Helden, Che Guevara, hervor, und dieser ganze Kontinent wurde durch Protest und Pulver in Bewegung gebracht. Und schließlich traten auch die Frauen immer mehr in den Vordergrund und schrieben den Feminismus auf ihre Fahnen.

Inmitten dieses ganzen Enthusiasmus kam der Augenblick der Entscheidungen: absatteln und das Gewitter abwarten oder weitergehen und der Gewalt von oben mit der Gewalt der Unterdrückten begegnen. Che Guevara ist diesen zweiten Weg gegangen. Und hier stehen wir bei diesem Buch vor einem Menschen, der sich für alle verantwortlich fühlte, und müssen uns entscheiden.

Dafür müssen wir die Persönlichkeit eines jeden einzelnen analysieren. Warum haben einige den offenen Kampf und andere den Unterschlupf vorgezogen? Die Entschlossenen werden später analysiert – als Erklärung für ihre Gewalt – nach Freud, Lacan oder anderen Theorien der Psychoanalyse. Andere haben sich der Ökologie verschrieben; die meisten wollen ein »normales« Leben führen.

Folgen wir den Erfahrungen: Ich, ein Mann der Dritten Welt, der in den siebziger und achtziger Jahren acht Jahre in der Bundesrepublik im Exil gelebt hat, mußte zum Beispiel tagtäglich erfahren, wie dieses Land die raffiniertesten Waffen an die grausame Diktatur Videlas verkaufte (»Die Bundesregierung hat in der Kabinettssitzung am Mittwoch einer staatlichen Bürgschaft für einen argentinischen U-Boot-Antrag zugestimmt. Diese staatliche Absicherung für einen Exportkredit ist nach den Angaben von Grünewald gewährt worden, weil das Kabinett die Beschäftigung im Arbeitsamtsbezirk Emden mit einer überdurchschnittlichen Arbeitslosenquote habe sichern wollen.«, FAZ, 01.12.77). Waffen für eine Diktatur gegen die Unterbeschäftigung in Deutschland. Demokratie. Realpolitik.

Ein anderes Beispiel ist, daß die Bundesrepublik große Geschäfte zur Durchführung der Fußballweltmeisterschaft in Argentinien 1978 getätigt hat, was zu den gleichen werbewirksamen Ergebnissen wie die Olympischen Spiele zu Hitlers Zeiten führte. Grotesk ist auch, daß Abgeordnete des deutschen Bundestages, die das Argentinien der Militärdiktatur Videlas besuchten, um die Lage der Menschenrechte zu untersuchen, schriftlich folgendes festhielten: »Montag, 19. Juni. Mittags folgten wir einer Einladung zu einer Estancia. Dort Vorführung der hier gezüchteten Rinderrassen und eine Einladung zum Mate-Tee. 20. Juni. Besuch eines Fußballstadions. Die Art und Weise des Baus garantiert ein hohes Maß an äußerer Sicherheit, und auch an spielfreien Tagen hat man den Eindruck der absoluten Überwachung, die allerdings sehr diskret war und kaum in Erscheinung trat. Am gleichen Tag Einladung auf die Estancia eines ehemaligen Luftwaffenkommandeurs zu einem dort allseits beliebten Rostbratenessen, dort asada (sic) genannt. Das Essen fand in gewohnter Herzlichkeit statt, wie man es in Argentinien allgemein empfinden konnte. Die Speisekarte besteht im wesentlichen aus allen möglichen Sorten Fleisch (Rind, Ziege, Schwein sowie deren Innereien und verschiedene Sorten von Blut- und anderer Wurst), die mit riesigen Schüsseln von Salat sowie Rot- und Weißwein und Mineralwasser gereicht werden. 21. Juni. Mittagessen in der deutschen Schule in Córdoba. Der Abgeordnete Scheffler berichtet, ›allenthalben habe ich auf Fragen nach dem Vergleich zu Peróns Zeit die Antwort bekommen, daß diese Zeit untragbar gewesen sei, verbunden mit Gefahr für Leib und Leben, und daß einfach wieder hätte Ordnung einkehren müssen». 22. Juni. Konversationen mit hohen Persönlichkeiten des ökonomischen und politischen Lebens. Auch hier in diesen Gesprächen trat immer wieder die Meinung zutage, daß in den letzten zwei Jahren sicherlich manches Unrecht geschehen sei, aber inzwischen Ruhe und Ordnung eingekehrt sei, die man nicht missen möchte. 5. Juli. Nach drei Wochen Reise mit vielen Eindrücken, vielen Gesprächen, aber auch viel Ärger und viel persönlicher Strapaze, ist man froh, wenn man wieder nach Hause kommt. Deutschland ist doch schön!« Der Bericht ist unterschrieben von den Abgeordneten Hans Evers (CDU), Adolf Müller-Emmert und Hermann Scheffler (beide SPD) und Torsten Wolfgramm (FDP). Ruhe und Ordnung. Deutschland ist doch schön.

Und was sollten die lateinamerikanischen Demokraten erwarten, wenn die Bank des Deutschen Gewerkschaftsbundes, die Bank für Gemeinwirtschaft, der Militärdiktatur von Videla trotz Protesten der argentinischen Exilierten einen Kredit gewährt, obwohl diese Regierung Hunderte von argentinischen Arbeitern ermordet hat? Die Bank antwortete eiskalt – oder zynisch: »Wir sind darauf angewiesen, als Partner am internationalen Darlehensgeschäft mitzuwirken, wenn wir unsere Aufgabe in der Bundesrepublik erfüllen wollen. Darüber hinaus haben wir berücksichtigt, daß man leider in Lateinamerika nur selten Maßstäbe anwenden kann, die in westlichen Demokratien als selbstverständlich gelten.«

Hier gab es für Demokraten nur vier Optionen: Erstens, die nächsten Wahlen abzuwarten, um zwischen zwei Parteien zu wählen, die kaum Unterschiede in ihren Programmen aufwiesen (man konnte dies an der Politik von CDU, SPD und FDP in bezug auf ihre Politik gegenüber den lateinamerikanischen Diktatoren feststellen). Zweitens, Protestkundgebungen und Hungerstreiks durchzuführen. Drittens, sich ganz dem Problem zu entziehen, wie 95 Prozent der Bevölkerung. Oder aber viertens, sich der Gewalt zuzuwenden unter dem Motto: Wenn die sogenannten demokratischen Regierungen der Ersten Welt die mörderischen Diktaturen der Dritten Welt unterstützen, verdienen sie es, die Gewalt der Rebellion zu erfahren und am eigenen Leib die Gewalt zu spüren, der die armen Völker, die auch ein Leben in Würde leben wollen, tagtäglich ausgesetzt sind.

In welcher dieser Positionen finden wir die Ethik? Jeder wird seine Antwort finden. Sonst müssen wir nur die Geschichte der Ethik und der Welt überdenken. Zwei Namen seien genannt: Spartakus und Thomas Müntzer.

Margrit Schiller hat eine Waffe in der Tasche. Aber sie schießt nicht. Sie folgt den Symbolen, aber ihr Innerstes weigert sich konsequent, nach dem Motto »Auge um Auge, Zahn um Zahn« zu handeln; was du mir antust, tu ich dir an. Sie tut es nicht. Und verliert. Aber sie erträgt die Konsequenzen, und ihr Innerstes ist den Irrenden treu, die nicht in den Reihen der in der Mitte des Weges Zurückgebliebenen und denen, die sich für die Gleichgültigkeit entschieden hatten, stehen.

Verloren haben diejenigen, die Protestbomben gebastelt und geworfen haben.

Nein, diese Methode funktioniert nicht. Aber welche dann?

Ich werde immer ein Gegner der Gewalt sein, aber was konnte ich den jungen Montoneros in Argentinien versprechen, die zusehen mußten, wie sich die Militärs die Macht mit korrupten Politikern teilten und alle diejenigen umbrachten, die soviel Schande nicht ertrugen. Der berühmt gewordene Satz von General Camps: »Zuerst werden wir mit den Aktivisten Schluß machen, dann mit den Helfern und schließlich mit den Unentschlossenen« spricht Bände.

Wie sollten die jungen Deutschen reagieren, die man aufgefordert hatte, Verantwortung zu tragen in der Bemühung um die Rechte aller, als sie erfuhren, daß von Deutschland aus die amerikanischen Bomber starteten, die ihr schändliches Unwesen in Vietnam trieben? Warum konnten die deutschen Demokraten und die ganze Welt laut die Frage stellen: Was haben die Amerikaner in Vietnam verloren? Was sollten die jungen konsequenten Deutschen tun, um Zivilcourage zu zeigen, als Resultat von Auschwitz? Sie hatten nur folgende Möglichkeiten: in Bonn zu protestieren und vor der Bannmeile halt zu machen, wissend, daß der Bundestag das Problem unter den Tisch gekehrt hatte; oder in der Kirche zu beten oder Flugblätter zu verteilen oder alle vier Jahre einen Politiker zu wählen, der auch wieder schweigen würde. Sollten sie Nein zur Gewalt sagen, aber schweigend akzeptieren, daß ein amerikanischer Bomber in Vietnam eine Schule mit 163 Kindern bombardierte?

Ich weiß auch keine Antwort. Margrit Schiller wußte eine, aber sie hat verloren und alle, die wir nichts getan haben, außer vielleicht eine Petition zu unterschreiben oder drei Tage einen Hungerstreik durchzuführen, sagen zu ihr: Du hast dich geirrt. Genau wie alle Opportunisten der Rechten, der Mitte und der Linken und die schweigende Masse, die nach Mallorca reist oder die, die sich vorbereiten, um die besten Manager zu werden. Genau wie die Abgeordneten und die Bürgermeister, die Pfarrer und Pastoren, die Professoren und Lehrer. Alle sagen wir zu Margrit: Du hast dich geirrt, du warst eine Terroristin. Die hohe linke Intellektualität hat ihr das gesagt, und die linken Professoren und Hochschüler, mehr als dreihundert, von Professor Wolfgang Abendroth bis hin zum Schriftsteller Gerhard Zwerenz, nannten sie »Terroristin«.

Aber auch wir haben verloren. Man braucht nur die Statistiken über Hunger, Arbeitslosigkeit, Korruption auf der ganzen Welt, vor und nach Stammheim, zu lesen. Mit unserer Zurückhaltung haben wir die Globalisierung alles dessen erreicht. Das System hat dazu geführt, trotz der öffentlichen Freiheiten und der sozialen Marktwirtschaft, trotz des »Kohl, ja, Lafontaine, nein« oder des »Schröder, ja, Kohl, nein«.

Margrit hat sich geirrt, zweifellos. Aber wir, was haben wir getan? Was haben die Macht der Finanzen, die Macht der Medien und wir mit unserer Demokratie, die uns erlaubt, alle vier Jahre zu wählen, getan?

Margrit Schiller sagt uns in ihrem Buch, daß sie sich geirrt hat, aber sie ist auch ehrlich genug, uns zu erklären, wie alles gekommen ist. Sie hat sich geirrt, aber sie bereut nichts. Wir haben uns nicht geirrt, aber haben soviel oder zumindest doch mehr als sie verloren.

Dieses Buch dient dazu, aus Margrits Irrtümern zu lernen oder uns einen Spiegel vorzuhalten.

Helmut Schmidt hat seinen 80. Geburtstag mit Kissinger, dem intellektuellen Autor des Putsches gegen Allende in Chile, Pinochets geistigem Berater, gefeiert. Margrit Schiller wird bis zum Ende ihrer Tage vom BND beobachtet werden. Kissinger erhält den Nobelpreis.

Margrit Schiller mit ihrer Wahrheit und ihrer Ehrlichkeit hat sich geirrt. Die Zyniker – und Zynismus ist die größte Korruption – werden unter Tränen umarmt, nachdem sie ihrer Pflicht als Demokraten unter viel Beifall, Medienrummel und Auszeichnungen nachgekommen sind. Unsere Demokraten. Wir schauen in den Spiegel und erkennen uns in ihnen wieder. Und in den Hungerstatistiken. Trotz Stammheim. Trotz der Kontaktsperre.

Margrit Schiller, danke für dein Leben, auch wenn du dich geirrt hast.

Osvaldo Bayer ist argentinischer Schriftsteller, Journalist, Drehbuchautor und Historiker; hat einen Lehrstuhl für Menschenrechte an der Universität von Buenos Aires. Emigriert beim Militärputsch von 1976 in die Bundesrepublik und kehrt 1983 nach Argentinien zurück.

Personenglossar

Albrecht, Susanne
Ehemaliges RAF-Mitglied, beteiligte sich 1977 an dem Entführungsversuch und der Ermordung von Jürgen Ponto, sie unterzeichnete mit ihrem Namen die Kommandoerklärung der RAF. Später ging sie in die DDR und führte ein bürgerliches Leben, 1990 verhaftete man sie, und sie machte umfangreiche Aussagen als Kronzeugin der Bundesanwaltschaft. Sie wurde verurteilt und ist mittlerweile aus der Haft entlassen.

Allende, Salvador
1908-1973, Arzt und chilenischer Politiker, 1933 Mitbegründer der Sozialistischen Partei Chiles, ab 1964 Oppositionsführer. Allende wurde 1970 unter einer Volksfront-Regierung Präsident des Landes. 1973 putschte das Militär unter General Pinochet mit dem Segen der USA. Allende kam bei der Erstürmung des Präsidentenpalastes ums Leben. Bis heute ist unklar, ob er von den Putschisten ermordet wurde oder Selbstmord verübte.

Andrawes, Souhaila
Einzige Überlebende des palästinensischen Kommandos der »Landshut«-Entführung nach Mogadischu und der Befreiungsaktion der GSG 9 1977; ihr wurde 1996 von der Bundesanwaltschaft in Hamburg der Prozeß gemacht.

Arafat, Yassir
Palästinensischer Politiker, war 1959 Mitbegründer der Al Fatah, seit 1967 deren Führer, seit 1969 Vorsitzender des Exekutivkomitees der PLO, seit 1994 Präsident der palästinensischen Autonomiebehörde. Arafat erhielt 1994 zusammen mit Schimon Peres und Jizchak Rabin den Friedensnobelpreis.

Asdonk, Brigitte
Sie kam von der APO und schloß sich der RAF an, wurde 1970 verhaftet, zu zehn Jahren Haft verurteilt und 1982 entlassen.

Augustin, Ronald
Ehemaliges Mitglied der RAF, wurde verhaftet.

Baader, Andreas
1944-1977, Gründungsmitglied der RAF, kam aus der Münchner APO und ging mit zwanzig Jahren nach Berlin, lernte 1967/68 Gudrun Ensslin kennen und beteiligte sich an der Kommune 1. Baader verübte mit Gudrun Ensslin u.a. am 2. April 1968 zwei Brandanschläge auf Frankfurter Kaufhäuser, er wurde drei Tage später festgenommen und zu drei Jahren Haft verurteilt. Baader erhielt Haftverschonung wegen eines Revisionsantrags, kam später der Aufforderung, die Strafe abzusitzen, nicht nach und wurde am 4. April 1970 in Berlin verhaftet. Er gründete mit Gudrun Ensslin u.a. die RAF. Am 14. Mai 1970 wurde er von Ulrike Meinhof u.a. befreit, ein Unbeteiligter wurde verletzt. Das war die erste Aktion der RAF. Im Juni 1972 wurde Baader nach einer Schießerei mit der Polizei wieder verhaftet und dabei verletzt. Im Mai 1975 begann der »Baader-Meinhof-Prozeß« in Stuttgart-Stammheim, am 28. April 1977, nach 192 Verhandlungstagen, verurteilte ihn das Gericht zu einer lebenslangen Freiheitsstrafe, am 18. Oktober wurde Baader tot in seiner Zelle aufgefunden.

Bakunin, Michail Alexandrowitsch
1814-1876, aus adeliger Familie stammender russischer Revolutionär. Beteiligte sich am Dresdener Aufstand 1849, wurde zum Tode verurteilt, konnte aber fliehen. Mitbegründer der I. Internationale (1864), nach seinem Bruch mit Karl Marx und seiner Hinwendung zum Anarchismus 1872 schloß man ihn wieder aus. Er kämpfte für einen kollektivistischen, revolutionären Anarchismus.

Becker, Eberhard
Becker kam aus dem Heidelberger SDS, wurde Rechtsanwalt und verteidigte Mitglieder der RAF. Er wurde 1974 verhaftet und wegen Mitgliedschaft zu vier Jahren Gefängnis verurteilt.

Beer, Wolfgang
Beer arbeitete im »Hamburger Anti-Folter-Komitee«, schloß sich der RAF an und wurde 1974 in Frankfurt verhaftet. Nach seiner Haftentlassung ging er erneut in die Illegalität und kam 1980 zusammen mit Juliane Plambeck bei einem Autounfall ums Leben.

Berberich, Monika
Sie kam aus der APO, schloß sich 1970 der RAF an und wurde am 8. Oktober 1970 wegen der Baader-Befreiung und Mitgliedschaft in der RAF verhaftet und verurteilt. Am 7. Juli 1976 brach sie mit anderen aus dem Gefängnis in Berlin aus, wurde am 21. Juli wieder festgenommen, 1988 entlassen.

Böll, Heinrich
1917-1985, Schriftsteller, viele seiner Werke beschäftigen sich mit dem Grauen des Krieges und seinen Folgen sowie der Restauration der Nachkriegszeit. Böll engagierte sich stark gesellschaftspolitisch. 1972 erhielt er den Nobelpreis für Literatur. In seinem Buch *Die verlorene Ehre der Katharina Blum* (1974) thematisierte er die gesellschaftliche Stimmung dieser Jahre. Böll setzte sich kritisch mit der RAF auseinander und interpretierte ihren Kampf als Kampf von »6 gegen 60 Millionen«.

Brandt, Willy
1913-1992, Politiker, ab 1930 Mitglied der SPD. 1933 emigrierte er nach Norwegen, kehrte 1945 als Korrespondent skandinavischer Zeitungen nach Deutschland zurück. 1957-1966 war er regierender Bürgermeister von West-Berlin, 1964-1987 Parteivorsitzender der SPD, seitdem Ehrenvorsitzender, Außenminister und Vizekanzler der Großen Koalition von 1966-1969, 1969-1974 Bundeskanzler, erhielt 1971 den Friedensnobelpreis. 1976-1992 Vorsitzender der Sozialistischen Internationale, ab 1977 der Nord-Süd-Kommission.

Braun, Bernhard
Ehemaliges Mitglied der RAF, wurde am 9. Juni 1972 in Berlin festgenommen.

Brecht, Bertolt
1898-1956, Schriftsteller und Regisseur, 1933 Emigration, kehrte 1949 nach Ost-Berlin zurück, wo er zusammen mit seiner Frau, der Schauspielerin Helene Weigel, das »Berliner Ensemble« gründete, das er weltbekannt machte. Der Kommunist Brecht war vor allem als Dramatiker (Stückeschreiber) einer der bedeutendsten und einflußreichsten Autoren des 20. Jahrhunderts.

Buback, Siegfried
1920-1977, 1959 Erster Staatsanwalt beim BGH, 1963 Oberstaatsanwalt, 1971 Bundesanwalt, Pressesprecher des BGH, leitete die Fahndung nach der RAF, ab 1974 Generalbundesanwalt. Das RAF-Kommando »Ulrike Meinhof« gab am 7. April 1977 in Karlsruhe von einem Motorrad aus Schüsse auf Bubacks Dienstwagen ab. Buback und seine zwei Begleiter starben. In einer Erklärung machte die RAF Buback u.a. für den Tod von Holger Meins und Ulrike Meinhof verantwortlich.

Buddenberg, Wolfgang
Ehemaliger Richter am Bundesgerichtshof, die RAF deponierte im Mai 1972 an seinem Auto einen Sprengsatz, durch den seine Frau schwer verletzt wurde.

Cabral, Amilcar
Gründer der Befreiungsbewegung PAJGC von Guinea-Bissau gegen den portugiesischen Kolonialismus; er wurde am 20.1.1973 ermordet.

Camus, Albert
1913-1960, französischer Schriftsteller, während des Zweiten Weltkriegs Mitglied der Résistance und Mitbegründer ihrer Zeitung *Combat*, 1957 erhielt Camus den Nobelpreis für Literatur. Sein Werk wird dem Existentialismus zugerechnet. Er stellte Jean-Paul Sartre, der in den fünfziger Jahren eine »total konzipierte Revolution« entwickelte, seine begrenzte individuelle Revolte entgegen, was ihm den Vorwurf des Verrats an der Arbeiterklasse eintrug.

Carter, Jimmy
1976 bis 1980 Präsident der USA, Nachfolger von Gerald Ford, wurde von Ronald Reagan abgelöst.

Carvalho, Otelo de
Führender Offizier der »Bewegung der Streikräfte« (MFA), die 1974 den Sturz des portugiesischen Salazar-Regimes und die friedliche »Nelkenrevolution« auslösten. Carvalho, ehemaliger Kolonialoffizier, war Kommandeur einer Eliteeinheit und bis 1975 der Militärregion Lissabon. Er wurde eine populäre Führungsfigur der radikalen Linken und mehrfach wegen angeblicher Putschpläne und Unterstützung »terroristischer Vereinigungen« verhaftet und verurteilt.

Cohn-Bendit, Daniel
Lebte in den sechziger Jahren in Frankreich und war einer der Wortführer der französischen Studentenbewegung, wurde von der Regierung als unerwünschter Ausländer ausgewiesen. Beteiligte sich, zusammen mit Joschka Fischer, in den siebziger Jahren an einer linksradikalen Gruppe in Frankfurt. Mitbegründer der Frankfurter Stadtzeitung *Pflasterstrand*. Unterstützt die deutschen Grünen, sitzt für die französischen Grünen im Europaparlament. Befürwortete eine Amnestie für die Gefangenen aus der RAF und anderen Gruppen.

Dellwo, Karl-Heinz
Ehemaliges RAF-Mitglied, wurde am 26. April 1975 bei der Besetzung der Stockholmer Botschaft verhaftet und am 20. Juli 1977 zu einer lebenslangen Haftstrafe verurteilt. Im April 1995 wurde er entlassen.

Drenkmann, Günter von
1910-1974, Kammergerichtspräsident in Berlin, wurde am 10. November 1974 von der Bewegung 2. Juni erschossen.

Dutschke, Rudi
1940-1979, führender Theoretiker der außerparlamentarischen Opposition (APO), am 11. April 1968 schoß ihn in Berlin ein Rechtsradikaler an und verletzte ihn schwer, er starb im Dezember 1979 in Aarhus (Dänemark) an den Spätfolgen des Attentats.

Eckes, Christa
Ehemaliges Mitglied der RAF, im Februar 1974 in Hamburg verhaftet und 1981 entlassen. 1984-1992 erneut in Haft.

Engels, Friedrich
1820-1895, Philosoph, Politiker, mit Karl Marx 1848 Verfasser des *Kommunistischen Manifests*, geschichtliche und militärwissenschaftliche Forschungen.

Ensslin, Gudrun
1940-1977, Gründungsmitglied der RAF, studierte in Berlin Philosophie, Deutsch und Englisch. Anläßlich eines USA-Aufenthalts kam sie mit den Ideen der Weathermen, einer linksradikalen Nachfolgeorganisation des amerikanischen SDS, in Berührung. War in den sechziger Jahren in der Anti-Atomtod-Bewegung und in der APO aktiv. 1967 traf sie Andreas Baader, 1968 beteiligte sie sich mit ihm u.a. an Kaufhausbrandstiftungen in Frankfurt, wurde festgenommen und zu drei Jahren Haft verurteilt. Aufgrund einer Haftverschonung kam sie frei, am 7. Juni 1972 verhaftete man sie in Hamburg erneut. Im Mai 1975 begann der »Baader-Meinhof-Prozeß« gegen Ensslin, Baader, Meinhof und Raspe, 1977 wurde sie zu einer lebenslangen Freiheitsstrafe verurteilt, am 18. Oktober 1977 tot in ihrer Zelle aufgefunden.

Fanon, Frantz
1925-1961, algerischer Arzt und Psychiater, afro-amerikanischer Schriftsteller (*Die Verdammten dieser Erde*).

Filbinger, Hans
1966 bis 1978 Ministerpräsident von Baden-Württemberg. Mußte wegen der Aufdeckung seiner Urteile von 1945 als Marinerichter zurücktreten.

Fischer, Joseph »Joschka«
In den siebziger Jahren Mitglied einer linksradikalen Gruppe in Frankfurt. Saß für die Grünen von 1983 bis 1985 im Bundestag, 1985-87 mit der SPD in der hessischen Koalitionsregierung, 1991-94 Minister für Umwelt und Energie, 1991-94 auch stellvertretender Ministerpräsident, Außenminister seit 1998.

Folkerts, Knut
Ehemaliges RAF-Mitglied, im September 1977 in den Niederlanden verhaftet, 1978 an die Bundesrepublik ausgeliefert und am 31. Juli 1980 wegen der Ermordung von Generalbundesanwalt Buback zu einer lebenslangen Freiheitsstrafe verurteilt. Er wurde 1996 aus der Haft entlassen.

Grashof, Manfred
Ehemaliges Mitglied der RAF. Desertierte in den sechziger Jahren von der Bundeswehr. Wurde am 3. März 1972 zusammen mit Wolfgang Grundmann in einer RAF-Wohnung von der Polizei überrascht, es kam zu einer Schießerei, Grashof und ein Polizist wurden schwer verletzt, Grashof und Grundmann festgenommen. Der Polizist erlag später seinen Verletzungen. Grashof wurde noch auf dem OP-Tisch erkennungsdienstlich behandelt. Am 2. Juni wurde er in Kaiserslautern zu einer lebenslangen Freiheitsstrafe verurteilt, im März 1989 entlassen.

Guevara Serna, Ernesto
1928-1967, Guevara, genannt Che Guevara, wurde 1928 in Argentinien geboren. Der Arzt war, gemeinsam mit Fidel Castro, führend an der Revolution und dem Sturz des Batista-Regimes in Kuba beteiligt. 1959-1961 Präsident der kubanischen Nationalbank, 1961-1965 Industrieminister, ab 1966 wieder im Guerilla-Kampf in Bolivien, wo er am 9. Oktober 1967 von Militärs erschossen wurde. Leitfigur vieler Befreiungsbewegungen und der europäischen Studentenbewegung der sechziger Jahre.

Haag, Siegfried
Kam aus dem SDS, wurde Rechtsanwalt in Heidelberg und war der letzte Verteidiger von Holger Meins. 1975, während der Botschaftsbesetzung in Stockholm, wurde Haag kurzzeitig festgenommen, kurze Zeit später tauchte er in die Illegalität ab. 1976 verhaftete man ihn erneut und ver-

urteilte ihn zu fünfzehn Jahren Haft. Haag trennte sich 1984 von der Gefangenengruppe und wurde vorzeitig entlassen.

Hammerschmidt, Katharina
1943-1975, ehemaliges Mitglied der RAF. Stellte sich im Juni 1972 in Begleitung ihres Anwalts Otto Schily den Behörden. Im Januar 1974 wurde der Prozeß gegen sie wegen einer Krebserkrankung abgebrochen, Katharina Hammerschmidt aus der Haft entlassen. Sie starb später an ihrer Krankheit, ihre Anwälte warfen den Behörden vor, die Krankheit nicht behandelt zu haben.

Hassan, Abu
Eigentlich Ali Hassan Salameh, Mitglied der Fatah-Führung und des PLO-Sicherheitsdienstes. Wurde beschuldigt, die Kommandoaktion des Schwarzen Septembers gegen die israelische Olympiamannschaft in München 1972 mit organisiert zu haben, starb im Januar 1979 durch eine israelische Autobombe in Beirut.

Hausner, Siegfried
1952-1975, im Sozialistischen Patientenkollektiv (SPK) aktiv, dann Mitglied der RAF, beteiligte sich an der Botschaftsbesetzung 1975 in Stockholm, wurde dabei lebensgefährlich verletzt und nach Angaben von Anwälten ohne ausreichende ärztliche Versorgung in die Bundesrepublik ausgeflogen, starb am 5. Mai 1975 in Stammheim an den Folgen seiner Verletzungen.

Heinemann, Gustav
1899-1976, Rechtsanwalt, 1936 bis 1949 Vorstandsmitglied der Rheinischen Stahlwerke, in der NS-Zeit gehörte er der Bekennenden Kirche an. 1949 bis 1950 Bundesinnenminister der CDU, Rücktritt wegen seiner Ablehnung der Remilitarisierung, trat der SPD bei, von 1957 bis 1966 MdB, 1966 bis 1969 Bundesjustizminister, 1969 bis 1974 Bundespräsident.

Heißler, Rolf
Kam von den »Tupamaros München«, wurde wegen Banküberfällen verhaftet und 1975 gegen den entführten CDU-Vorsitzenden Lorenz ausgetauscht und nach Aden ausgeflogen. Erneute Verhaftung im Juni 1979 in Frankfurt, dabei schwere Verletzung durch einen Kopfschuß, am 10. Oktober 1982 in Düsseldorf wegen der Schleyer-Entführung zu einer lebenslangen Haftstrafe verurteilt.

Herold, Horst
1967 bis 1971 Polizeipräsident in Nürnberg, danach bis 1981 Präsident des Bundeskriminalamtes (BKA), entwickelte die Rasterfahndung.

Hoelz, Max
1889-1933, Politiker und Schriftsteller, 1918 Mitglied der USPD, 1919 der KPD, Führer bewaffneter Arbeiteraufstände, 1921 zu lebenslanger Haft verurteilt, 1928 freigelassen, siedelte 1929 in die UdSSR über, die Umstände seines Todes sind ungeklärt.

Hoppe, Werner
Kam aus dem Blues und schloß sich der RAF an, wurde am 15. Juli 1971, nach einer Schießerei mit der Polizei, festgenommen, seine Begleiterin Petra Schelm wurde dabei erschossen. Im Juli 1972 verurteilte man ihn zu zehn Jahren Haft.

Huber, Wolfgang
Arzt und Mitbegründer des Sozialistischen Patienten-Kollektivs (SPK) in Heidelberg.

Jünschke, Klaus
Kam aus dem SPK und schloß sich der RAF an, wurde am 9. Juli 1972 in Offenbach verhaftet und im Juni 1977 in Kaiserslautern zu einer lebenslangen Haftstrafe verurteilt. Anfang der achtziger Jahre distanzierte er sich von der RAF und wurde später von Bundespräsident Weizsäcker begnadigt.

Krabbe, Hanna
Ehemaliges SPK- und RAF-Mitglied, wurde 1975 bei der Besetzung der deutschen Botschaft in Stockholm verhaftet, am 2. September 1977 zu einer lebenslangen Freiheitsstrafe verurteilt, 1996 entlassen.

Kuby, Christine
Ehemaliges RAF-Mitglied, wurde 1978 in Hamburg verhaftet, am 2. Mai 1979 wegen Mordversuchs (sie hatte einen Polizisten angeschossen) zu einer lebenslangen Freiheitsstrafe verurteilt und im Februar 1994 entlassen.

Lenin, Wladimir Iljitsch
1870-1924, sowjetrussischer Politiker, Revolutionär, Führer der Bolschewiki. Entwickelte die marxistische Philosophie zu einem revolutionären Programm und zu einer marxistischen Staatstheorie. Anführer der Okto-

berrevolution in Rußland, Vorsitzender des Rates der Volkskommissare, Generalsekretär der Kommunistischen Partei.

Lorenz, Peter
1954 bis 1975 Mitglied und 1975 bis 1980 Präsident des Berliner Abgeordnetenhauses. Wurde am 27. Februar 1975 von der Bewegung 2. Juni entführt und nach der Entlassung von Gefangenen wieder freigelassen.

Lukács, Georg
1885-1971, ungarischer Philosoph und Literaturwissenschaftler, Kommunist und Marxist. Einer der intellektuellen Köpfe des ungarischen Volksaufstandes 1956, Kultusminister unter Imre Nagy. Exponent einer marxistischen Literaturwissenschaft, hatte wesentliche Anteile an der Etablierung der Literatursoziologie.

Luxemburg, Rosa
1870-1919, wurde in Polen geboren, Emigration in die Schweiz, dort Studium der Nationalökonomie. Übersiedlung nach Berlin, trat der SPD bei, Dozentin an der Parteihochschule der SPD, führte 1914, zusammen mit Karl Liebknecht, die linke Opposition gegen den Ersten Weltkrieg an, 1915-18 zeitweise inhaftiert, Mitbegründerin des Spartakusbundes. Verfechterin einer sozialen Revolution und einer Räterepublik, wandte sich gegen den Rechtskurs der Sozialdemokratie wie gegen die zentralistischen Parteikonzeptionen Lenins und die Unterdrückung der Opposition durch die Bolschewiki. Entwarf 1918 das Parteiprogramm der KPD und wurde nach dem Spartakusaufstand 1919 verhaftet und mit Liebknecht von Freikorpsoffizieren ermordet.

Mahler, Horst
Wurde in den sechziger Jahren erfolgreicher Anwalt. Mitbegründer des Republikanischen Clubs in Berlin (ein Zentrum der APO), verteidigte führende Köpfe der Studentenbewegung wie Rudi Dutschke, Fritz Teufel, aber auch Andreas Baader, wurde selbst Theoretiker des SDS. War Mitbegründer der RAF und wurde 1970 wegen der Baader-Befreiung und der Mitgliedschaft in der RAF festgenommen und 1974 zu vierzehn Jahren Freiheitsstrafe verurteilt. Er trat zur maoistischen KPD über und wurde aus der RAF »ausgeschlossen«. Nach seiner Distanzierung von der RAF wurde er 1980 auf Bewährung entlassen. Heute arbeitet Mahler wieder als Anwalt und betätigt sich politisch mit seiner »Bürgerbewegung für unser Land« im rechtsradikalen Spektrum.

Maihofer, Werner
Jurist und FDP-Politiker, 1972 bis 1974 Bundesminister für besondere Aufgaben, 1974 bis 1978 Bundesminister des Innern. Rücktritt nach dem »Fall Traube« und der »Fahndungspanne Schleyer«.

Marx, Karl
1818-1883, Philosoph und Politiker, Begründer des Marxismus, schrieb mit Friedrich Engels 1848 das *Kommunistische Manifest.* Mit seinen Hauptwerken *Zur Kritik der politischen Ökonomie* (1859) und *Das Kapital* (1. Bd. 1867, die Bd. 2 u. 3 wurden später von Engels herausgegeben) begründete Marx den wissenschaftlichen Sozialismus.

Meinhof, Ulrike
1934-1976, Studium der Philosophie, Pädagogik, Soziologie und Germanistik. Beteiligte sich an der Anti-Atomtod-Bewegung der fünfziger und sechziger Jahre und wurde eine deren Sprecherinnen. Mitglied der illegalen KPD, wurde als streitbare und engagierte Journalistin in der Bundesrepublik bekannt, arbeitete als Kolumnistin der Zeitschrift *Konkret,* von 1962 bis 1964 als Chefredakteurin. 1968 zog sie von Hamburg nach Berlin, arbeitete als freie Journalistin und erhielt Lehraufträge an der FU Berlin. In Frankfurt traf sie Andreas Baader und Gudrun Ensslin. Beteiligte sich am 4. Mai 1970 an der Befreiung von Baader und war ein Gründungsmitglied der RAF. Am 15. Juni 1972 wurde sie in Hannover festgenommen. Sie kam in einen Toten Trakt in Köln-Ossendorf. 1973 wurde bei einem Psychiater ein Gutachten über ihre Zurechnungsfähigkeit in Auftrag gegeben. Der Ermittlungsrichter am BGH wollte eine zwangsweise invasive Hirnuntersuchung unter Narkose vornehmen lassen. Aufgrund von massiven Protesten wurden die Psychiatrierungsversuche eingestellt. Ulrike Meinhof wurde am 29. November 1974 zu acht Jahren Gefängnis verurteilt, im Mai 1975 begann der »Baader-Meinhof-Prozeß«, am 9. Mai 1976 fand man sie tot in ihrer Zelle in Stuttgart-Stammheim auf.

Meins, Holger
1941-1974, ehemaliges Mitglied der RAF, wurde im Juni 1972 nach einer Schießerei mit der Polizei in Frankfurt festgenommen. Meins starb am 9. November 1974, nach neun Wochen Hungerstreik und Zwangsernährung, an Unterernährung im Gefängnis Wittlich. Sein Tod führte zu Demonstrationen und Anschlägen, die radikale Linke sprach von »Mord«.

Möller, Irmgard
Kam aus der Münchner APO und dem Blues, schloß sich 1971 der RAF

an, wurde im Juli 1972 in Offenbach verhaftet und im März 1976 in Hamburg zu viereinhalb Jahren Gefängnis verurteilt. Aufgrund der Kronzeugen-Aussage von Gerhard Müller wurde ihr kurz vor der Entlassung erneut der Prozeß gemacht. Sie bekam lebenslänglich und fünfzehn Jahre Haft. Am 18. Oktober 1977 wurde sie in Stammheim schwer verletzt aufgefunden, sie bestreitet bis heute die Selbstmordversion. 1994 wurde Irmgard Möller entlassen. In dem Buch von Oliver Tolmein: *»RAF – Da war für uns Befreiung«. Ein Gespräch mit Irmgard Möller über bewaffneten Kampf, Knast und die Linke* (Konkret Literatur Verlag 1997) gibt sie Auskunft über die Geschichte und die Diskussionen der RAF.

Mohnhaupt, Brigitte
Kam von den »Tupamaros München« und schloß sich 1971 der RAF an. Sie wurde 1972 in Berlin verhaftet und 1974 zu vier Jahren Haft verurteilt. 1977 wurde sie entlassen, 1982 erneut verhaftet und u.a. wegen des Anschlags auf den Nato-General Haig zu mehrmals lebenslanger Haft verurteilt.

Mühsam, Erich
1848-1934, Schriftsteller, Mitarbeit u.a. am *Simplicissimus*, 1919 Mitglied des Zentralrats der bayerischen Räterepublik, nach deren Sturz zu fünfzehn Jahren Haft verurteilt, wovon er sechs absitzen mußte. Von den Nazis 1933 erneut verhaftet und im KZ Oranienburg ermordet. Mühsam schrieb Dramen, Essays und satirisch-anarchistische Balladen und Gedichte.

Müller, Gerhard
Ehemaliges RAF-Mitglied, erschoß am 22. Oktober 1971 den Polizisten Norbert Schmid, wurde am 15. Juni 1972 in Hannover festgenommen und im März 1976 zu zehn Jahren Haft verurteilt. Er trat als Kronzeuge der Staatsanwaltschaft gegen andere RAF-Mitglieder auf.

Ohnesorg, Benno
1941-1967, wurde am 2. Juni 1967 bei einer Demonstration gegen den Besuch des persischen Schahs Reza Pahlevi von dem Polizeibeamten Kurras erschossen.

Pinochet Ugarte, Augusto
Chilenischer Diktator, ab 1969 Stabschef des Heeres, leitete 1973 den blutigen, von den USA unterstützten Militärputsch gegen die gewählte Regierung unter Salvador Allende. 1973/74 Chef der Militärjunta, 1974 bis 1990 Präsident. Verantwortlich für zahllose Verbrechen.

Pohl, Helmut
Schloß sich 1971 der RAF an, von 1971-1973 in Haft, wurde im Februar 1974 in Hamburg erneut festgenommen und 1979 aus der Haft entlassen. 1984 in Frankfurt verhaftet und 1986 wegen des Anschlags auf den US-Flugplatz Ramstein zu einer lebenslangen Freiheitsstrafe verurteilt. Er erkrankte in der Haft schwer und wurde 1998 entlassen.

Ponto, Jürgen
Vorstandsvorsitzender der Dresdner Bank, wurde im Juli 1977 bei einem mißglückten Entführungsversuch der RAF erschossen.

Prinzing, Theodor
Ehemaliger Vorsitzender Richter des 2. Strafsenats in Stammheim.

Proll, Astrid
Arbeitete mit Andreas Baader und Gundrun Ensslin in Frankfurt gegen Erziehungsheime. Beteiligte sich an der Befreiung von Baader 1970 in Berlin, der ersten RAF-Aktion, ging danach in die Illegalität, ließ sich in Jordanien von der Al Fatah militärisch ausbilden und wurde am 6. Mai 1971 in Hamburg verhaftet. Sie war die erste Gefangene, die in einem Toten Trakt einsitzen mußte. 1973 machte man ihr der Prozeß, aufgrund der Haftbedingungen und eines Gutachtens erhielt sie Haftverschonung, Astrid Proll flüchtete nach Italien und England, wurde 1978 in England verhaftet, 1979 ausgeliefert und im Februar 1980 zu fünfeinhalb Jahren Gefängnis verurteilt.

Raspe, Jan-Carl
1944-1977, kam aus der Kommune 2 und dem SDS und schloß sich 1971 der RAF an. Er wurde im Juni 1972 nach einer Schießerei mit der Polizei verhaftet. Angeklagt im Mai 1975 im »Baader-Meinhof-Prozeß«, wurde er mit Andreas Baader und Gudrun Ensslin am 28. April 1977 zu lebenslanger Haft verurteilt und am 18. Oktober sterbend in seiner Zelle in Stammheim aufgefunden.

Rauch, Georg von
1947-1971, gehörte zum Blues und den Haschrebellen in Berlin, lose organisierten, antiautoritären Gruppen, die auch militante Aktionen durchführten. Einige hatten Kontakt zur RAF, andere gründeten die Bewegung 2. Juni. Bei der Fahndung nach der RAF am 4. Dezember 1971 in Berlin wurde er von der Polizei erschossen: Er hatte keine Waffe bei sich und war vor dem Schuß abgetastet worden. Ein Polizist schoß ihm aus einem Meter Entfernung von hinten in den Kopf, der Beamte handelte angeblich in Notwehr.

Rebmann, Kurt
1965 bis 1977 Ministerialdirektor und stellvertretender Justizminister in Baden-Württemberg, 1977 Nachfolger des ermordeten Generalbundesanwalts Buback, bis 1990.

Reich, Wilhelm
1897-1957, österreichischer Psychoanalytiker, lehrte und arbeitete in Berlin. Emigrierte 1933 nach Dänemark, 1939 in die USA. Er versuchte, die Theorien von Sigmund Freud und Karl Marx zu kombinieren. Die Verbindung von Psychoanalyse und Sozialismus würde die Unterdrückung des Menschen aufheben. In seinem 1933 erschienenen Buch *Massenpsychologie des Faschismus* beschrieb Reich den Zusammenhang zwischen autoritärer Triebunterdrückung und faschistischer Ideologie.

Reiche, Annerose
Kam aus dem Blues in Berlin, gründete eine militante Frauengruppe, wurde 1970 verhaftet und saß bis 1981 wegen Mitgliedschaft in der Bewegung 2. Juni im Gefängnis.

Roll, Carmen
Ehemaliges Mitglied der RAF, wurde am 2. März 1972 verhaftet, ihr Begleiter Thomas Weisbecker erschossen.

Rollnik, Gabriele
Ehemaliges Mitglied der Bewegung 2. Juni und der RAF, wurde 1975 verhaftet, Ausbruch aus der JVA Lehrter Straße (Berlin), erneute Festnahme 1978, u.a. wegen der Lorenz-Entführung zu fünfzehn Jahren Haft verurteilt, 1992 entlassen.

Roth, Karl Heinz
Arzt, Historiker, wurde bei einer Polizeikontrolle in Köln, in deren Folge sich eine Schießerei entwickelte, schwer verletzt und verhaftet. Geschossen hatte der mit Roth und Roland Otto im Auto sitzende Werner Sauber. Sauber, der zur Bewegung 2. Juni gehörte, wurde erschossen. Roth überlebte nur, weil er sich im Gefängnis selber medizinisch versorgen konnte. 1977 sprach man Roth und Otto vom Mordvorwurf frei.

Sartre, Jean-Paul
1905-1980, französischer Philosoph und Schriftsteller, Lebensgefährte von Simone de Beauvoir, Mitglied der Résistance, 1952 bis 1956 Mitglied der Kommunistischen Partei, vielfältige politische Initiativen gegen die Interventionen der UdSSR in Osteuropa, gegen den Algerien- und den

Vietnam-Krieg, besuchte Andreas Baader in Stammheim. Hauptvertreter des französischen Existentialismus.

Schelm, Petra
1950-1971, kam aus der APO und schloß sich 1970 der RAF an. Die Polizei erschoß sie am 15. Juli 1971 bei einer Fahndung nach der RAF.

Schleyer, Hanns-Martin
1915-1977, Mitglied der NSDAP und der SS, 1942 Chef des Präsidialbüros im Zentralverband der Industrie für Böhmen und Mähren, 1945 bis 1948 in Haft, ab 1951 bei Daimler-Benz, 1959 Vorstandsmitglied, 1973 Präsident der Bundesvereinigung der Deutschen Arbeitgeberverbände (BDA) und ab 1976 auch des Bundesverbandes der deutschen Industrie (BDI), wurde 1977 von der RAF entführt und ermordet.

Schmidt, Helmut
Wehrmachtsangehöriger, SPD-Mitglied, 1961 bis 1965 Hamburger Innensenator, 1969 bis 1972 Bundesverteidigungsminister, 1972 bis 1974 Bundeswirtschafts- und Finanzminister, 1974 bis 1982 Bundeskanzler.

Schubert, Ingrid
1944-1977, kam aus der APO und war Gründungsmitglied der RAF. Sie beteiligte sich 1970 an der Baader-Befreiung, wurde am 8. Mai 1970 festgenommen und 1974 zu dreizehn Jahren Haft verurteilt. Am 12. November 1977 fand man sie tot in ihrer Zelle in München-Stadelheim auf.

Sonnenberg, Günter
Ehemaliges Mitglied der RAF, wurde bei seiner Verhaftung im Mai 1977 lebensgefährlich verletzt und im April 1978 zu einer lebenslangen Freiheitsstrafe verurteilt, 1992 entlassen.

Stachowiak, Ilse
Kam aus der Berliner APO, wurde 1974 verhaftet und 1978 vorzeitig entlassen.

Struck, Karin
Ehemalige linke Schriftstellerin, heute politisch eher rechts orientiert.

Taufer, Lutz
Ehemaliges RAF-Mitglied, wurde 1975 bei der Besetzung der deutschen Botschaft in Stockholm festgenommen, am 20. Juli 1977 zu lebenslanger Haft verurteilt, wurde im April 1995 entlassen.

Traube, Klaus
Atommanager, wurde vom BND und Verfassungsschutz abgehört, weil er Kontakte zu Atomkraftgegnern unterhielt.

Weisbecker, Thomas
1949-1972, kam von der APO zum Blues und schloß sich 1971 der RAF an. Weisbecker wurde wochenlang observiert und am 2. März 1972 in Augsburg von Zivilpolizisten durch einen Herzschuß getötet. Carmen Roll, die ihn begleitete, wurde verhaftet.

Sachglossar

Al Fatah
Die »Bewegung für die Befreiung Palästinas« wurde 1959 u.a. von Yassir Arafat gegründet. Die Fatah setzte sich für einen palästinensischen Staat ein und bekämpfte Israel. Nach dem Junikrieg 1967 übernahm die Fatah unter Arafat die Führung innerhalb der PLO. Das politische Spektrum innerhalb der Fatah reicht von einer mehrheitlich bürgerlich-nationalen Strömung zu radikalen, revolutionären Strömungen.

Bewegung 2. Juni
Gründete sich im Januar 1972. Das Datum im Namen bezeichnete den Tag der Ermordung des Studenten Benno Ohnesorg durch den Polizisten Kurras (1967). Ihre Wurzeln lagen in der Studentenbewegung und der entstehenden linken Gegenkultur Ende der sechziger Jahre. Vorläufer waren die in Berlin lose organisierten sogenannten Haschrebellen um u.a. Michael »Bommi« Baumann, Georg von Rauch, Ralf Reinders, Thomas Weisbecker, die ab 1969 für eine Reihe von Anschlägen verantwortlich waren. Nach einer Verhaftungswelle und dem Tod Georg v. Rauchs 1971, der von der Polizei erschossen wurde, wandelten sie sich in eine festere Organisation, die ihre Basis in Berlin hatte. Leitbild für die Bewegung 2. Juni wurden die Tupamaros aus Uruguay. Der 2. Juni, der antiautoritär ausgerichtet war, verstand sich als »bewaffneter Arm der Linken« und nicht wie die RAF als »revolutionäre Avantgarde«. Ziel des 2. Juni war es, der vermeintlichen Allmacht des Staates eine in der radikalen und militanten Linken verankerte Gegenmacht entgegenzustellen. Der Verfassungsschutz hatte mit Ulrich Schmücker einen Informanten in der Bewegung 2. Juni, der nach seiner Enttarnung am 5. Juni 1974 ermordet wurde.

Am 9. November 1974 wurde Berlins oberster Richter, Günter von Drenkmann, bei dem Versuch, ihn zu entführen, von der Bewegung 2. Juni in seiner Wohnung erschossen. Ihre spektakulärste Aktion war die Entführung des Vorsitzenden der Berliner CDU am 25. Februar 1975 und die erfolgreiche Freipressung von fünf Gefangenen. Zu diesem Zeitpunkt bestand der Kern der Gruppe aus Fritz Teufel (Ende der 60er Jahre Mitglied der Kommune 1), Ralf Reinders, Ronald Fritsch, Gerald Klöpper, Till Meyer, Inge Viett, Juliane Plambeck und Gabriele Rollnick.

1977 war die Gruppe durch Festnahmen derart dezimiert, daß sie sich auflöste. Einige, wie Inge Viett, wechselten zur RAF.

Black Liberation Army
Die BLA entstand 1970 als politisch-militärische Organisation (Miliz) zur Selbstverteidigung der schwarzen Stadtteile vor rassistischen Angriffen der Polizei und des Ku-Klux-Klan in den USA. Später verstand sie sich als nationale Befreiungsbewegung in einer internationalen Einheitsfront mit anderen nationalen Befreiungsbewegungen Amerikas, Afrikas und Asiens. Die BLA baute klandestine Strukturen und kleine autonome Zellen auf. Ihr Ziel war, eine schwarze Nation im Südosten der USA aufzubauen.

Black Panther
Im Rahmen der Black-Power-Bewegung 1966 gegründete radikale Organisation von Schwarzen in den USA.

Central Intelligence Agency (CIA)
1946/47 gegründeter US-amerikanischer Geheimdienst und Zentrale der amerikanischen Geheimdienste. Zahlreiche fragwürdige und kriminelle Unternehmungen im In- und Ausland.

Deutsche Kommunistische Partei (DKP)
Wurde am 25. September 1968 in Essen gegründet. Nachfolgepartei der im August 1956 vom Bundesverfassungsgericht verbotenen Kommunistischen Partei Deutschlands (KPD). Die von den Nazis zerschlagene und bis 1945 brutal unterdrückte KPD hatte zum Zeitpunkt ihres Verbots (ihr Programm sei gegen die »freiheitlich-demokratische Grundordnung« gerichtet) noch etwa 70.000 Mitglieder. Die DKP, die zu ihren Hochzeiten Mitte der siebziger Jahre ca. 45.000 Mitglieder hatte, versuchte, sich als linke Alternative zur SPD zu etablieren, ihr ideologisches Vorbild war die DDR. Im parlamentarischen Raum blieb sie bedeutungslos, sie erreichte immer weniger als ein Prozent der Stimmen.

Frente de Libertacao de Moçambique (Frelimo)
Befreiungsbewegung und Partei in Mosambik. Führte ab 1965 einen Guerilla-Krieg für die Unabhängigkeit des Landes. Nach der Revolution in Portugal erreichte die Frelimo die Unabhängigkeit und übernahm die Macht.

Guerilla
Aus dem spanischen guerra (Krieg) abgeleitet, kam während des spanischen Unabhängigkeitskrieges auf. Bezeichnete den »Kleinkrieg« der »irregulären« Einheiten der einheimischen Bevölkerung gegen eine Besatzungsmacht. Die Guerilla-Strategie spielte im Prozeß der Entkolonisation eine wichtige Rolle, ebenfalls in Lateinamerika, wo Guerillagruppen teil-

weise erfolgreich gegen die herrschenden sozialen und politischen Verhältnisse kämpften.

Irish Republican Army (IRA)
Gegründet 1919, nationalistische militärische Organisation des nordirischen (katholischen) Befreiungskampfes.

Kontaktsperre-Gesetz
Eine Anordnung der Länderjustizminister nach der Entführung von Hanns-Martin Schleyer im September 1977, erst einige Zeit später (29. September) vom Bundestag legalisiert. Das Gesetz verbietet jeglichen Kontakt der Gefangenen untereinander, mit ihren Anwälten und der Außenwelt. Dieses Verbot betrifft auch das Hören von Radio, das Lesen von Zeitungen und das Schreiben bzw. Erhalten von Briefen. Die Gefangenen waren so völlig von der Außenwelt abgeschnitten und isoliert.

Mossad
Israelischer Geheimdienst.

Movimiento de Izquierda Revolucionaria (MIR)
Chilenische Guerillagruppe.

Release
Selbsthilfeorganisation von Drogenabhängigen für Drogenabhängige.

Revolutionäre Zellen (RZ)
Die RZ enstanden um 1973 in Frankfurt und gingen wie die RAF und die Bewegung 2. Juni aus den Nach-68er-Milieus der linken Studentenbewegung hervor. Die RZ machten erstmals 1973 durch einen Anschlag auf den US-Konzern ITT, der den Militär-Putsch 1973 in Chile unterstützt hatte, auf sich aufmerksam. Sie waren in kleinen, losen Zellen organisiert, und ihre Mitglieder lebten überwiegend in der Legalität. Die RAF wurde wegen ihres elitären und hierarchischen Stils kritisiert. Zu den größeren RZ-Aktionen gehörten die Geiselnahme von OPEC-Ministern in Wien (1975) und die Flugzeugentführung von Entebbe (1976) zusammen mit palästinensischen Kommandos. Die Entführung der Air-France-Maschine nach Entebbe löste international und in Teilen der bundesdeutschen Linken Entsetzen aus, weil im Verlauf der Geiselnahme die jüdischen von den nichtjüdischen Passagieren getrennt wurden. Die RZ gab die Zeitschrift *Revolutionärer Zorn* heraus. 1982 ging das Bundeskriminalamt davon aus, daß die RZ für 132 Bomben- und Brandanschläge verantwortlich waren, die Zahl der Zellen wurde auf 50-100 mit ungefähr 300-500 Mitgliedern

geschätzt. Die RZ-Aktionen waren später darauf ausgerichtet, keine Menschenleben zu gefährden. Die RZ waren stärker an bestehende soziale Bewegungen angebunden und für die Sicherheitsbehörden kaum dingfest zu machen. In den Medien galten sie als »Feierabendterroristen«.

Unter der Bezeichnung Rote Zora entstand eine eigenständige Frauenorganisation, die zum Beispiel durch ihre bundesweite Aktion von Anschlägen auf die Filialen der Bekleidungsfirma Adler 1987 von sich reden machte.

Rote Armee Fraktion (RAF)

Die Anfänge und Wurzeln der RAF finden sich in West-Berlin in den späten sechziger Jahren. Die erste Aktion der RAF war die Befreiung von Andreas Baader am 14. Mai 1970, die Gruppe ging danach in die Illegalität. Es erschien die erste öffentliche Erklärung der RAF unter der Überschrift »Die Rote Armee aufbauen«. Die Gruppe ging im Juni 1970 nach Jordanien und ließ sich von der Fatah militärisch ausbilden. Nach ihrer Rückkehr überfiel die RAF 1970 in Berlin drei Banken.

Im April 1971 erschien das erste Positionspapier der RAF »Das Konzept Stadtguerilla«. Die RAF begriff sich als Teil einer weltumfassenden Bewegung des proletarischen Internationalismus. In ihren theoretischen Grundlagen bezog sich die Gruppe auf den Marxismus-Leninismus, auf die Schriften Mao Tse-tungs, aber auch auf den Existentialismus. 1972 startete die RAF ihre »Mai-Offensive«: Es folgten Anschläge gegen Einrichtungen der US-Armee, der Polizei und Justiz sowie gegen die Springer-Presse. Die Anschläge forderten vier Menschenleben und viele Verletzte. Die RAF wurde zum Staatsfeind Nr. 1. Am 1. Juni 1972 wurden Andreas Baader, Holger Meins, Jan-Carl Raspe, am 7. Juni Gudrun Ensslin verhaftet, kurze Zeit später Ulrike Meinhof und Gerhard Müller.

Die Gefangenen der RAF unterlagen besonders scharfen Haftbedingungen, die die liberale und linke Öffentlichkeit immer wieder kritisierte und die zu mehreren Hungerstreiks der Gefangenen führten. Obwohl fast die gesamte RAF verhaftet wurde, organisierte sich die Gruppe neu. 1973/74 kam es zu weiteren Anschlägen. In der Haft starben Holger Meins, Katharina Hammerschmidt und unter bis heute ungeklärten Umständen Ulrike Meinhof.

1975 versuchte die RAF durch eine Geiselnahme in der bundesdeutschen Botschaft in Stockholm, 26 Gefangene zu befreien. Dabei wurden zwei Diplomaten erschossen, auch zwei Kommando-Mitglieder kamen ums Leben.

1976 registrierte die Polizei etwa 150 Bomben- und Brandanschläge in 50 Städten, die der RAF und anderen bewaffneten und militanten Gruppen zugerechnet wurden.

1977 wurden Generalbundesanwalt Siegfried Buback und sein Fahrer erschossen. Die RAF versuchte erneut durch Geiselnahmen, die Gefangenen zu befreien. Der Dresdner-Bank-Chef Jürgen Ponto wurde beim Versuch, ihn zu entführen, getötet. Am 5. September entführten RAF-Mitglieder den Arbeitgeberpräsidenten Hanns-Martin Schleyer und erschossen seine Begleiter, er sollte gegen elf Gefangene ausgetauscht werden. Die Regierung unter der Beteiligung der Opposition reagierte mit einem Großen und Kleinen Krisenstab, der die Gewaltenteilung faktisch aufhob, mit einer totalen Kontaktsperre für die Gefangenen, ihre Anwälte und Angehörige und mit einer Nachrichtensperre. Die Demokratie wurde faktisch aus den Angeln gehoben, ein nicht erklärter Notstand praktiziert. In der Öffentlichkeit, aber auch im Krisenstab, diskutierte man darüber, ob man die Gefangenen als Geiseln behandeln sollte. Die Wiedereinführung der Todesstrafe war ebenso Thema in der Öffentlichkeit wie die Erschießung der Gefangenen. Als ein palästinensisches Kommando ein Flugzeug mit deutschen Urlaubern entführte, glich das politische Klima in der Bundesrepublik einem Hexenkessel, noch heute spricht man vom »Deutschen Herbst«. Die GSG 9 stürmte in der Nacht vom 17. auf den 18. Oktober das entführte Flugzeug und befreite die Geiseln; die Entführer, bis auf Souhaila Andrawes, wurden erschossen. Am 18. Oktober 1977 fand man Andreas Baader, Gudrun Ensslin und Jan-Carl Raspe tot, Irmgard Möller schwer verletzt in ihren Zellen auf. Trotz der offiziellen Version Selbstmord bleiben bis heute eine Reihe von Fragen zu der Todesursache offen. Am 12. November lag auch Ingrid Schubert tot in ihrer Zelle in Stadelheim, auch hier ließen sich Zweifel an der Selbstmordversion nie ganz ausräumen. Hanns-Martin Schleyer wurde am 19. Oktober erschossen aufgefunden.

Am Ende des Jahres 1977 schien die RAF am Ende: Viele Mitglieder waren tot, im Gefängnis oder hatten die Gruppe verlassen. Doch sie organisierte sich neu: Im Frühjahr 1980 schlossen sich Mitglieder der Bewegung 2. Juni der RAF an.

1979 verübte die RAF ein Attentat auf den Nato-Kommandeur Alexander Haig in Brüssel. Im April 1981 begannen die Gefangenen wieder mit einem Hungerstreik, in dessen Verlauf Sigurd Debus starb, im August verübte die RAF einen Anschlag auf das Hauptquartier der US-Luftstreitkräfte in Europa in Ramstein, im September verfehlte eine Panzerabwehrrakete nur knapp das Auto von US-General Frederick Kroesen. 1982 gab die RAF ihr »Mai-Papier« heraus und propagierte die Bildung einer antiimperialistischen Front in Westeuropa. 1984 begann ein weiterer Hungerstreik. Eine Nato-Schule in Bad Tölz war Ziel eines Attentats, und am 1. Februar 1985 wurde der Vorstandsvorsitzende der MTU Ernst Zimmermann getötet. Am 8. August verübte die RAF einen Bombenanschlag auf den US-amerikanischen Luftwaffenstützpunkt in Frankfurt, bei dem zwei Menschen umkamen und elf verletzt wurden. Im Vorfeld der Aktion wurde der US-Soldat Edward Pimental ermordet, um an seinen Dienstausweis zu kommen. 1986 ermordeten Mitglieder der RAF das Siemens-Vorstandsmitglied Karl Heinz Beckurts und seinen Fahrer, im selben Jahr Gerold von Braunmühl vom Auswärtigen Amt.

Im Herbst 1989 töteten sie den Vorstandsvorsitzenden der Deutschen Bank, Alfred Herrhausen, 1990 scheiterte ein Anschlag auf den Staatssekretär im Bundesinnenministerium, Hans Neusel. 1991, während des Golfkriegs, schoß die RAF auf die US-Botschaft in Bonn. Am 1. April 1991 wurde der Vorsitzende der Treuhandanstalt Detlef Rohwedder von der RAF erschossen. 1992 erklärte die RAF, die Eskalation zurücknehmen zu wollen. Ihre letzte Aktion war die Sprengung des Rohbaus der JVA Weiterstadt. 1993 wurden die RAF-Mitglieder Birgit Hogefeld und Wolfgang Grams verhaftet, Grams dabei erschossen.

Im April 1998 löste sich die RAF auf.

Rote Brigaden

Die Brigate Rosse (BR) ging Anfang der siebziger Jahre aus radikalen Fabrikkämpfen hervor. Nach dem Abflauen der auch militant geführten Arbeitskämpfe in den Fabriken griff die BR vermehrt den italienischen Staat und seine Repräsentanten bewaffnet an. Höhepunkt der Eskalation zwischen dem Staat, einer Allparteienkoalition unter Einschluß der Kommunistischen Partei, und der BR war die Entführung und Ermordung des christdemokratischen Parteiführers Aldo Moro 1978. Durch eine schwere Repressionswelle, die die gesamte radikale Linke betraf, durch Spaltungen und durch die »Pentiti« (Kronzeugen) wurde die BR fast vollständig aufgerieben.

Sozialistischer Deutscher Studentenbund (SDS)

Bis Anfang der sechziger Jahre Hochschulorganisation der SPD, die sich dann vom SDS trennte und eine eigene Organisation gründete (SHB). Seit Mitte der sechziger Jahre entwickelte sich der SDS zum Zentrum der Studentenbewegung, Rudi Dutschke wurde einer seiner führenden Köpfe. Zwischen 1967 und 1969 war der SDS Kristallisationspunkt einer sich radikalisierenden »Neuen Linken«. Nach dem Höhepunkt der Studentenbewegung löste sich der SDS 1970 auf. Die »Neue Linke« spaltete sich in diverse Gruppen, Parteien und Strömungen auf, von dogmatisch-marxistisch-leninistischen bis hin zu undogmatischen antiautoritären.

Sozialistisches Patientenkollektiv (SPK)

Das SPK wurde im Februar 1970 vom Arzt Wolfgang Huber in Heidelberg gegründet. Die Selbsthilfeorganisation hatte zeitweise 400 Mitglieder. Das SPK machte die sozialen und ökonomischen Verhältnisse der Bundesrepublik für die Krankheiten der Menschen verantwortlich und schlußfolgerte, daß nur die Zerschlagung des Systems die Menschen wieder gesund machen würde. Ihr Motto: »Aus der Krankheit eine Waffe machen«. Einige SPK-Mitglieder schlossen sich militanten Gruppen an.

Springer-(Konzern)Presse
Wegen der aggressiven Berichterstattung der Springer-Presse gegen die außerparlamentarische Opposition (APO), den SDS und die Studentenbewegung wurde sie zum Feindbild der Linken. Für den Tod des auf einer Demonstration von einem Polizisten erschossenen Benno Ohnesorg (1967) und das Attentat eines Rechtsradikalen auf Rudi Dutschke (1968) wurde die Springer-Presse mitverantwortlich gemacht, eine Parole hieß »Bild schoß mit«. Reaktionen waren eine »Anti-Springer-Kampagne« und nach dem Anschlag auf Dutschke Blockaden und militante Aktionen gegen Springer-Einrichtungen.

Toter Trakt
Eine vollkommen isolierte Zelle, in der der Gefangene keinerlei Geräusche von außen hören kann. Es herrscht absolute Stille. Die Folgen sind Erregungszustände, optische und akustische Halluzinationen, extreme Konzentrationsstörungen und Schwächeanfälle. Die Totalisolation im Toten Trakt ist eine Art von Folter, die sog. weiße Folter, ohne physische Einwirkungen, aber mit der Absicht, einen Menschen seelisch und körperlich zu zerstören.

Traube-Affäre
Im Februar 1977 enthüllte der *Spiegel*, daß der BND und der Verfassungsschutz in der Wohnung von Atommanager Klaus Traube wegen seiner Kontakte zu Atomkraftgegnern Abhörwanzen installiert hatte. Der rechtswidrige »Lauschangriff« wurde zum Skandal, zumal sich herausstellte, daß die Geheimdienste 1975/76 weitere illegale Abhöraktionen, vor allem in den Zellen der RAF-Gefangenen, durchgeführt hatten.

Tupamaros
Bezeichnung für die Mitglieder der uruguayischen Guerillabewegung Movimiento de Liberación Nacional (MLN). Die Tupamaros entstanden Anfang der sechziger Jahre und gewannen durch »Robin-Hood-Aktionen« große Sympathien in der Bevölkerung. 1985 zwang eine Massenbewegung (1973-1985) die Militärdiktatur zum Abdanken, und durch den Übergang zu einer Zivilregierung konnte eine Amnestie für die

Tupamaros durchgesetzt werden. Sie organisierten sich als legale politische Gruppe neu. Die Tupamaros waren Vorbild für viele Stadtguerillagruppen auf der Welt.

Weathermen
Eine linksradikale Nachfolgeorganisation des US-amerikanischen SDS der sechziger Jahre.

Chronologie der Ereignisse 1966-1980

1966
Herbst
Wirtschaftskrise und Große Koalition von CDU/CSU/SPD.

Dezember
Rudi Dutschke ruft auf einer Versammlung der SDS zur Gründung einer außerparlamentarischen Opposition (APO) auf.

1967
2. Juni
Während einer Demonstration anläßlich des Schah-Besuchs in West-Berlin wird der Student Benno Ohnesorg von dem Polizisten Karl-Heinz Kurras erschossen. Dies führt zu einer Radikalisierung der außerparlamentarischen Opposition (APO).

9. Oktober
Ernesto Che Guevara wird in Bolivien von Militärs ermordet.

1968
30. Januar
Der Vietcong beginnt seine erfolgreiche Tet-Offensive gegen das südvietnamesische Militärregime.

17./18. Februar
Als Höhepunkt der Vietnam-Kampagne findet in Berlin der Internationale Vietnam-Kongreß statt. Die außerparlamentarische Opposition diskutiert über militante Politik und über den Aufbau einer »Front« gegen Nato und Imperialismus in den Metropolen. 12.000 Menschen beteiligen sich an der Abschlußdemonstration.

21. Februar
Unter dem Motto »Berlin darf nicht Saigon werden« demonstrieren 80.000 Berliner gegen die Studentenbewegung. In der vor allem durch die Springer-Zeitungen aufgeheizten Stimmung kommt es zu Ausschreitungen gegen Studenten, langhaarige Männer und Intellektuelle.

16. März
US-Einheiten ermorden in dem südvietnamesischen Dorf My Lai alle 500 Bewohner.

2. April
Auf zwei Kaufhäuser in Frankfurt werden Brandanschläge verübt. Andreas Baader, Gudrun Ensslin, Thorwald Proll und Horst Söhnlein werden drei Tage später festgenommen und im Oktober zu jeweils drei Jahren Haft verurteilt. In einer Erklärung wird »gegen die Gleichgültigkeit der Gesellschaft gegenüber den Morden in Vietnam« protestiert.

11. April
Auf den Vorsitzenden des SDS, Rudi Dutschke, wird ein Mordanschlag verübt; der rechtsradikale Josef Bachmann verletzt Dutschke durch einen Kopfschuß lebensgefährlich. Das Attentat führt zu den bis dahin größten und militantesten Demonstrationen (Osterunruhen) und zu blutigen Auseinandersetzungen mit der Polizei. Die Springer-Presse wird aufgrund ihrer Hetze gegen die APO, den SDS und Dutschke für das Attentat mitverantwortlich gemacht. Unter dem Motto »BILD hat mitgeschossen« wird die Auslieferung der Springer-Presse verhindert, und es beginnt eine »Enteignet-Springer-Kampagne«.

Mai
Mai-Unruhen in Paris. Die Universitäten werden besetzt und von der Polizei geräumt. Es kommt zu Straßenschlachten und Demonstrationen. Millionen Arbeiter beginnen einen Generalstreik und solidarisieren sich mit den Studenten. Im besetzten Odeon-Theater wird permanent über die Möglichkeit einer Kulturrevolution diskutiert.

11. Mai
50.000 Gegner der Notstandsgesetze demonstrieren in Bonn.

30. Mai
Der Bundestag verabschiedet die Notstandsgesetze.

Frankreichs Staatspräsident De Gaulle löst als Reaktion auf die Mai-Unruhen das Parlament auf und ordnet Neuwahlen an.

25. September
Als Nachfolgeorganisation der verbotenen KPD gründet sich die Deutsche Kommunistische Partei (DKP).

8. November
Beate Klarsfeld ohrfeigt Bundeskanzler Kiesinger wegen seiner NS-Vergangenheit.

1969
Einhergehend mit der Auflösung des SDS bilden sich diverse kommunistische Parteien, die sogenannten K-Gruppen.

18. April
Straßenschlachten in Nordirland, die IRA nimmt den bewaffneten Kampf wieder auf.

Juni
Die Frankfurter Kaufhausbrandstifter erhalten bis zur Entscheidung ihrer Revisionsanträge Haftverschonung. Die Revision wird im November verworfen.

28. September
Nach der Bundestagswahl wird Willy Brandt (SPD) Bundeskanzler, die Große Koalition wird durch eine sozial-liberale abgelöst.

1970
4. Februar
Andreas Baader und Gudrun Ensslin kommen der Aufforderung, ihre Strafe anzutreten, nicht nach.

12. Februar
Gründung des Sozialistischen Patientenkollektivs (SPK) in Heidelberg.

4. April
Andreas Baader wird in Berlin verhaftet.

14. Mai
Irene Goergens, Ulrike Meinhof und Ingrid Schubert und andere befreien Andreas Baader während einer Haftausführung. Ein Unbeteiligter wird lebensgefährlich verletzt. Anläßlich Baaders Befreiung veröffentlicht die RAF ihre erste Erklärung *Die Rote Armee aufbauen*.

21. Juni
In Frankfurt löst sich der SDS selbst auf, viele unterschiedliche neue Gruppen entstehen.

8. Oktober
Brigitte Asdonk, Monika Berberich, Irene Goergens, Horst Mahler und Ingrid Schubert werden in Berlin wegen des Verdachts der Mitgliedschaft in der RAF sowie der Baader-Befreiung festgenommen.

14. November
Die SPD verabschiedet einen Abgrenzungsbeschluß gegen Kommunisten, jede Zusammenarbeit mit ihnen wird als »parteischädigend« angesehen.

20. Dezember
Karl-Heinz Ruhland wird in Oberhausen festgenommen und macht als erster Aussagen über die RAF.

1971
April
Das Konzept Stadtguerilla der RAF erscheint.

Juni
Die RAF-Schrift *Die Lücken der revolutionären Theorie schließen – Die Rote Armee aufbauen* erscheint. Im September erscheint die Schrift auch als Buch im Berliner Wagenbach-Verlag, es wird sofort beschlagnahmt und verboten.

Juli
Verbot und Schließung des SPK in Heidelberg.

15. Juli
Die 20jährige Petra Schelm wird von einem Polizisten erschossen, Werner Hoppe verhaftet und wegen versuchten Mordes angeklagt. Vorausgegangen war die bis dahin umfangreichste Fahndung nach der RAF mit 3.000 beteiligten Polizisten (Aktion Kobra).

22. Oktober
Margrit Schiller wird in Hamburg verhaftet, der Polizist Norbert Schmid von ihrem Begleiter, Gerhard Müller, erschossen. Müller sagt später als Kronzeuge gegen RAF-Mitglieder aus.

November
Astrid Proll wird im Gefängnis Köln-Ossendorf als erste RAF-Gefangene in einen »Toten Trakt« verlegt.

23. November
Der SPD-geführte Hamburger Senat erläßt eine Grundsatzentscheidung über die Unzulässigkeit der Ernennung von »Rechts- und Linksradikalen« zu Beamten auf Lebenszeit.

4. Dezember
Georg von Rauch wird in Berlin von einem Kriminalbeamten durch einen Kopfschuß getötet. Zwei Tage später wird in Berlin-Kreuzberg ein Haus besetzt und nach ihm benannt.

1972

Januar
Verschiedene militante Gruppen schließen sich unter dem Namen Bewegung 2. Juni zusammen.

28. Januar
Bundeskanzler Willy Brandt und die Ministerpräsidenten der Länder verabschieden die »Grundsätze über die Mitgliedschaft von Beamten in extremistischen Organisationen« (Radikalenerlaß). Bewerber und Angestellte im öffentlichen Dienst werden durch den Verfassungsschutz auf ihre »Gesinnung« hin überprüft. Die Praxis der Regelanfrage erzeugt ein Klima von Zensur und Überwachung. Der »Radikalenerlaß« ist auch eine Antwort auf den von der Studentenbewegung propagierten »Marsch durch die Institutionen«.

2. Februar
Sprengstoffanschlag der Bewegung 2. Juni auf den britischen Yachtclub und zwei PKWs der in Berlin stationierten alliierten Streitkräfte. Der Anschlag wird in einen Zusammenhang mit den dreizehn von britischen Soldaten erschossenen Demonstranten am 30. Januar 1972 im nordirischen Derry gestellt.

2. März
Der wegen Brandstiftung und Körperverletzung gesuchte Student Thomas Weisbecker wird in Augsburg von einem Sonderkommando des bayerischen Landeskriminalamtes erschossen, seine Begleiterin Carmen Roll verhaftet.

Am selben Tag kommt es in Hamburg zu einem Schußwechsel zwischen der Polizei und RAF-Mitgliedern. Manfred Grashof und Wolfgang Grundmann werden festgenommen, Grashof und ein Polizeibeamter schwer verletzt, der Beamte erliegt später seinen Verletzungen.

3. März
Die Bewegung 2. Juni verübt einen Sprengstoffanschlag auf das Landeskriminalamt Berlin. In einer Erklärung bezieht man sich auf die getöteten Petra Schelm und Georg von Rauch.

April
Die RAF-Schrift *Rote Armee Fraktion: Stadtguerilla und Klassenkampf* erscheint, der *Spiegel* veröffentlicht Auszüge.

»Mai-Offensive« der RAF

Mai
Der Krieg in Vietnam eskaliert; US-Präsident Nixon ordnet eine Seeblokkade und die Verminung der nordvietnamesischen Häfen an. An verschiedenen Demonstrationen gegen den Vietnam-Krieg beteiligen sich 100.000 Menschen in der Bundesrepublik.

5. Mai
Brandanschlag der Bewegung 2. Juni auf die juristische Fakultät in Berlin. Protest gegen die Einstellung der Verfahren gegen Polizisten, die »Terroristen in Notwehr« erschossen haben.

7. Mai
Ulrich Schmücker und Inge Viett (Bewegung 2. Juni) werden in Bad Neuenahr verhaftet.

11. Mai
Das RAF-Kommando »Petra Schelm« verübt einen Anschlag auf das Hauptquartier des 5. US-Corps in Frankfurt, sie töten einen Soldaten und verletzen dreizehn Personen.

12. Mai
Das RAF-Kommando »Thomas Weisbecker« verübt Sprengstoffanschläge auf das bayerische Landeskriminalamt in München und das Polizeipräsidium in Augsburg.

15. Mai
Das RAF-Kommando »Manfred Grashof« deponiert im Wagen des Bundesrichters Wolfgang Buddenberg eine Bombe, seine Frau erleidet schwere Verletzungen.

19. Mai
Anschlag auf das Springer-Hochhaus in Hamburg, zwei Bomben explodieren, weitere Bomben können entschärft werden; 17 Mitarbeiter werden verletzt. Das RAF-Kommando »2. Juni« übernimmt die Verantwortung.

24. Mai
Auf das europäische Hauptquartier der US-Armee in Heidelberg verübt die RAF einen Anschlag, drei Soldaten kommen ums Leben, fünf werden verletzt. Das Kommando »15. Juli« übernimmt die Verantwortung.

1. Juni
Andreas Baader, Holger Meins und Jan-Carl Raspe werden in Frankfurt nach einer Schießerei mit der Polizei verhaftet, Baader verletzt.

7. Juni
Gudrun Ensslin wird in Hamburg verhaftet.

9. Juni
Bernhard Braun und Brigitte Mohnhaupt werden in Berlin festgenommen.

15. Juni
Ulrike Meinhof und Gerhard Müller werden in Hannover verhaftet.

25. Juni
Der britische Handelsvertreter Ian McLeod wird durch die geschlossene Schlafzimmertür seiner Wohnung von einem Polizisten erschossen. Vormieter waren RAF-Mitglieder. Ein Verfahren gegen den Todesschützen wird von der Staatsanwaltschaft abgelehnt: Der Schütze habe sich in einer vermeintlichen (putativen) Notwehrsituation befunden.

29. Juni
Die gesuchte Katharina Hammerschmidt stellt sich in Begleitung ihres Anwalts Otto Schily den Behörden.

9. Juli
Klaus Jünschke und Irmgard Möller werden in Offenbach verhaftet.

26. Juli
In Hamburg wird Werner Hoppe wegen versuchten Mordes zu zehn Jahren Gefängnis verurteilt.

5./6. September
Das palästinensische Kommando »Schwarzer September« nimmt während der Olympischen Spiele in München Sportler der israelischen Olympiamannschaft als Geiseln. Sie fordern die Freilassung von 200 arabischen Häftlingen in Israel. Bei einer Befreiungsaktion der Polizei auf dem Flughafen Fürstenfeldbruck sterben neun israelische Geiseln, fünf Palästinenser und ein Polizist.

November
Der RAF-Text *Die Aktion des Schwarzen Septembers in München – Zur Strategie des antiimperialistischen Kampfes* erscheint.

1973
15. Januar
Die USA stellen ihre Kriegshandlungen gegen Nordvietnam ein.

17. Januar bis 12. Februar
Der erste Hungerstreik der RAF-Gefangenen, 40 Häftlinge fordern die Verlegung von Ulrike Meinhof aus dem Toten Trakt in Köln-Ossendorf und die Gleichbehandlung mit anderen Gefangenen (Normalvollzug).

März
In Frankfurt kommt es nach der Räumung eines besetzten Hauses zu militanten Demonstrationen mit bis zu 5.000 Teilnehmern.

29. März
Die letzten US-amerikanischen Truppen verlassen Vietnam.

8. Mai bis 29. Juni
Hungerstreik von 80 Gefangenen. Wiederum wird die Gleichstellung mit anderen Gefangenen gefordert sowie die »freie politische Information«. Erstmals wird die Zwangsernährung angewandt.

23. Mai
Durch ein Mobiles Einsatzkommando (MEK) wird das in Hamburg besetzte Haus in der Eckhofstraße geräumt.

20. Juni
Inge Viett bricht in Berlin aus dem Frauengefängnis aus.

11. September
Das Militär in Chile putscht unter General Pinochet gegen die Regierung

von Salvador Allende. Zehntausende, vor allem Linke, werden vom Militär verhaftet, in Fußballstadien gefangen gehalten, gefoltert und ermordet. Der Militärputsch gegen die demokratisch gewählte linke Volksfrontregierung wird von seiten des US-amerikanischen Geheimdienstes CIA und des US-Unternehmens ITT unterstützt. Konservative bundesdeutsche Politiker äußern sich positiv zum Militärputsch.

November
In Frankfurt wird ein »Gefangenenrat« zur Unterstützung der politischen Gefangenen gegründet.

11. November
Till Meyer, Mitglied der Bewegung 2. Juni, flüchtet aus dem offenen Vollzug in Castrop-Rauxel.

17./18. November
Erste Anschläge der Revolutionären Zellen gegen Niederlassungen der Firma ITT, die mitverantwortlich für den Militärputsch in Chile gemacht wird.

22. November
Wegen Mordversuchs wird Ali Jansen in Berlin zu zehn Jahren Haft verurteilt.

1974

Januar
Der Prozeß gegen Katharina Hammerschmidt wird abgebrochen, sie wird wegen einer Krebserkrankung aus der Haft entlassen und stirbt später an ihrer Krankheit. Ihre Anwälte werfen den Ärzten der Haftanstalt vor, die notwendige Behandlung unterlassen zu haben.

4. Feburuar
Christa Eckes, Helmut Pohl, Ilse Stachowiak und der Anwalt Eberhard Becker werden in Hamburg verhaftet, in Frankfurt Kay-Werner Allnach, Wolfgang Beer und Margrit Schiller. Einige Tage später Axel Acherrath und Ekkehard Blenk in Amsterdam.

Die wegen Haftunfähigkeit entlassene Astrid Proll taucht unter.

24. April
»Nelkenrevolution« in Portugal: Linke Militärs unter General Spinola putschen gegen die seit 1926 andauernde Diktatur.

21. Mai
Der Taxifahrer Günther Jendrian, als »Sympathisant« verdächtigt, wird von der Polizei erschossen.

4. Juni
Der Verfassungsschutzagent Ulrich Schmücker wird im Berliner Grunewald von einem »Kommando Schwarzer Juni« erschossen.

23. Juli
Ende der Militärregierung in Griechenland.

13. September bis 5. Februar 1975
Hungerstreik von vierzig Gefangenen, ihre Forderungen: Keine Sonderhaftbedingungen, Gleichstellung aller Gefangenen (Normalvollzug).

27. September
Horst Mahler wird wegen seines Übertritts zur maoistischen KPD aus der RAF »ausgeschlossen«.

9. November
Holger Meins stirbt nach neun Wochen Hungerstreik, zuletzt mit Zwangsernährung, in der Strafanstalt Wittlich. Die unzureichende Zufuhr von Kalorien bei der Zwangsernährung wird als Ursache seines Todes angesehen. Die radikale Linke spricht von Mord, es kommt zu Anschlägen, Demonstrationen in über 40 Städten und auf diesen zu teilweise schweren Auseinandersetzungen mit der Polizei.

10. November
Der Präsident des Berliner Kammergerichts, Günter von Drenkmann, wird von einem Kommando der Bewegung 2. Juni bei dem Versuch, ihn zu entführen, erschossen.

11. November
Demonstration von 15.000 Menschen in Berlin aus Protest gegen die »Ermordung« von Holger Meins und zur Unterstützung der Hungerstreikenden.

19. November
Im Namen der Angehörigen von Holger Meins stellt der Anwalt Rupert von Plottnitz Strafanzeige wegen Mordes bzw. Totschlags gegen Generalbundesanwalt Buback, den Vorsitzenden Richter im Stammheimer Prozeß, Prinzing, den BKA-Chef Herold, den Anstaltsleiter und den Anstaltsarzt.

29. November

Horst Mahler wird zu vierzehn, Ulrike Meinhof zu acht Jahren Gefängnis verurteilt.

4. Dezember

Jean-Paul Sartre besucht Andreas Baader im Stammheimer Gefängnis, er äußert sich kritisch zu den Haftbedingungen.

1975

23. Februar

Das von 20.000 Menschen besetzte Baugelände für das geplante AKW in Wyhl wird von der Polizei geräumt.

27. Februar bis 5. März

Die Bewegung 2. Juni entführt mitten im Wahlkampf den Berliner CDU-Vorsitzenden Peter Lorenz. Ihrer Forderung nach Freilassung von Verena Becker, Rolf Heißler, Gabriele Kröcher-Tiedemann, Rolf Pohle und Ingrid Siepmann wird nachgegeben. Die Gefangenen werden unter der Begleitung von Pastor Heinrich Albertz in den Südjemen ausgeflogen, Peter Lorenz kommt frei.

März/April

Die Rechtsanwälte Klaus Croissant, Kurt Groenewold und Christian Ströbele werden vom Stammheimer Prozeß ausgeschlossen.

2. März

Die CDU gewinnt die Wahlen in West-Berlin, der entführte Peter Lorenz wird Präsident des Abgeordnetenhauses.

4. März

Anschlag der Roten Zora auf das Bundesverfassungsgericht in Karlsruhe. Das Gericht hatte die Fristenlösung beim Schwangerschaftsabbruch abgelehnt.

24. April

Das RAF-Kommando »Holger Meins« überfällt die deutsche Botschaft in Stockholm und nimmt zwölf Geiseln: Sie fordern die Freilassung von 26 Gefangenen. Der Militärattaché Andreas von Mirbach und der Botschaftsrat Heinz Hillegart werden erschossen. Die Botschaft wird gestürmt und die Geiseln befreit. Bei der Befreiungsaktion explodiert aus nie ganz geklärten Umständen eine Bombe, das RAF-Mitglied Ulrich Wessel kommt um, Siegfried Hausner stirbt nach seiner Auslieferung in die Bundesrepublik an seinen schweren Verletzungen. Karl-Heinz Dellwo, Hanna Krabbe, Bernhard Rössner und Lutz Taufer werden festgenommen.

28. April
Ronald Fritzsch und Gerald Klöpper von der Bewegung 2. Juni werden in Berlin verhaftet.

9. Mai
Werner Sauber von der Bewegung 2. Juni wird in Köln bei einem Schußwechsel von der Polizei erschossen, Roland Otto und der schwer verletzte Karl Heinz Roth festgenommen.

10. Mai
Rechtsanwalt Siegfried Haag wird kurzzeitig festgenommen, nach seiner Entlassung läßt er durch seine Kanzlei mitteilen, daß er in die Illegalität gegangen sei.

20./21. Mai
Der »Baader-Meinhof-Prozeß« gegen Andreas Baader, Gudrun Ensslin, Ulrike Meinhof und Jan-Carl Raspe beginnt in Stuttgart-Stammheim.

6. Juni
Till Meyer wird bei seiner Verhaftung in Berlin angeschossen.

Juli
Aktion der Revolutionären Zellen in Berlin für das »Schwarzfahren«: Fahrscheinautomaten werden lahmgelegt, 100.000 gefälschte Fahrscheine umsonst verteilt.

30./31. Juli
Die Bewegung 2. Juni überfällt zwei Banken, erbeutet 100.000 DM und verteilt an die Kunden und Angestellten Schokoküsse.

9. September
Juliane Plambeck, Ralf Reinders und Inge Viett von der Bewegung 2. Juni werden in Berlin festgenommen, kurze Zeit später auch Gabriele Rollnik und Fritz Teufel.

13. September
Ein Bombe explodiert im Hamburger Hauptbahnhof, die Medien machen die RAF verantwortlich. Die RAF dementiert und spricht von einer

»faschistischen Provokation«. In der Folgezeit kommt es zu weiteren Anschlägen auf öffentliche Einrichtungen, von denen sich die RAF distanziert.

12. November
Christiane Doemeland und Waltraud Siepert werden verhaftet.

21. Dezember
Ein palästinensisches Kommando unter Beteiligung von Mitgliedern der Revolutionären Zellen stürmt die OPEC-Konferenz in Wien. 70 Teilnehmer werden als Geiseln genommen, zwei Sicherheitsbeamte und ein Angestellter kommen ums Leben. Das Kommando erzwingt die Ausreise mit den OPEC-Ministern.

16./24. Dezember
Bundesweite Durchsuchungsaktion von linken Buchläden, Druckereien und Wohngemeinschaften nach Paragraph 131 (Verherrlichung von Gewalt).

1976

16. Januar
Verabschiedung der Paragraphen 88a und 130a, die die Verbreitung und den Besitz von »Gewalt befürwortenden« Schriften unter Strafe stellen.

20. Januar
Ulrike Meinhofs Verteidiger Axel Azzola stellt im Stammheimer Prozeß den Antrag, die Angeklagten als Kriegsgefangene anzuerkennen und das Verfahren abzubrechen.

16. März
In Hamburg werden Irmgard Möller und Gerhard Müller zu viereinhalb und zehn Jahren Haft verurteilt. Müller, der wegen Ermordung eines Polizisten vor Gericht stand und mit der Anklagebehörde zusammenarbeitete, erhielt einen erheblichen Strafnachlaß.

26. März
Eberhard Dreher und Andreas Vogel werden wegen Mitgliedschaft in der Bewegung 2. Juni verhaftet.

9. Mai
Ulrike Meinhof wird in Stuttgart-Stammheim tot in ihrer Zelle aufgefunden.

24. Juni
Das erste »Anti-Terror-Gesetz« wird vom Bundestag verabschiedet: Der Schriftverkehr zwischen Gefangenen und Anwälten kann überwacht werden, Anwälte dürfen nur noch einen Mandanten verteidigen, und mit dem Paragraphen 129a wird der Straftatbestand »der Bildung und/oder Mitgliedschaft in einer terroristischen Vereinigung« geschaffen.

27. Juni
Ein palästinensisches Kommando unter Beteiligung der Revolutionären Zellen (RZ) entführt eine Air-France-Maschine mit über 250 Passagieren nach Entebbe in Uganda. Sie fordern die Freilassung von 53 in verschiedenen Ländern einsitzenden Gefangenen, darunter aus der Bundesrepublik: Werner Hoppe, Jan-Carl Raspe, Ralf Reinders, Ingrid Schubert, Fritz Teufel und Inge Viett. Unter den Passagieren befinden sich rund 100 israelische Staatsbürger und Juden anderer Nationalität. Das Kommando »selektiert« die Geiseln und läßt die nicht-jüdischen Passagiere frei. Eine israelische Militäreinheit stürmt den Flughafen, befreit die Geiseln und erschießt die Kommando-Mitglieder, darunter Wilfried »Bony« Böse und Brigitte Kuhlmann von den RZ.

7. Juli
Monika Berberich, Juliane Plambeck, Gabriele Rollnik und Inge Viett (RAF/Bewegung 2. Juni) brechen in Berlin aus dem Gefängnis aus.

21. Juli
Monika Berberich wird wieder festgenommen.

30. Oktober
Mehrere tausend Menschen besetzen den Bauplatz des geplanten AKWs Brokdorf.

13. November
30.000 protestieren in Brokdorf gegen den geplanten Bau eines Atomkraftwerks. Zwischen Demonstranten und Polizei kommt es zu schweren Auseinandersetzungen.

30. November
Siegfried Haag und Roland Mayer werden festgenommen.

1977
10. Januar
Bundesrichter Albrecht Meyer wird von seinem Amt entbunden, er hatte

vertrauliche Unterlagen aus dem schwebenden Stammheimer Verfahren an die *Welt* weitergegeben.

28. Februar
Der Spiegel deckt den »Lauschangriff Traube« auf. In Stammheim waren die Gespräche zwischen den RAF-Häftlingen und ihren Anwälten abgehört worden. Die Anwälte fordern eine Einstellung des Verfahrens. Das baden-württembergische Justizministerium erklärt, daß während und nach der Besetzung der bundesdeutschen Botschaft in Stockholm 1975 und nach der Verhaftung des Rechtsanwalts Siegfried Haag Ende 1976 Gespräche der Gefangenen in Stammheim abgehört worden seien, mindestens sieben Zellen hatten BND und Verfassungsschutz mit Wanzen bestückt.

16. März
Der Bundestag debattiert über den »Lauschangriff Traube«.

29. März bis 30. April
Erneuter Hungerstreik der Gefangenen, Neuorientierung ihrer Ziele: Sie fordern die Anerkennung eines Kriegsgefangenen-Status nach der Genfer Konvention, die Abschaffung der Isolationshaft und die Zusammenlegung der Gefangenen in größere Gruppen. Zeitweise beteiligen sich über hundert Gefangene an dem Hungerstreik.

4. April
Manfred Adomeit und Norbert Kröcher (Bewegung 2. Juni) werden von Schweden an die Bundesrepublik ausgeliefert.

7. April
Generalbundesanwalt Siegfried Buback wird zusammen mit seinem Fahrer und einem Polizisten in Karlsruhe auf offener Straße von dem RAF-Kommando »Ulrike Meinhof« erschossen.

28. April
Andreas Baader, Gudrun Ensslin und Jan-Carl Raspe werden am 192. Verhandlungstag vor dem Stuttgarter Oberlandesgericht zu lebenslangen Freiheitsstrafen verurteilt.

3. Mai
Günter Sonnenberg wird bei einer Schießerei mit der Polizei schwer verletzt, ein Polizist ebenfalls, und zusammen mit Verena Becker verhaftet.

4. Mai
In einer Göttinger Studentenzeitung wird unter der Überschrift »Buback – ein Nachruf« ein Artikel zu dem Attentat auf Generalbundesanwalt Buback veröffentlicht. Der Beitrag formuliert deutliche Kritik an der Politik der »Stadtguerilla«, bekennt aber auch eine »klammheimliche Freude über das Ableben Bubacks«. Das führt zu Hausdurchsuchungen und Strafverfahren gegen die Redakteure, woraufhin andere linke Zeitungen den Beitrag nachdrucken, was wiederum zu Strafverfolgungen führt. Im September unterzeichnen 177 Hochschullehrer eine Solidaritätserklärung gegen die Einschränkung der Pressefreiheit, Disziplinarverfahren werden gegen sie eingeleitet, viele Unterzeichner ziehen ihre Unterschrift zurück.

2. Juni
Manfred Grashof und Klaus Jünschke werden vom Landgericht Kaiserslautern zu lebenslanger Haft, Wolfgang Grundmann zu vier Jahren verurteilt.

11. Juli
Der Haftbefehl gegen Rechtsanwalt Klaus Croissant wegen Unterstützung einer kriminellen Vereinigung wird gegen Auflagen ausgesetzt, er geht nach Frankreich und ersucht um politisches Asyl.

20. Juli
Karl-Heinz Dellwo, Hanna Krabbe, Bernd Rössner und Lutz Taufer werden in Düsseldorf zu je zweimal lebenslänglicher Haft verurteilt.

30. Juli
Der Vorstandsvorsitzende der Dresdner Bank, Jürgen Ponto, wird bei einem Entführungsversuch der RAF in seiner Villa im Taunus erschossen. Susanne Albrecht, Tochter eines engen Freundes der Familie Ponto, verschafft der Gruppe Einlaß in Pontos Haus und unterzeichnet die RAF-Kommando-Erklärung.

9. August bis 2. September
Erneuter Hungerstreik der Gefangenen.

25. August
Attentatsversuch der RAF auf die Bundesanwaltschaft in Karlsruhe, die Zeitautomatik einer »Raketenabschußanlage« funktioniert nicht.

5. September
Das RAF-Kommando »Siegfried Hausner« entführt den Arbeitgeberpräsidenten Hanns-Martin Schleyer, sein Fahrer und drei Sicherheitsbeamte werden erschossen. Die RAF fordert die Freilassung von elf RAF-Gefangenen.

7. September
Eine »Kontaktsperre« wird über 72 politische Gefangene verhängt. Der Besuch ihrer Anwälte ist beschränkt bzw. verboten, der Kontakt untereinander und nach draußen untersagt.

22. September
Knut Folkerts wird nach einer Schießerei mit der Polizei in Utrecht (Niederlande) festgenommen, ein Polizist stirbt. Im Dezember wird er wegen Mordes zu zwanzig Jahren Haft verurteilt, später an die Bundesrepublik ausgeliefert.

24. September
Anti-AKW-Demonstration mit 50.000 Teilnehmern in Kalkar, gleichzeitig einer der größten Polizeieinsätze der Zeit (Notstandsübung), mit Straßensperren und Vorkontrollen von Schleswig-Holstein bis Bayern. Die Polizei sperrt Autobahnen, um die Anreise der Demonstranten zu verhindern. Hubschrauber des Bundesgrenzschutzes zwingen sogar Züge, auf offener Strecke zu halten.

28. September
Im Schnellverfahren verabschiedet der Bundestag ein Kontaktsperregesetz: Verbot der Kontaktaufnahme der Gefangenen untereinander, nach draußen oder zu ihren Anwälten. Nur vier Abgeordnete stimmen gegen das Gesetz, es ist bis heute in Kraft.

13. bis 18. Oktober
Ein palästinensisches Kommando entführt die Lufthansa-Maschine »Landshut« in die somalische Hauptstadt Mogadischu, um die Freilassung von zehn Gefangenen zu erreichen (u.a. Andreas Baader, Gudrun Ensslin, Jan-Carl Raspe, Irmgard Möller). Während einer Zwischenlandung in Aden wird der Flugkapitän erschossen, um das Auftanken der Maschine zu erzwingen. Die bundesdeutsche Eliteeinheit GSG 9 stürmt die »Landshut«, befreit die Geiseln und erschießt drei Flugzeugentführer.

18. Oktober
Nach der Befreiung der Geiseln der entführten »Landshut« werden An-

dreas Baader und Gudrun Ensslin tot, Jan-Carl Raspe sterbend und Irmgard Möller schwer verletzt in ihren Zellen in Stuttgart-Stammheim aufgefunden. Die Regierung spricht von Selbstmord, die einzig Überlebende, Irmgard Möller, bestreitet bis heute die offizielle Selbstmordversion.

19. Oktober
Hanns-Martin Schleyer wird 44 Tage nach seiner Entführung in Mühlhausen (Frankreich) ermordet aufgefunden.

11. November
Gert Schneider und Christoph Wackernagel werden nach einer Schießerei mit der Polizei in Amsterdam festgenommen, später an die Bundesrepublik ausgeliefert.

12. November
Ingrid Schubert, die 1974 zu dreizehn Jahren Haft verurteilt wurde, wird in ihrer Zelle in München-Stadelheim erhängt aufgefunden.

13. November
Wieder Massendemonstrationen gegen das geplante AKW in Brokdorf.

16. November
Der nach Frankreich geflüchtete ehemalige RAF-Anwalt Klaus Croissant wird an die Bundesrepublik ausgeliefert.

28. Dezember
Das RAF-Mitglied Verena Becker wird zu lebenslänglicher Haft verurteilt.

1978
18. Januar
Prozeßbeginn in Hamburg gegen den Rechtsanwalt Kurt Groenewold, ihm wird die Unterstützung einer terroristischen Vereinigung und die Mitwirkung am »Infosystem« der Gefangenen vorgeworfen. Er wird später zu zwei Jahren auf Bewährung und einer Geldstrafe von 75.000 DM verurteilt.

21. Januar
Christine Kuby wird nach einer Schießerei mit der Polizei in Hamburg festgenommen, sie und ein Polizist werden verletzt.

6. Februar
Ein Loch wird in die Mauer der Strafanstalt Celle gesprengt, angeblich

um Sigurd Debus zu befreien. Das »Celler Loch« geht in die Geschichte ein, da sich herausstellt, daß der Verfassungsschutz mit Hilfe der GSG 9 eine Gefangenenbefreiung vortäuschen wollte, um ihren Agenten eine glaubwürdige Legende zu verschaffen.

16. Februar
Der Bundestag verabschiedet mit nur einer Stimme Mehrheit das sog. zweite Antiterrorgesetz.

10. März bis 20. April
Hungerstreik der Gefangenen: Sie fordern die Aufhebung der Isolationshaft und die Zusammenlegung in größere Gruppen.

10. April
Im Berliner Kammergericht beginnt der Prozeß gegen sechs Mitglieder der Bewegung 2. Juni wegen der Ermordung des Richters Günter von Drenkmann und der Entführung des CDU-Politikers Peter Lorenz. Die Angeklagten wehren sich gegen die vom Gericht beigeordneten Anwälte (Zwangsverteidiger). Die Revolutionären Zellen verüben zwei Anschläge auf die beigeordneten Anwälte: Einem wird ins Bein geschossen, ein zweiter findet eine Bombe unter seinem Auto.

26. April
In Stuttgart wird Günter Sonnenberg zu zweimal lebenslanger Haft verurteilt.

11. Mai
Peter-Jürgen Boock, Sieglinde Hofmann, Brigitte Mohnhaupt und Rolf Clemens Wagner werden in Jugoslawien verhaftet. Als Gegenleistung für die Auslieferung wird die Überführung von acht Exilkroaten gefordert, was die Bundesregierung ablehnt. Am 17. November können die RAF-Mitglieder Jugoslawien frei verlassen.

12. Mai
Stefan Wisniewski wird in Paris verhaftet.

27. Mai
Till Meyer wird in Berlin aus dem Gefängnis befreit.

1. Juni
Gesetzliche Einführung der Trennscheibe für Rechtsanwälte und Besucher im Gefängnis.

5. Juni
Klaus Viehmann wird in Berlin verhaftet.

6. Juni
Bundesinnenminister Werner Maihofer (FDP) tritt wegen einer schweren Fahndungspanne im Entführungsfall Schleyer zurück. Nachfolger wird sein Parteikollege Gerhart Baum.

21. Juni
Angelika Goder, Till Meyer, Gabriele Rollnik und Gudrun Stürmer werden in Bulgarien verhaftet und an die Bundesrepublik ausgeliefert.

6. September
Willy Peter Stoll wird von Polizisten in Düsseldorf erschossen.

15. September
Astrid Proll wird in London festgenommen, 1979 an die Bundesrepublik ausgeliefert und im Februar 1980 zu fünfeinhalb Jahren Haft verurteilt.

24. September
Michael Knoll und Angelika Speitel werden in Düsseldorf nach einer Schießerei mit der Polizei verhaftet. Ein Polizist stirbt, Knoll wird angeschossen und erliegt zwei Wochen später seinen Verletzungen.

1979
16. Februar
Der ehemalige RAF-Anwalt Klaus Croissant wird vom Landgericht Stuttgart wegen Unterstützung einer kriminellen Vereinigung zu einer zweieinhalbjährigen Freiheitsstrafe und zu einem vierjährigen Berufsverbot verurteilt.

20. April bis 26. Juni
Hungerstreik von siebzig Gefangenen, sie fordern die Abschaffung der Isolationshaft, die Zusammenlegung in große Gruppen und die Freilassung des haftunfähigen Günter Sonnenberg.

31. April
100.000 demonstrieren gegen die geplante atomare Wiederaufbereitungsanlage in Gorleben.

2. Mai
Christine Kuby wird in Hamburg zu einer lebenslangen Haftstrafe verurteilt.

4. Mai
Elisabeth von Dyck wird in Nürnberg beim Betreten einer Wohnung von Polizisten erschossen.

9. Juni
Rolf Heißler wird in Frankfurt beim Betreten einer Wohnung durch einen Kopfschuß schwer verletzt und festgenommen.

25. Juni
Anschlag des RAF-Kommandos »Andreas Baader« auf Nato-General Haig. Die Aktion scheitert, beteiligt waren auch Mitglieder einer französischen Gruppe und der palästinensischen PFLP (Volksfront zur Befreiung Palästinas).

19. November
Rolf-Clemens Wagner wird in Zürich nach einem Banküberfall, bei dem eine unbeteiligte Frau ums Leben kommt, festgenommen.

19. Dezember
Siegfried Haag wird in Stuttgart zu fünfzehn Jahren Haft verurteilt.

24. Dezember
Rudi Dutschke stirbt in Aarhus (Dänemark) an den Spätfolgen des Attentats von 1968.

1980
22. Januar
Peter-Jürgen Boock wird in Hamburg festgenommen.

31. Januar
Die Rechtsanwälte Arndt Müller und Armin Newerla werden in Stuttgart-Stammheim zu vier Jahren und acht Monaten bzw. zu drei Jahren und sechs Monaten Haft verurteilt. Sie sollen 1977 u.a. Waffen ins Gefängnis geschmuggelt haben.

5. Mai
Sieglinde Hofmann und vier Frauen aus der Bewegung 2. Juni werden in Paris festgenommen.

6. Mai
Bei einer öffentlichen Gelöbnisfeier der Bundeswehr in Bremen, anläßlich des 25. Jahrestages des Beitritts der Bundeswehr zur Nato, kommt es zu schweren Auseinandersetzungen zwischen Demonstranten und der Polizei.

2. Juni
Ein Teil der Bewegung 2. Juni löst sich auf und schließt sich der RAF an.

25. Juli
Wolfgang Beer und Juliane Plambeck sterben bei einem Verkehrsunfall.

31. Juli
In Stuttgart wird Knut Folkerts zu zweimal lebenslänglicher Haft wegen dreifachen Mordes verurteilt.

5. September
Gert Schneider und Christoph Wackernagel werden in Düsseldorf zu fünfzehn Jahren Haft verurteilt.

13. Oktober
Die Angeklagten im »Lorenz-Drenkmann-Prozeß« erhalten Haftstrafen von fünf bis fünfzehn Jahren.

24./25. Dezember
Straßenschlachten in Berlin-Kreuzberg zwischen Hausbesetzern und der Polizei.

Literatur zur Geschichte der RAF und des bewaffneten Kampfes

3. Internationales Russel-Tribunal: Zur Situation der Menschenrechte in der Bundesrepublik Deutschland. Einschränkungen von Verteidigungsrechten, Verfassungsschutz, Bd. 4, Teil 2, Berlin 1979.

Agnoli, Johannes u.a. (Hg.): »... da ist nur freizusprechen!«. Die Verteidigungsreden im Berliner Mescalero-Prozeß, Reinbek 1979.

Aierbe, Peio: Bewaffneter Kampf in Europa. Korsika, Italien, Nordirland, BRD, Baskenland, Berlin 1991.

Antifaschistische-Kommission des Kommunistischen Bundes (Hg.): Nach Schleyer: »Sonderkommandos« in der BRD – Zügiger Ausbau der neuen GeStaPo, Hamburg 1978.

Aust, Stefan: Kennwort Hundert Blumen. Die Verwicklung des Verfassungsschutzes in den Mordfall Ulrich Schmücker, Hamburg 1980.

Aust, Stefan: Der Baader-Meinhof-Komplex, München 1989.

Bakker Schut, Pieter H. (Hg.): Dokumente. das info, Briefe der Gefangenen aus der RAF 1973-1977, Kiel 1987.

Bakker Schut, Pieter H.: Stammheim. Der Prozeß gegen die Rote Armee Fraktion, Kiel 1989.

Balestrini, Nanni/Moroni, Primo: Die goldene Horde. Arbeiterautonomie, Jugendrevolte und bewaffneter Kampf in Italien, Berlin 1994.

Baumann, »Bommi« (Michael): Wie alles anfing, München 1995.

Berberich, Monika/Rosenkötter, Irene (Hg.): »Aber wir haben immer auf das Leben gesetzt ...«, Hamburg 1998.

Bericht der Internationalen Untersuchungskommission: Der Tod Ulrike Meinhofs, Stuttgart/Berlin 1985.

Brückner, Peter: Ulrike Meinhof und die deutschen Verhältnisse, Berlin 1976.

Brückner, Peter: Über die Gewalt, Berlin 1979.

Die alte Straßenverkehrsordnung. Dokumente der RAF, 3. Aufl. Berlin 1987.

Duve/Böll/Staeck (Hg.): Briefe zur Verteidigung der Republik, Reinbek 1977.

Frombeloff (Hg.): ... und es begann die Zeit der Autonomie. Politische Texte von Karl Heinz Roth, Hamburg 1993.

Funke, Manfred (Hg.): Terrorismus. Untersuchungen zur Strategie und Struktur revolutionärer Gewaltpolitik, Bonn 1977 (Bundeszentrale für politische Bildung).

Hauser, Dorothea: Baader und Herold. Beschreibung eines Kampfes, Berlin 1997.
Hein, Peter: Stadtguerilla/bewaffneter Kampf in der BRD und Westberlin. Eine Bibliographie, Berlin/Amsterdam 1989.
Hogefeld, Birgit: Ein ganz normales Verfahren ... Prozeßerklärungen, Briefe und Texte zur Geschichte der RAF, Berlin 1996.
ID-Archiv (Hg.): aufruhr. widerstand gegen repression und §129, Berlin 1991.
ID-Archiv (Hg.): Die Früchte des Zorns. Texte und Materialien zur Geschichte der Revolutionären Zellen und der Roten Zora, Berlin 1993 (2 Bd.).
ID-Archiv (Hg.): Bad Kleinen und die Erschießung von Wolfgang Grams, Berlin 1994.
ID-Archiv (Hg.): »wir haben mehr fragen als antworten«. RAF – Diskussionen 1992 -1994, Berlin 1995.
ID-Verlag (Hg.): Rote Armee Fraktion. Texte und Materialien zur Geschichte der RAF, Berlin 1997.
Initiativkomitee Arbeiterhilfe Hamburg: Stammheim, Kontaktsperre, Croissant. Die demokratische Öffentlichkeit protestiert, o.J. (Selbstverlag).
Kahl, Werner: Vorsicht Schußwaffen! Von kommunistischem Extremismus, Terror und revolutionärer Gewalt, München 1986.
Kein Friede: Die Niederlage der RAF ist eine Niederlage der Linken. Bad Kleinen, Steinmetz und der Bruch in der RAF, Frankfurt/M. o.J. (Eigenverlag).
Kellermann, Klaus: Der Staat läßt morden. Politik und Terrorismus – heimliche Verbündete, Berlin 1999.
Klein, Hans-Joachim: Rückkehr in die Menschlichkeit. Appell eines ausgestiegenen Terroristen, Reinbek 1979.
Marenssin, Emile: Stadtguerilla und soziale Revolution. Über den bewaffneten Kampf und die Rote Armee Fraktion, Freiburg 1998.
Meinhof, Ulrike: Die Würde des Menschen ist antastbar, Neuausgabe Berlin 1992.
Meinhof, Ulrike: Deutschland, Deutschland, unter anderem, Berlin 1995.
Meyer, Till: Staatsfeind. Erinnerungen, Hamburg 1996.
Moretti, Mario: Brigate Rosse. Eine italienische Geschichte, Hamburg/Berlin 1996.
Proll, Astrid: Hans und Grete. Die RAF 1967-1977, Göttingen 1998.
PIZZA (Hg.): Odranoel. Die Linke – zwischen den Welten, Hamburg 1992.

Redaktion diskurs (Hg.): Küss den Boden der Freiheit. Texte der Neuen Linken, Berlin 1992.
Reinders, Ralf/Fritsch, Ronald: Die Bewegung 2. Juni. Gespräche über Haschrebellen, Lorenzentführung, Knast, Berlin 1995.
Rote Brigaden, Fabrikguerilla in Mailand 1980-81. Ex-Militante der Kolonne Walter Alasia erzählen ihre Geschichte, Karlsruhe o.J.
Roth, Karl Heinz/Teufel, Fritz: Klaut sie!, Tübingen 1980.
SDS/Internationales Nachrichten- und Forschungs-Institut (Hg.): Internationaler Vietnam-Kongreß Februar 1968, West-Berlin, Hamburg 1987 (Reprint).
Seifert, Stefan: Lotta Armata. Bewaffneter Kampf in Italien. Die Geschichte der Roten Brigaden, Berlin 1991.
SPK – Aus der Krankheit eine Waffe machen. Eine Agitationsschrift des Sozialistischen Patientenkollektivs an der Universität Heidelberg, 5. Aufl., Heidelberg 1987 (Selbstverlag).
Tolmein, Oliver/zum Winkel, Detlef: nix gerafft – 10 Jahre Deutscher Herbst und der Konservatismus der Linken, Hamburg 1987.
Tolmein, Oliver: Stammheim vergessen. Deutschlands Aufbruch und die RAF, Hamburg 1992.
Tolmein, Oliver: »RAF – Das war für uns Befreiung«. Ein Gespräch mit Irmgard Möller über bewaffneten Kampf, Knast und die Linke, Hamburg 1997.
Viett, Inge: Einsprüche. Briefe aus dem Gefängnis, Hamburg 1996.
Viett, Inge: Nie war ich furchtloser. Autobiographie, 2. Aufl., Hamburg 1997.
Vinke, Hermann/Witt, Gabriele: Die Anti-Terror-Debatten im Parlament. Protokolle 1974-1978, Reinbek 1978.
Weidenhammer, Karl-Heinz: Selbstmord oder Mord? Das Todesermittlungsverfahren: Baader/Ensslin/Raspe, Kiel 1988.